Regards sur les droits de l'Homme en Afrique

5-7, rue de l'Ecole polytechnique, 75005 Paris

http://www.librairieharmattan.com
diffusion.harmattan@wanadoo.fr
harmattan1@wanadoo.fr

ISBN : 978-2-296-05558-2
EAN : 9782296055582

Sous la direction de
Paul Tavernier

Regards sur les droits de l'Homme en Afrique

L'Harmattan

Département de la Recherche

Université Paris-Sud 11 – Faculté Jean Monnet droit, économie, gestion

Collection ***Presses Universitaires de Sceaux***
dirigée par Jérôme Fromageau

Initiée par le Département de la recherche de la Faculté Jean Monnet de l'Université Paris-Sud 11, cette collection, à destination d'un public élargi, a pour ambition de mieux faire connaître la variété des travaux pluridisciplinaires menés par les centres de recherche et leurs partenaires scientifiques français et étrangers dans les domaines économiques, juridiques et de gestion.

AVANT-PROPOS

Les droits de l'Homme sont et doivent être une préoccupation universelle. On ne saurait l'oublier lorsqu'on concentre son attention sur le respect des droits de l'Homme dans un pays, une région ou sur un continent : la garantie des droits et libertés doit être assurée en tout lieu et en tout temps. Si l'on admet ce point de départ, il est parfaitement légitime de porter son regard sur les droits de l'Homme en Afrique. Suivant qu'on est optimiste ou pessimiste, on déplorera la dégradation de la situation ou on se réjouira des progrès accomplis, même si beaucoup reste encore à faire.

Le présent ouvrage intitulé : *Regards sur les droits de l'Homme en Afrique* constitue les actes d'un colloque organisé par le CREDHO le 23 novembre 2006 à la Faculté Jean Monnet à Sceaux, à l'occasion de la publication du volume II (en deux tomes) du *Recueil juridique des droits de l'Homme en Afrique*, lui-même fruit d'une longue coopération entre le CREDHO et le Centre for Human Rights de l'Université de Pretoria et le professeur Christof Heyns. Il ne s'agissait pas de dresser un bilan exhaustif ni de faire double emploi avec le *Recueil* mais en un certain sens de le prolonger et de le compléter par une réflexion à partir des matériaux qu'il offre. Cette réflexion a été confiée à des personnes qui ont participé au *Recueil*, mais aussi à d'autres qui n'y ont pas participé et pouvaient ainsi apporter un regard neuf. Tous ont un intérêt reconnu pour l'Afrique et la participation des Africains a été privilégiée.

La première partie du colloque, sous forme de table ronde, offrait les regards croisés et les vues synthétiques de spécialistes du droit, de la philosophie, de la sociologie ou de l'anthropologie. Cela souligne le caractère pluridisciplinaire des droits de l'Homme qui intéressent au premier chef les juristes, mais aussi beaucoup d'autres branches du savoir ou de l'activité humaine. Quant à la deuxième partie, elle portait sur la justice, institution absolument essentielle et centrale, sans laquelle il n'y a pas de protection réelle et efficace des droits de l'Homme et des libertés publiques, mais aussi de la démocratie et de l'Etat de droit. Ainsi, après les regards globaux et transversaux, il était tout à fait opportun de focaliser l'attention sur la justice tant nationale qu'internationale. Certes il convient de relever les très grandes difficultés que rencontrent les Africains pour avoir accès à la justice, mais l'Afrique a également exploré des voies nouvelles et originales qui méritent d'être mentionnées et sur lesquelles il est utile de réfléchir : justice transitionnelle, juridictions *gacaca* au Rwanda après le génocide. L'œuvre de la Commission africaine des droits de l'Homme et des peuples, est encore méconnue et sera peut-être bientôt complétée par une Cour africaine des droits de l'Homme et des peuples qui n'est pas encore entrée en fonction.

Certes tous ces sujets n'ont pas été épuisés et d'autres auraient mérité d'être abordés, mais les débats ont été riches, animés et fructueux. Même si de nombreux intervenants ont mis l'accent sur la spécificité, pour certains irréductible, des droits de l'Homme en Afrique, tous ont souligné la nécessité de respecter l'universelle dignité de la personne humaine.

Nous sommes particulièrement heureux que ces *Regards sur les droits de l'Homme en Afrique* inaugurent la collection des publications de la Faculté Jean Monnet à Sceaux aux Editions L'Harmattan. Celles-ci sont particulièrement ouvertes aux problèmes de ce continent auquel nous attachent tant de liens passés, mais aussi actuels et certainement à venir.

Paul Tavernier

Ouverture

par

Doyen **Jean-Pierre FAUGERE**
Faculté Jean Monnet à Sceaux

Je suis heureux, chers collègues, chers étudiants, de vous accueillir au nom du Président de l'Université et en mon nom propre.

Bienvenue dans ce colloque de l'Université Paris-Sud qui a été soutenu financièrement, ce qui est non négligeable dans l'organisation d'un colloque, par notre Université.

L'Université Paris-Sud (Paris XI) est une Université qui se situe au sud de Paris et c'est une Université à dominante scientifique et sciences de la vie, c'est-à-dire qu'il y a une grosse Faculté des Sciences sur le site d'Orsay, et une Faculté de Pharmacie et de Médecine, pour ce qui est des sciences de la vie. Il y a aussi une UFR STAPS, des IUT et une Ecole d'ingénieurs. Dans cet ensemble, la Faculté Jean Monnet (droit, économie et gestion) est la composante, avec l'UIT de Sceaux, des sciences douces de notre Université.

Notre Université figure dans les classements des Universités, mais ces classements ont toujours une part d'arbitraire, du fait de choix méthodologiques discutables. Dans les classements d'Université qui tiennent compte de l'intensité de la recherche et de la reconnaissance de la recherche, notre Université est considérée comme la deuxième Université française, en particulier dans le très ou trop fameux classement de Shanghaï en raison des liens très étroits qui existent entre nos chercheurs, des laboratoires du CNRS, ou des chercheurs du CEA ou de l'INSERM.

Donc bienvenue dans notre Université, dans notre Faculté (mot usurpé puisqu'il n'existe plus dans le langage officiel, mais on fait comme s'il continuait à exister), dans notre UFR de droit, économie et gestion qui a une existence de Faculté puisqu'elle a un site relativement autonome, assez loin de la maison-mère et qu'elle présente une unité de disciplines étant donné qu'elle rassemble le droit, l'économie et la gestion. Notre Faculté se trouve dans un contexte, le contexte parisien, dans lequel il y a d'autres Facultés avec des enseignements du droit, d'économie et de gestion. Nous avons mené, et le colloque d'aujourd'hui en est une illustration, depuis plusieurs années déjà, une politique qui consiste à dynamiser la recherche et à développer des masters qui correspondent à des créneaux spécifiques, un peu une stratégie de PME qui fait que par exemple cette année nous avons, en deuxième année de masters, 842 étudiants, 100 étudiants de plus en master 2 qu'en master 1, ce qui prouve la capacité d'attraction de nos masters, et 100 étudiants de plus en master 2 que l'année dernière. Ce sont des indicateurs qui montrent que nous ne sommes pas un grand collège universitaire, mais que nous sommes une Faculté avec son existence, son attractivité propre.

Je suis heureux d'ouvrir à nouveau un colloque organisé par mon collègue Paul Tavernier. Je suis d'ailleurs très gâté puisque j'ai le plaisir d'en ouvrir un au moins une fois par an, et cette année c'est le deuxième, et c'est toujours un grand honneur d'ouvrir un colloque qui débouche sur des Actes publiés car une publication laisse une trace, il y a tant de colloques qui restent dans la parole, dans le verbe, dans l'échange, qui restent sans trace pour les étudiants et les chercheurs futurs. Il est important d'autre part de maintenir la continuité dans la recherche puisqu'il s'agit de débattre à propos de la deuxième publication sur le sujet: Les droits de l'Homme en Afrique.

Je ne dirai rien sur le thème car je suis complètement incompétent. Pour le profane, ce sujet soulève beaucoup de questions et je pense que c'est aussi un sujet de prospective, du moins un sujet porteur d'espoirs. Je ne me permettrai pas non plus de commenter le contenu de ce colloque, simplement quand on regarde le programme, on s'aperçoit de l'ouverture de celui-ci: réflexions théoriques, conceptuelles, qui ne sont pas simplement celles du juriste, mais qui sont aussi celles de l'anthropologue ou du philosophe, qui définissent donc l'environnement de la réflexion. Pour quelqu'un qui n'est pas un juriste, je crois que cela est tout à fait positif de situer les institutions, les procédures, les droits, dans un contexte qui est plus large. Il y a ainsi cet aspect de théorie, de concept, de cadrage, d'environnement. Il y a un deuxième volet, important, celui d'une approche plus pratique, plus concrète, de la manière dont fonctionnent les droits de l'Homme: les difficultés d'accès à la justice ou la justice transitionnelle en Afrique, les droits de l'Homme dans leurs relations avec les organisations internationales ou régionales africaines, ce qui montre qu'on ne reste pas uniquement dans des visions abstraites, générales, conceptuelles, mais que l'on s'interroge sur le fonctionnement concret des dispositifs et des procédures.

Je voudrais évidemment remercier Paul Tavernier qui a une fois de plus pris l'initiative d'un colloque dont la Faculté est fière, qui marque une ouverture au monde, et en particulier sur l'Afrique, mais aussi l'équipe qui l'a soutenu et notamment le Service de la Recherche. Je voudrais remercier également tous les participants et tous mes collègues qui interviennent, des seniors, mais également des doctorants et ainsi le lien est assuré entre ceux qui ont la maturité et les chercheurs en herbe qui sont nos étudiants.

OUVERTURE

par

Paul **TAVERNIER**
Professeur à l'Université de Paris-Sud ,(Paris XI)
Directeur du CREDHO-Paris Sud

Je dois formuler un regret… et des excuses, M. le Doyen, c'est que dans les regards croisés sur les droits de l'Homme en Afrique, j'ai omis les économistes qui auraient certainement des réflexions intéressantes à nous livrer.

Quelques remarques sur l'organisation de ce colloque qui a été préparé à l'occasion de la publication du deuxième volume du Recueil juridique des droits de l'Homme en Afrique. Le premier volume était paru dans la collection du CREDHO aux Editions Bruylant en 2001. Il s'agit d'une coopération avec l'Afrique du Sud, avec le professeur Christof Heyns qui dirige le Centre des droits de l'Homme de Pretoria. On fête cette année le 20ème anniversaire de ce Centre qui a donc été créé à l'époque de l'apartheid. Le Pr Heyns vient d'être élu doyen de la Faculté de droit de Pretoria, mais il m'a dit qu'il était toujours très désireux de poursuivre cette collaboration. C'est d'ailleurs lors d'une réunion de juristes africains, après l'arrivée au pouvoir de Nelson Mandela, qu'anglophones et francophones ont eu cette idée d'instaurer et de développer une coopération. Le professeur Gérard Conac et Mme Desouches en poste à l'O.I.F. ont pris l'initiative de compléter, du côté francophone, le travail déjà réalisé par le Pr Heyns pour les pays anglophones dans ses *Human Rights Law in Africa Series* et de couvrir les pays francophones d'Afrique. Le professeur Conac sur le point de partir à la retraite m'a alors confié cette tâche que je poursuis depuis une dizaine d'années maintenant et je passerai le flambeau dans quelque temps au professeur Akandji-Kombé qui a accepté cette tâche.

Je remercie donc chaleureusement au nom de tous le professeur Conac d'avoir accepté la charge de ce projet en Afrique du Sud et de l'honneur qu'il m'a fait en me la confiant ensuite. J'espère qu'il n'a pas été déçu par le travail accompli dans des conditions parfois extrêmement difficiles, et je remercie bien évidemment le professeur Akandji-Kombé qui a participé à l'élaboration de ce travail depuis le début et qui accepte de prendre le relais.

Je remercie également Mme Christine Desouches, Déléguée à la Démocratie, à la Paix et aux Droits de l'Homme, ainsi que M. Lazare Ki-Zerbo qui représente ici l'Organisation internationale de la Francophonie. Leur concours nous a été très précieux dans ce projet. M. Ki-Zerbo a été notre correspondant à l'O.I.F. dans cette réalisation et j'ai beaucoup apprécié sa collaboration et son rôle d'avocat auprès des instances de l'Agence, et notamment auprès de Mme Desouches. Le soutien moral et financier de l'O.I.F., a été pour nous un grand réconfort.

Je remercie également le professeur Etienne Le Roy d'être venu à Sceaux pour nous présenter le point de vue de l'anthropologue du droit. Ce regard est très important et pour ma part je l'apprécie beaucoup, même si je ne suis pas toujours d'accord avec tous les présupposés qu'il comporte, mais je suis sûr qu'il suscitera une discussion intéressante et enrichissante.

Dans la perspective de la diversification des regards des droits de l'Homme en Afrique, je salue aussi la présence du professeur Alain Le Guyader avec lequel j'ai déjà eu l'occasion de collaborer depuis plusieurs années et qui a l'avantage de connaître l'Afrique puisqu'il s'y rend fréquemment et qu'il s'intéresse aux questions relatives aux droits de l'Homme. Il a reçu une formation de philosophe et de sociologue, mais surtout de philosophe et nous serons attentifs à son regard sur les droits de l'Homme.

Avant d'entamer cette table ronde, j'aimerais indiquer que certains membres du Conseil scientifique du *Recueil juridique des droits de l'Homme en Afrique* regrettent beaucoup de ne pouvoir être présents à notre réunion. Il s'agit notamment du doyen Ibrahima Fall, Représentant du Secrétaire général dans la région des Grands Lacs, dont j'ai reçu un sympathique message téléphonique et tous les vœux de réussite pour nos travaux. Le Président de Gaudusson que j'ai rencontré la semaine dernière à l'ACCPUF, à l'occasion d'une réunion des présidents des Cours constitutionnelles ou Cours suprêmes, m'a dit qu'il partait aux Comores en raison de ses fonctions auprès du président de la Cour suprême de ce pays et qu'il était donc empêché d'être parmi nous. Je rappelle d'ailleurs que l'ACCPUF nous a aidé dans notre entreprise en acquérant un certain nombre d'exemplaires du *Recueil juridique des droits de l'Homme en Afrique* qui ont été distribués à ces Hauts magistrats à l'occasion de cette rencontre à Paris. Nous avons également les excuses de Mme Gerti Hesseling, ex-directeur du Centre d'études africaines de Leiden, spécialiste de l'Afrique et notamment du Sénégal. Elle doit prononcer demain, 24 novembre, sa leçon inaugurale pour son installation en tant que professeur à l'Université d'Utrecht.

L'actualité nous montre tout l'intérêt des droits de l'Homme en Afrique, puisque, comme vous le savez tous, en République démocratique du Congo, il y a eu des élections dont le résultat a été contesté par des opposants politiques. J'ai entendu à RFI une information indiquant que des manifestants encerclaient la Cour suprême. On est là au cœur de ces problèmes. Mais il y a aussi des informations plus rassurantes et nous aurons l'occasion d'en parler.

Première partie: table ronde

REGARDS CROISES SUR LES DROITS DE L'HOMME, LA DEMOCRATIE ET LA PAIX EN AFRIQUE

Président de séance:
Paul **TAVERNIER**, Professeur à l'Université de Paris XI,
Directeur du CREDHO

REGARD DU CONSTITUTIONNALISTE

par

Gérard CONAC
Professeur émérite à l'Université de Paris I

Je voudrais d'abord féliciter le professeur Paul Tavernier à l'occasion de la publication des deux tomes du deuxième volume, complétant le premier déjà paru du *Recueil juridique des droits de l'Homme en Afrique*. Ces ouvrages représentent un travail considérable de collecte d'informations, de traduction mais aussi d'analyse. Les documents publiés sont en effet éclairés par des articles d'un grand intérêt doctrinal. Ils permettent en effet de situer les textes répertoriés dans l'évolution plus générale de la promotion des droits de l'Homme sur le continent africain et pour ma part ils m'ont beaucoup appris. C'est à Paul Tavernier mais aussi à tous les membres de l'équipe de chercheurs qu'il a su réunir autour de lui que doit s'adresser la reconnaissance des juristes africanistes. Permettez-moi de mentionner spécialement mon ancienne collaboratrice, Mireille Tavernier, qui, aux côtés de Paul, fut maître d'œuvre de ce chantier, que je n'hésite pas à qualifier de gigantesque. Désormais grâce au *Recueil juridique des droits de l'Homme en Afrique*, publié par les éditions Bruylant, ce qui était très largement, selon l'expression de Paul Tavernier "terra incognita" est maintenant bien balisé, même si la multiplicité des textes cités en a fait une forêt aussi exubérante que touffue et qui ne sera jardinée qu'avec le temps.

Ne doit-on pas aussi se réjouir que ce Recueil, publié avec le concours de l'Organisation internationale de la Francophonie, s'inscrive dans un programme de coopération entre le CREDHO de l'université de Paris-Sud et le *Center for Human Rights* de l'Université de Pretoria, créant ainsi une liaison entre les mondes juridiques francophone et anglophone.

Il s'agissait à l'origine, d'un projet sud-africain. Mais le doyen Heyns, son initiateur, avait souhaité qu'il fût internationalisé. C'est pourquoi en 1997 il m'avait demandé de rechercher un collègue français qui accepterait de s'associer à lui pour le mettre au point. Je l'avais immédiatement mis en rapport avec le professeur Tavernier, qui avait déjà beaucoup écrit sur les droits de l'Homme. En insistant auprès de lui pour qu'il accepte la proposition de notre collègue sud-africain j'étais peu lucide et certainement imprudent. Je ne me doutais pas que je l'engageais dans une entreprise qui impliquait un labeur accablant et d'immenses difficultés. Mais ce défi, il l'a relevé avec courage, persévérance et efficacité. Aujourd'hui on peut affirmer que le partenariat Christof Heyns-Paul Tavernier a non seulement bien servi la cause des droits de l'Homme en Afrique mais a contribué aussi à promouvoir un dialogue très constructif entre des juristes marqués par des influences culturelles différentes.

Ma communication est inscrite au programme sous le titre général: Regards croisés du constitutionnaliste sur les droits de l'Homme, la démocratie et la paix. Il est évident aussi que pour les étudier de manière utile, il est indispensable de les envisager sous plusieurs éclairages disciplinaires, ce qui n'exclut pas que ces regards croisés en se rencontrant puissent devenir des regards convergents. Je ne suis qu'un constitutionnaliste parmi beaucoup d'autres et mon regard ne peut être qu'un peu voilé par les nuages qui pour moi couvrent souvent le paysage des droits de l'Homme en Afrique, "*human rights in Africa*". Mais j'aime trop ce continent et le connais suffisamment pour ne pas avoir l'espoir qu'il est appelé à jouer un rôle important dans l'émergence de ce que le poète Léopold Senghor appelait "une civilisation de l'universel". C'est pourquoi je vais malgré tout tenter de vous présenter aussi brièvement que possible deux constats et un bilan.

I. – Premier constat

Je pense d'abord que les organisateurs du colloque ont eu raison de considérer que droits de Homme, démocratie et paix sont des thèmes indissociables. C'est d'ailleurs ce que l'Organisation internationale de la Francophonie a très bien compris en créant une Délégation qui les associe dans ses recherches et dans ses actions. Il est difficile dans le contexte actuel de la mondialisation de ne pas considérer que les droits fondamentaux de l'Homme ne peuvent s'épanouir que dans une démocratie, bien qu'il soit vrai aussi que des Etats peuvent utiliser des techniques démocratiques, notamment électorales, pour asservir des minorités et légitimer des dictatures, comme ce fut le cas en Allemagne entre les deux guerres mondiales.

Il faut aussi lier le développement aux thèmes de la démocratie et de la paix. Comme le reconnaissent les déclarations rédigées par l'Organisation internationale de la Francophonie au cours des différents Sommets des chefs d'Etat et de gouvernement, sans développement économique durable, les progrès de la démocratie ne peuvent qu'être fragiles. Or les rébellions, les conflits interethniques, les guerres régionales ne permettent pas une gouvernance favorable à un tel développement.

Enfin, on ne saurait trop rappeler que sans un Etat suffisamment organisé et efficace, c'est-à-dire capable de garantir l'ordre public, il ne peut y avoir ni démocratie ni protection des droits de l'Homme. Les Etats administrativement défaillants ou minés par la corruption ne peuvent être des Etats de droit, c'est-à-dire des Etats garants des libertés publiques essentielles.

II. – Second constat

Comme tous les juristes le constitutionnaliste est concerné par les droits de l'Homme, aussi bien dans leur formulation que dans l'élaboration des procédures visant à leur protection et bien entendu dans l'organisation des structures démocratiques. Mais de plus en plus l'internationalisation limite son rôle au profit des spécialistes du droit international.

Au lendemain des indépendances toutes les premières Constitutions, que ce soit dans les Etats francophones ou anglophones, contenaient des dispositions définissant des droits et libertés inspirées par les philosophies politiques et les traditions juridiques de leur ex-métropole. Puis il y eut l'avènement du parti unique et l'émergence d'un présidentialisme constitutionnel. A la fin de la

Guerre froide se déclencha un mouvement de démocratisation marqué par la volonté des élites de réagir contre les pratiques autoritaires des régimes en place. Aussi les nouveaux constituants furent-ils incités à rédiger de longues déclarations des droits, quelquefois même à les accompagner d'une déclaration des devoirs. Or on peut constater que toutes ces nouvelles Constitutions ancrent les droits reconnus sur des textes internationaux. C'est ainsi qu'on y trouve presque toujours des références à la Déclaration universelle des droits de l'Homme du 10 décembre 1948, ainsi qu'à la Charte africaine des droits de l'Homme et des peuples de 1981, et parfois aussi à différentes conventions internationales.

Il y a donc eu une internationalisation incontestable du droit constitutionnel africain, comme d'ailleurs du droit constitutionnel des Etats membres de l'Union européenne.

Dans les Constitutions libérales, en effet, c'est le juge qui est normalement garant du respect des libertés publiques. Et il ne peut l'être que s'il est indépendant du pouvoir exécutif et s'il peut le contrôler efficacement, ce qui, il faut le reconnaître, est rare en Afrique, où les chefs d'Etat acceptent difficilement qu'eux-mêmes ou leur administration puissent être désavoués par des magistrats qu'ils ont eux-mêmes nommés, d'où l'importance des mécanismes de défense des droits de l'Homme mis au point par les Nations Unies, l'Union Africaine, l'Organisation internationale de la Francophonie et dans le cadre des accords signés avec les Etats d'Afrique, des Caraïbes, du Pacifique et de l'Union européenne.

On notera, toutefois, que les Etats, lorsqu'ils adhèrent à des conventions créant des instruments de défense des droits de l'Homme, assortissent souvent leur ratification de réserves, étant par exemple réticents à accepter la compétence de la Cour internationale pour trancher les litiges découlant du non-respect de certaines de leurs obligations. Néanmoins, la promotion des droits de l'Homme peut s'effectuer de manière utile à l'occasion de la rédaction des rapports rédigés par des institutions indépendantes, comme la Commissions des droits de l'Homme des Nations Unies et la Commission africaine des droits de l'Homme ou des motions adoptées par la Commission ou le Parlement européen.

Et il faut bien reconnaître que si la pression des bailleurs de fonds subordonnant, comme l'avait fait le Président François

Mitterrand dans son discours de La Baule, les aides financières au progrès de la démocratie, peut apparaître comme une immixtion dans les affaires intérieures d'Etat indépendants, elle peut être légitime lorsqu'elle permet de sanctionner des atteintes graves aux droits de l'Homme, comme ce fut le cas vis-à-vis de l'Afrique du Sud au temps de l'apartheid. Même si, comme on le dit souvent, on ne peut imposer la démocratie, il n'est pas malsain de soutenir de l'extérieur les gouvernements qui cherchent à la promouvoir ou à la renforcer.

Enfin il est des situations qui non seulement justifient mais imposent l'intervention de la communauté internationale sur le terrain même. Lorsque les structures institutionnelles d'un Etat se sont effondrées, que les populations sont livrées à l'arbitraire et à la rivalité des seigneurs de la guerre, lorsqu'une guerre civile conduit à des tueries, le devoir d'humanité ne permet pas la passivité ou l'indifférence. L'histoire récente et dramatique de plusieurs Etats africains entièrement déstabilisés ou éclatés a démontré que l'intervention d'organisations internationales, que se soit l'ONU ou l'Union Africaine, a été indispensable pour restaurer la paix, ce qui a supposé l'envoi de forces militaires mais aussi des médiations pour permettre à nouveau une cohabitation pacifique des populations et des aides extérieures pour reconstruire des infrastructures institutionnelles.

Pour préparer ce que j'ai appelé les refondations étatiques dans la mesure du possible par la voie de la réconciliation, il faut bien préparer aussi une Constitution. Mais il ne pourra s'agir que d'une Constitution négociée. L'objectif des rédacteurs n'est pas alors d'établir les structures constitutionnelles théoriquement les plus rationnelles, mais de tenter de créer un contexte favorisant par étapes l'émergence d'une démocratie apaisée. Dans l'élaboration des Constitutions post-conflictuelles, le constitutionnaliste doit être tout autant diplomate que juriste.

III. – Le bilan

L'on assiste actuellement à une mondialisation du droit constitutionnel du fait même de la multiplication des Etats, qui pour avoir une reconnaissance internationale, se sont dotés d'une Constitution dès leur indépendance. Mais les normes constitutionnelles ne peuvent assurer à elles seules la régulation des rapports politiques, ni garantir la protection des droits de l'Homme. Trop d'événements récents, parfois tragiques, confirment la pertinence de ce constat. Ils doivent donc inciter le juriste à la modestie.

Le rôle du constitutionnalisme dans les stratégies de démocratisation

Doit-on en conclure pour autant à la faillite de tous les processus de démocratisation, qui ces dernières années ont puissamment renouvelé le constitutionnalisme africain ? Un tel aveu serait une généralisation bien abusive. Constatons d'abord que certaines crises parmi les plus graves n'ont pas grand chose à voir avec le constitutionnalisme.

La violence, lorsqu'elle sévit en Afrique comme ailleurs, a toujours des causes et des implications complexes, politiques, économiques, sociales, culturelles, géopolitiques et internationales. Ayant été appelé à intervenir dans ce colloque en qualité de constitutionnaliste et non de politicologue, je ne tenterai pas d'en faire l'analyse. Ce serait certes intéressant et utile mais d'autant plus difficile que les explications ne pourraient être que très variables selon les Etats et selon les régions. Reconnaissons toutefois que des expériences démocratiques, apparemment bien amorcées, ont dérapé à la suite de crises institutionnelles. Bornons-nous à quelques exemples.

Les situations de cohabitation conflictuelle au sein de l'exécutif entre un Président de la République, élu au suffrage universel, et un Premier ministre, responsable devant l'Assemblée législative, rendues possibles par les Constitutions s'inspirant du modèle français, sont de ce point de vue particulièrement périlleuses, comme l'a démontré le coup d'Etat survenu au Niger en 1995.

Il ne faut pas se dissimuler aussi que les élections présidentielles au suffrage universel sont parfois des exercices très risqués dans de jeunes nations, dont la cohésion est fragile. Or c'est bien pour en faire le symbole de l'unité nationale que presque toutes les Constitutions des Etats d'Afrique prévoient que le Président de la République doit bénéficier de l'investiture populaire.

Les alternances démocratiques régulièrement acquises ne sont d'ailleurs pas nécessairement un gage de stabilité. C'est le cas notamment lorsque l'élection présidentielle est perçue avant tout par la population comme une compétition ethnique.

Lorsque dans un même pays cohabitent deux ethnies, dont l'une est majoritaire sur le plan démographique et l'autre traditionnellement dominante dans les sphères du pouvoir politique, la dramatisation peut être particulièrement intense. Ce fut le cas au Burundi où le 1er juin 1993 était élu pour la première fois un Président d'origine hutue. Moins d'un an après, le chef de l'Etat légitimement élu, le Président et le vice-Président de l'Assemblée étaient assassinés au cours d'une tentative de coup d'Etat militaire.

S'il est bon aussi qu'une Constitution organise des mécanismes régulateurs, elle doit aussi, dans toute la mesure du possible, limiter les risques conflictuels en garantissant un minimum de stabilité au sommet de l'Etat. Certes il convient que le chef de l'Etat soit soumis à l'Etat de droit. Mais il faut dans l'intérêt même du pays qu'il puisse assurer ses missions avec une certaine indépendance par rapport au pouvoir législatif. Dans les démocraties récentes le risque est qu'en déstabilisant le chef de l'Etat, le régime constitutionnel qu'il incarne soit lui-même déstabilisé.

Inversement, on notera que des révisions constitutionnelles, qui paraissent inspirées par le souci de protéger le Président contre tel ou tel concurrent potentiel, peuvent déconsidérer le constitutionalisme. C'est ainsi qu'en Côte d'Ivoire en 1997 une disposition constitutionnelle fixant des conditions de nationalité très strictes pour les candidats à la présidence a pu être interprétée comme visant un ancien Premier ministre de religion islamique. Ressentie comme humiliante dans le nord du pays, largement peuplé d'immigrants musulmans, cette interprétation était rendue d'autant plus plausible que se développait en même temps une idéologie officielle identitaire autour du concept d'ivoirité. Il s'en est suivi un malaise qui, après avoir facilité un coup d'Etat militaire en décembre 1999, a par des réactions en chaîne conduit, comme on le sait, à une partition de fait du territoire national sous le contrôle d'une armée internationale d'interposition. Depuis, les tentatives de médiations des Nations Unies et de l'Union Africaine n'ont encore réussi ni à réunifier l'Etat ivoirien, ni à réconcilier ses populations. En fait, si cet exemple dramatique ne met pas en cause le constitutionnalisme, il révèle les risques qu'il comporte lorsqu'il est utilisé imprudemment.

Malgré leur faible effectivité, il serait excessif de penser que les techniques de l'Etat de droit sont totalement inopérationnelles en Afrique, sous prétexte qu'elles seraient étrangères à ses traditions et inadaptées à ses réalités actuelles. Certes il est vrai que ces mécanismes sont parfois illusoires, si les appareils judiciaires manquent de moyens et si les procédures d'accès à la justice ne sont pas facilement à la portée de tous. Et ils n'ont pas non plus une grande crédibilité, si les magistrats n'allient pas l'audace à la prudence dans l'élaboration d'une jurisprudence vraiment protectrice des droits des citoyens et en premier lieu des plus démunis économiquement et culturellement. Mais il importe aussi, notamment dans la phase de rodage de la démocratie pluraliste, qu'un juge constitutionnel impartial veille à la régularité des élections et dise ce qu'exige la Constitution lorsque les acteurs politiques lui donnent des interprétations divergentes.

Il serait injuste et faux de soutenir que le constitutionnalisme démocratique africain n'est partout qu'une façade destinée à donner à des régimes restés autoritaires une image respectable ou une greffe inéluctablement promise à un rejet.

On ne peut contester d'abord que le Bénin, en inventant les conférences nationales, n'ait pas fait preuve de créativité. Il est certes vrai que ce processus constituant original a parfois échoué car il ne pouvait être transposé partout de manière mimétique, les contextes politiques étant très différents selon les pays. Mais il n'en reste pas moins, par exemple, qu'au Congo-Kinshasa le refus du chef d'Etat en place d'entériner la Constitution adoptée par la Conférence nationale qu'il avait accepté de réunir, a été très regrettable. En bloquant la transition démocratique, cet autocrate vieillissant a empêché de préparer une succession présidentielle, dont ou pouvait prévoir qu'elle serait à hauts risques.

Enfin, il est aussi inexact de dire que les mécanismes démocratiques sont automatiquement déstabilisants en Afrique. Plusieurs Etats francophones comme le Bénin, le Sénégal, le Mali ont même démontré qu'en Afrique les alternances présidentielles pouvaient être pacifiques.

Le rôle du constitutionnalisme dans les stratégies de paix: les Constitutions post-conflictuelles

Déjà certaines Conférences nationales des périodes de transition démocratique avaient pu être des espaces de dialogue, d'ailleurs parfois très tendus, comme au Togo, entre le pouvoir en place et ses opposants, mais aussi entre les représentants de différentes composantes de la société civile. Mais lorsque l'Etat lui-même a été déstabilisé par des guerres civiles (Congo-Kinshasa, Burundi, Congo-Brazzaville, Sierra Leone, Liberia) ou par des sécessions (les Comores), il a bien fallu, pour pouvoir amorcer le dialogue, faire appel à des médiateurs ou des conciliateurs extérieurs, des « facilitateurs », ainsi qu'on tend de plus en plus à les dénommer. Comme dans les zones conflictuelles l'arrêt des combats est le plus souvent subordonné à un accord sur le futur statut constitutionnel. La difficulté est de trouver un consensus minimum entre les parties en conflit, ce qui suppose que les facilitateurs aient réussi à convaincre les chefs des mouvements de rébellion à rencontrer les représentants du pouvoir officiel. Il est rare d'ailleurs que la signature d'un accord suffise à rétablir la paix. Ainsi la mise en œuvre des Accords de Lusaka dans le cas du Congo-Kinshasa et des Accords d'Arusha dans le cas du Burundi a donné lieu à tant de surenchères que sous l'égide des Nations Unies et de l'Union Africaine il a fallu organiser sur place des missions de « suivi » en vue de maintenir le contact entre leurs signataires.

Selon les procédures prévues par les accords de paix, les constitutions post-conflictuelles peuvent être aussi plus ou moins internationalisées.

Il ne faut pas s'étonner enfin que les Constitutions post-conflictuelles prévoient des solutions institutionnelles complexes. Dans les zones géopolitiquement sismiques l'édifice constitutionnel doit être construit en fonction de données très concrètes du terrain et non sur le modèle abstrait d'un Etat préfabriqué. Il faut en effet beaucoup d'imagination et de sens pratique pour aménager des formules de partage du pouvoir et des mécanismes de protection des minorités, surtout lorsqu'il faut prévoir des recours à des instances internationales pour les contrôler. La présidence bicéphale et tournante prévue du Burundi par les Accords d'Arusha pendant une phase de transition n'était certes pas conforme à l'architecture classique des régimes présidentiels, mais on rappellera qu'au Liban, Etat multiconfessionnel, la règle qui prévoit de confier la présidence de la République à un Chrétien et les fonctions de Premier ministre à un Musulman, est depuis des années à la base du consensus national.

Les chemins de la paix sont rarement balisés. Il faut savoir les découvrir. Il ne faut pas s'étonner que ce ne soient pas toujours les plus courts. Dans les zones conflictuelles, démocratiser n'est pas seulement un travail d'inventivité juridique, c'est plus encore un exercice de pédagogie.

La consolidation de la démocratie ne peut être qu'un processus de longue durée. C'est en effet tout à la fois un processus institutionnel et un processus éducatif. Il ne peut donc réussir que si ses artisans prennent en compte les spécificités culturelles et politiques propres à chacun des pays concernés. L'adoption d'une Constitution, même très perfectionnée du point de vue des techniques de la démocratie et de l'Etat de droit, ne suffit pas à garantir la paix civile, ni la bonne gouvernance. Encore faut-il que les populations comprennent la signification et le fonctionnement des mécanismes électoraux et que les acteurs politiques eux-mêmes aient conscience qu'ils ont intérêt à respecter les règles du jeu. L'attachement des peuples à leurs institutions est non seulement un gage de stabilité mais aussi le meilleur rempart contre l'autoritarisme et l'arbitraire. Les médias peuvent contribuer à le susciter mais c'est avant tout dans les familles, à l'école, dans la vie professionnelle et dans la gestion des affaires locales que se forge le civisme constitutionnel.

Mais on ne peut pas dire non plus que le constitutionnalisme démocratique n'existe en Afrique que par l'effet d'un mimétisme post-colonial, alors que l'on constate qu'il y a un Etat sur ce continent qui a su assurer sa refondation en inventant ses propres techniques de transition démocratique, c'est la République sud-africaine.

Alors que l'on pouvait craindre un scénario catastrophe, c'est par la négociation et au nom des droits de l'Homme que Nelson Mandela, renonçant à la lutte armée, a pu obtenir de ses adversaires, devenus ses partenaires, la fin de la ségrégation raciale et l'accession de tous les Sud-africains à la citoyenneté.

Certes ce processus de libération avait été facilité par les prises de position très explicites de la communauté internationale contre l'apartheid, mais il a été conduit de manière autonome et dans un esprit inventif. C'est un exemple de sagesse qui vaut actuellement à la République d'Afrique du Sud un rayonnement exceptionnel dans toute l'Afrique. C'est aussi un démenti des thèses selon lesquelles la philosophie des droits de l'Homme ne serait qu'une création occidentale, donc inassimilable par les cultures africaines, puisque non seulement Nelson Mandela l'a utilisée dans son combat pour l'émancipation de ses compatriotes noirs, mais l'a rajeunie en l'enrichissant par le recours à des valeurs traditionnelles, associant à la fois la justice et la réconciliation.

Bibliographie

Ouvrages

- L'Afrique en transition vers le pluralisme politique, sous la direction de Gérard Conac, Paris: Economica, 1992.
- L'Afrique du Sud en transition: réconciliation et coopération en Afrique australe, sous la direction de Gérard Conac, Françoise Dreyfus, Oscar Monteiro, Paris: Economica, 1994.
- Les Constitutions africaines, publiées en langue francaise sous la direction de Jean du Bois de Gaudusson, Gérard Conac et Christine Desouches, tomes 1 et 2, Bruxelles: Bruylant, 1997-1998.

Articles

- Gérard Conac, « Succès et échecs des transitions démocratiques en Afrique subsaharienne », pp. 29-47, in: *Liber amicorum offert à Jean Waline, Gouverner, administrer, juger*, Paris: Dalloz.
- « Francophonie et démocratie, Quelques réflexions sur le nouveau constitutionnalisme africain », in: *Francophonie et démocratie*, Paris: Pédone; Bruxelles: Bruylant, 2004.
- « L'insertion des processus constitutionnels dans les stratégies de paix, cinq exemples de Constitutions post-conflictuelles », in: *Etudes en l'honneur de Gérard Timsit*, Bruxelles: Bruylant, 2004.

Paul TAVERNIER

Merci infiniment et du fond du cœur M. Conac pour ce rapport qui nous prouve vos grandes connaissances en droit constitutionnel africain et qui nous a permis d'apprécier votre expérience d'expert constitutionnel en Afrique. Votre exposé est très enrichissant pour tous et suscitera sans doute des réflexions au cours des débats.

REGARD DES ORGANISATIONS INTERNATIONALES: L'ORGANISATION INTERNATIONALE DE LA FRANCOPHONIE (après le Sommet de Bucarest)

par

Lazare KI-ZERBO
Responsable de projet, Délégation à la Paix, à la Démocratie et aux droits de l'Homme
Organisation internationale de la Francophonie

C'est un honneur pour moi d'être accueilli à la Faculté de droit de Sceaux, ce haut lieu de la science juridique française et francophone. C'est un plaisir aussi de retrouver certaines personnalités, notamment les professeurs Etienne Le Roy et Eloi Diarra que je connais bien. Je voudrais toutefois souligner que les propos que je vais vous présenter le sont à titre personnel et n'engagent en rien l'Organisation internationale de la Francophonie dont je fais partie.

Comme le professeur Paul Tavernier l'a rappelé, Mme Christine Desouches à la Délégation à la Démocratie, aux Droits de l'Homme et à la Paix, a soutenu l'initiative, le projet et la publication du *Recueil juridique des droits de l'Homme en Afrique*. Je voudrais également vous dire la grande satisfaction de la Délégation à l'égard de ce *Recueil* qui est un excellent outil pour les praticiens du droit en Afrique, que ce soit pour les magistrats, les avocats, les universitaires et les ONG bien sûr, mais aussi ailleurs, dans sa démarche comparative, dans la mesure où même dans l'espace francophone nous assistons à un élargissement avec l'arrivée de pays qui ne sont pas naturellement francophones, tels que l'Autriche, la Grèce, le Ghana, etc. C'est une très belle réussite.

En termes de propositions, nous serions désireux que la Délégation, selon le souhait de Mme Christine Desouches et M. Xavier Michel, avec le concours des Editions Bruylant et du CREDHO, puisse mettre en ligne ce *Recueil*, ce qui augmenterait d'une part son audience et permettrait d'autre part de faire des mises à jour de manière plus régulière dans la mesure où notre dispositif d'informations est permanent. Ce serait plus facile de réaliser ce travail sous cette forme.

Je voudrais enfin dire quelques mots sur la pratique de l'Organisation internationale de la Francophonie, et ce à titre purement personnel. Je pense que vous connaissez le cadre d'intervention de l'O.I.F. en matière de démocratie et des droits de l'Homme: la Déclaration de Bamako du 3 décembre 2000 qui est le texte de référence en la matière, a été complété cette année par la Déclaration de Saint-Boniface sur la sécurité humaine, entérinée à Bucarest*.

La Déclaration de Bamako, comme vous le savez, contient quatre engagements fondamentaux des Etats en matière de consolidation de l'Etat de droit, d'observations libres et transparentes, de promotion d'une vie politique apaisée et de promotion de la culture démocratique et des droits de l'Homme.

Ce n'est pas un instrument régional propre à l'Afrique, ou tourné vers l'Afrique, c'est un instrument francophone. Je ne voudrais pas m'appesantir uniquement sur la situation africaine.

Nous avons trois types de partenaires dans la mise en œuvre de cette Déclaration de Bamako. Nous avons bien sûr les Etats à travers la Conférence des structures gouvernementales des droits de l'Homme; nous avons les réseaux institutionnels qui réunissent les Cours constitutionnelles, les Cours de cassation, les grandes institutions, et aussi la Société civile à travers un statut, le Comité consultatif qui a été accordé à une soixante d'organisations internationales non gouvernementales par la Francophonie lors de

* On trouvera ces différents textes très utiles pour souligner les activités de l'O.I.F. en annexe à cette contribution.

la 5ème Conférence sur l'aspect civil, à Ouagadougou en septembre 2005.

Je voudrais rapidement vous donner quelques exemples d'interventions de l'O.I.F. D'abord notre action en direction des institutions nationales des droits de l'Homme et de leurs réseaux.

Premier engagement de la Déclaration de Bamako, la consolidation de l'Etat de droit. C'est donc à ce titre que les réseaux institutionnels francophones reçoivent une partie importante en tout cas de notre appui. C'est le cas, par exemple, de l'Association des Cours constitutionnelles dont le professeur Tavernier a parlé tout à l'heure, lors de ses manifestations, de ses assemblées générales, de ses rencontres, par exemple en 2004, la rencontre sur le statut et le financement des partis politiques à laquelle vous avez peut-être participé. La Conférence internationale des barreaux de tradition juridique commune, l'ACIB, reçoit aussi notre soutien: ainsi, le concours de plaidoiries annuel dont la prochaine édition va se dérouler à Yaoundé en décembre 2006.

Les institutions supérieures de contrôle font partie de ces réseaux institutionnels. Nous avons soutenu une rencontre à Djibouti, pour parler des plus récentes en tout cas, sur le contrôle budgétaire en coopération avec la Chambre des comptes et de discipline budgétaire de Djibouti.

Autres exemples: l'Organisation mondiale de la propriété (OMPI); nous avons soutenu aussi la publication de recueils juridiques, par exemple les décisions constitutionnelles du Togo, etc.

Les réseaux institutionnels, en tant qu'ils permettent à travers leurs dirigeants et leurs cadres de consolider l'accession démocratique dont on a parlé, sont l'une de nos cibles privilégiées.

Pour terminer, je voudrais parler de notre action en matière de droits de l'Homme avec d'autres acteurs qui sont la société civile et les Instituts francophones de recherche dont je n'ai pas parlé.

Pour la société civile, nous avons une vingtaine d'organisations internationales de droits de l'Homme francophones qui ont obtenu le statut consultatif auprès de l'O.I.F. Cela été consacré lors de la 5ème Conférence des organisations non gouvernementales francophones à Ouagadougou en septembre 2005 et avec elles, nous avons deux types d'interventions.

Des interventions dans le cadre d'un partenariat pour nos besoins propres, notamment l'observation. C'est le cas, par exemple, de la FIDH et l'OMCT pour la contribution de la société civile francophone à l'élaboration du rapport de l'Observatoire de la Francophonie.

Le deuxième type d'actions, c'est à travers un Fonds francophone d'appui. Nous avons deux appels annuels. Les requêtes sont donc sélectionnées et nous allouons chaque année environ 400 000 € aux ONG qui ont été retenues dans le cadre de ce Fonds.

En dehors de la société civile, nous avons également un partenariat avec les praticiens du droit francophone. C'est le cas des Instituts francophones des droits de l'Homme réunis en réseau (le RIF) et dont l'action est coordonnée par le professeur Joseph Maïla, précédemment Recteur de l'Institut catholique de Paris. Ce réseau est soutenu dans ses recherches et notamment pour des manifestations scientifiques, des colloques.

Enfin, nous soutenons aussi la participation des étudiants francophones, notamment ceux du Sud, aux sessions internationales de formation, telles que celles de l'Institut international des droits de l'Homme de Strasbourg, et l'Académie internationale de La Haye.

J'ai donc privilégié les opérations concrètes que nous réalisons en termes de coopération en matière des droits de l'Homme, et peut-être dans les débats, pourrons-nous aller plus loin.

Paul TAVERNIER

Votre intervention est très utile car vous avez mis l'accent sur les aspects concrets de l'action de l'O.I.F. qui repose, comme vous l'avez dit, sur les textes fondamentaux, et notamment sur la Déclaration de Bamako complétée par la Déclaration de Saint-Boniface. Je note aussi cette volonté de vous tourner vers la société civile. Effectivement, c'est une tendance très importante. Vous avez aussi insisté sur le fait que l'O.I.F. ne s'intéresse pas qu'à l'Afrique, quoique les Etats d'Afrique soient nombreux au sein de votre Organisation. Mais j'estime que cela est compatible avec l'intérêt pour les droits de l'Homme dans la mesure où ceux-ci sont universels. Or l'O.I.F., vous ne me démentirez pas, insiste sur le caractère universel des droits de l'Homme. Nous aurons probablement l'occasion d'y revenir. C'est sans doute une bonne transition avant de donner la parole au professeur Le Roy qui est un expert dans le domaine des droits de l'Homme mais aussi un familier de l'Afrique. Nous nous connaissons depuis fort longtemps et j'apprécie ses travaux, même si je n'ai pas toujours le loisir suffisant pour les lire en détail. En tout cas, je les suis et il va nous exposer le regard de l'anthropologue du droit.

Avant de lui céder la parole, j'ajouterai une remarque à la suite du rapport du professeur Gérard Conac qui malheureusement a dû partir. Comme je l'ai indiqué, j'ai assisté la semaine dernière à une séance de la réunion des présidents des Cours suprêmes et constitutionnelles de langue française dans le cadre de l'ACCPUF. Il y a eu une discussion qui entrait dans le sujet abordé par le professeur Conac puisqu'il était question de savoir si les Cours constitutionnelles ou les Cours suprêmes pouvaient participer à la révision constitutionnelle et j'ai pu constater que les positions des divers présidents n'étaient pas uniformes. Il s'agit bien sûr d'un problème technique qui a des incidences politiques certaines.

DÉCLARATION DE BAMAKO*

Nous, Ministres et Chefs de délégation des Etats et gouvernements des pays ayant le français en partage, réunis à Bamako pour le Symposium International sur le bilan des pratiques de la démocratie, des droits et des libertés dans l'espace francophone;
Nous fondant sur les dispositions de la Charte de la Francophonie, qui consacrent comme objectifs prioritaires l'aide à l'instauration et au développement de la démocratie, la prévention des conflits et le soutien à l'Etat de droit et aux droits de l'Homme;
Rappelant l'attachement de la Francophonie à la Déclaration universelle des droits de l'Homme et aux Chartes régionales, ainsi que les engagements des Sommets de Dakar (1989), de Chaillot (1991), de Maurice (1993), de Cotonou (1995), de Hanoi (1997) et de Moncton (1999);
Inscrivant notre action dans le cadre de la Décennie des Nations Unies pour l'éducation aux Droits de l'Homme (1995-2004);
Considérant l'action d'accompagnement des processus démocratiques menée par la Francophonie ces dix dernières années;
Soucieux de progresser vers la démocratie par le développement économique et social et une juste répartition des ressources nationales pour un accès égal à l'éducation, à la formation, à la santé et à l'emploi;
Souhaitant répondre à l'objectif fixé au Sommet de Moncton, de tenir un Symposium International sur le bilan des pratiques de la démocratie, des droits et des libertés dans l'espace francophone, pour approfondir la concertation et la coopération en faveur de l'Etat de droit et de la culture démocratique, et d'engager ainsi une étape nouvelle dans le dialogue des Etats et gouvernements des pays ayant le français en partage, pour mieux faire ressortir les axes principaux tant de leur expérience récente que de leur spécificité;

1- Constatons

• que le bilan des pratiques de la démocratie, des droits et des libertés dans l'espace francophone, au cours de ces dix dernières années, comporte des acquis indéniables: consécration constitutionnelle des droits de l'Homme, mise en place des Institutions de la démocratie et de l'Etat de droit, existence de contre-pouvoirs, progrès dans l'instauration du multipartisme dans nombre de pays francophones et dans la tenue d'élections libres, fiables et transparentes, contribution de l'opposition au fonctionnement de la démocratie, promotion de la démocratie locale par la décentralisation;

• que ce bilan présente, aussi, des insuffisances et des échecs: récurrence de conflits, interruption de processus démocratiques, génocide et massacres, violations graves des droits de l'Homme, persistance de comportements freinant le développement d'une culture démocratique, manque d'indépendance de certaines institutions et contraintes de nature économique, financière et sociale, suscitant la désaffection du citoyen à l'égard du fait démocratique;

---

* Cf. site de l'O.I.F. www.francophonie.org

2- Confirmons notre adhésion aux principes fondamentaux suivants:
1. La démocratie, système de valeurs universelles, est fondée sur la reconnaissance du caractère inaliénable de la dignité et de l'égale valeur de tous les êtres humains; chacun a le droit d'influer sur la vie sociale, professionnelle et politique et de bénéficier du droit au développement;
2. L'Etat de droit qui implique la soumission de l'ensemble des institutions à la loi, la séparation des pouvoirs, le libre exercice des droits de l'Homme et des libertés fondamentales, ainsi que l'égalité devant la loi des citoyens, femmes et hommes, représentent autant d'éléments constitutifs du régime démocratique;
3. La démocratie exige, en particulier, la tenue, à intervalles réguliers, d'élections libres, fiables et transparentes, fondées sur le respect et l'exercice, sans aucun empêchement ni aucune discrimination, du droit à la liberté et à l'intégrité physique de tout électeur et de tout candidat, du droit à la liberté d'opinion et d'expression, notamment par voie de presse et autre moyen de communication, de la liberté de réunion et de manifestation, et de la liberté d'association;
4. La démocratie est incompatible avec toute modification substantielle du régime électoral introduite de façon arbitraire ou subreptice, un délai raisonnable devant toujours séparer l'adoption de la modification de son entrée en vigueur;
5. La démocratie suppose l'existence de partis politiques égaux en droits, libres de s'organiser et de s'exprimer, pour autant que leur programme et leurs actions ne remettent pas en cause les valeurs fondamentales de la démocratie et des droits de l'Homme. Ainsi, la démocratie va de pair avec le multipartisme. Elle doit assurer à l'opposition un statut clairement défini, exclusif de tout ostracisme[1];
6. La démocratie requiert la pratique du dialogue à tous les niveaux aussi bien entre les citoyens, entre les partenaires sociaux, entre les partis politiques, qu'entre l'État et la société civile. La démocratie implique la participation des citoyens à la vie politique et leur permet d'exercer leur droit de contrôle;

3- Proclamons
1. que Francophonie et démocratie sont indissociables: il ne saurait y avoir d'approfondissement du projet francophone sans une progression constante vers la démocratie et son incarnation dans les faits; c'est pourquoi la Francophonie fait de l'engagement démocratique une priorité qui doit se traduire par des propositions et des réalisations concrètes;
2. que, pour la Francophonie, il n'y a pas de mode d'organisation unique de la démocratie et que, dans le respect des principes universels, les formes d'expression de la démocratie doivent s'inscrire dans les réalités et spécificités historiques, culturelles et sociales de chaque peuple;
3. que la démocratie, cadre politique de l'Etat de droit et de la protection des droits de l'Homme, est le régime qui favorise le mieux la stabilité à long terme et la sécurité juridique; par le climat de liberté qu'elle suscite, la démocratie crée

---

[1] Réserve du Vietnam et du Laos sur l'article 2 (5) – Motif: la démocratie et le multipartisme sont deux notions différentes et ne peuvent s'identifier. La démocratie est une finalité alors que le multipartisme n'est qu'un chemin. Le chemin pour y parvenir décidé par chaque pays doit être défini par son peuple en fonction de ses spécificités culturelles, historiques, économiques et sociales.

aussi les conditions d'une mobilisation librement acceptée par la population pour le développement; la démocratie et le développement sont indissociables: ce sont là les facteurs d'une paix durable;
4. que la démocratie, pour les citoyens - y compris, parmi eux, les plus pauvres et les plus défavorisés - se juge, avant tout, à l'aune du respect scrupuleux et de la pleine jouissance de tous leurs droits, civils et politiques, économiques, sociaux et culturels, assortis de mécanismes de garanties. Il s'agit là de conditions essentielles à leur adhésion aux institutions et à leur motivation à devenir des acteurs à part entière de la vie politique et sociale;
5. que, pour préserver la Démocratie, la Francophonie condamne les coups d'Etat et toute autre prise de pouvoir par la violence, les armes ou quelque autre moyen illégal;
6 que, pour consolider la démocratie, l'action de la Francophonie doit reposer sur une coopération internationale qui s'inspire des pratiques et des expériences positives de chaque Etat et gouvernement membre;
7. que les principes démocratiques, dans toutes leurs dimensions, politique, économique, sociale, culturelle et juridique, doivent également imprégner les relations internationales;

4- Prenons les engagements suivants:

A. Pour la consolidation de l'Etat de droit
1. Renforcer les capacités des institutions de l'Etat de droit, classiques ou nouvelles, et œuvrer en vue de les faire bénéficier de toute l'indépendance nécessaire à l'exercice impartial de leur mission;
2. Encourager le renouveau de l'institution parlementaire, en facilitant matériellement le travail des élus, en veillant au respect de leurs immunités et en favorisant leur formation;
3. Assurer l'indépendance de la magistrature, la liberté du Barreau et la promotion d'une justice efficace et accessible, garante de l'Etat de droit, conformément à la Déclaration et au Plan d'action décennal du Caire adoptés par la IIIème Conférence des Ministres francophones de la justice;
4. Mettre en œuvre le principe de transparence comme règle de fonctionnement des institutions;
5. Généraliser et accroître la portée du contrôle, par des instances impartiales, sur tous les organes et institutions, ainsi que sur tous les établissements, publics ou privés, maniant des fonds publics;
6. Soutenir l'action des institutions mises en place dans le cadre de l'intégration et de la coopération régionales, de manière à faire émerger, à ce niveau, une conscience citoyenne tournée vers le développement, le progrès et la solidarité;

B. Pour la tenue d'élections libres, fiables et transparentes
7. S'attacher au renforcement des capacités nationales de l'ensemble des acteurs et des structures impliqués dans le processus électoral, en mettant l'accent sur l'établissement d'un état-civil et de listes électorales fiables;
8. S'assurer que l'organisation des élections, depuis les opérations préparatoires et la campagne électorale jusqu'au dépouillement des votes et à la proclamation des résultats, y inclus, le cas échéant, le contentieux, s'effectue dans une transparence

totale et relève de la compétence d'organes crédibles dont l'indépendance est reconnue par tous;
9. Garantir la pleine participation des citoyens au scrutin, ainsi que le traitement égal des candidats tout au long des opérations électorales;
10. Impliquer l'ensemble des partis politiques légalement constitués, tant de la majorité que de l'opposition, à toutes les étapes du processus électoral, dans le respect des principes démocratiques consacrés par les textes fondamentaux et les institutions, et leur permettre de bénéficier de financements du budget de l'Etat;
11. Prendre les mesures nécessaires pour s'orienter vers un financement national, sur fonds public, des élections;
12. Se soumettre aux résultats d'élections libres, fiables et transparentes;

C. Pour une vie politique apaisée
13. Faire en sorte que les textes fondamentaux régissant la vie démocratique résultent d'un large consensus national, tout en étant conformes aux normes internationales, et soient l'objet d'une adaptation et d'une évaluation régulières;
14. Faire participer tous les partis politiques, tant de l'opposition que de la majorité, à la vie politique nationale, régionale et locale, conformément à la légalité, de manière à régler pacifiquement les conflits d'intérêts;
15. Favoriser la participation des citoyens à la vie publique en progressant dans la mise en place d'une démocratie locale, condition essentielle de l'approfondissement de la démocratie;
16. Prévenir, et le cas échéant régler de manière pacifique, les contentieux et les tensions entre groupes politiques et sociaux, en recherchant tout mécanisme et dispositif appropriés, comme l'aménagement d'un statut pour les anciens hauts dirigeants, sans préjudice de leur responsabilité pénale selon les normes nationales et internationales;
17. Reconnaître la place et faciliter l'implication constante de la société civile, y compris les ONG, les médias, les autorités morales traditionnelles, pour leur permettre d'exercer, dans l'intérêt collectif, leur rôle d'acteurs d'une vie politique équilibrée;
18. Veiller au respect effectif de la liberté de la presse et assurer l'accès équitable des différentes forces politiques aux médias publics et privés, écrits et audiovisuels, selon un mode de régulation conforme aux principes démocratiques;

D. Pour la promotion d'une culture démocratique intériorisée et le plein respect des droits de l'Homme
19. Développer l'esprit de tolérance et promouvoir la culture démocratique dans toutes ses dimensions, afin de sensibiliser, par l'éducation et la formation, les responsables publics, l'ensemble des acteurs de la vie politique et tous les citoyens aux exigences éthiques de la démocratie et des droits de l'Homme;
20. Favoriser, à cet effet, l'émergence de nouveaux partenariats entre initiatives publiques et privées, mobilisant tous les acteurs engagés pour la démocratie et les droits de l'Homme;
21. Ratifier les principaux instruments internationaux et régionaux relatifs aux droits de l'Homme, honorer et parfaire les engagements ainsi contractés, s'assurer de leur pleine mise en oeuvre et former tous ceux qui sont chargés de leur application effective;

22. Adopter en particulier, afin de lutter contre l'impunité, toutes les mesures permettant de poursuivre et sanctionner les auteurs de violations graves des droits de l'Homme, telles que prévues par plusieurs instruments juridiques internationaux et régionaux, dont le Statut de Rome portant création d'une Cour Pénale Internationale; appeler à sa ratification rapide par le plus grand nombre;
23. Créer, généraliser et renforcer les institutions nationales, consultatives ou non, de promotion des droits de l'Homme et soutenir la création dans les administrations nationales de structures consacrées aux droits de l'Homme, ainsi que l'action des défenseurs des droits de l'Homme;
24. Prendre les mesures appropriées afin d'accorder le bénéfice aux membres des groupes minoritaires, qu'ils soient ethniques, philosophiques, religieux ou linguistiques, de la liberté de pratiquer ou non une religion, du droit de parler leur langue et d'avoir une vie culturelle propre;
25. Veiller au respect de la dignité des personnes immigrées et à l'application des dispositions pertinentes contenues dans les instruments internationaux les concernant.

A ces fins, et dans un souci de partenariat rénové, nous entendons:

• Intensifier la coopération entre l'O.I.F. et les organisations internationales et régionales, développer la concertation en vue de la démocratisation des relations internationales, et soutenir, dans ce cadre, les initiatives qui visent à promouvoir la démocratie;

• Renforcer le mécanisme de concertation et de dialogue permanents avec les ONG reconnues par la Francophonie, particulièrement avec celles qui poursuivent les mêmes objectifs dans les domaines de la démocratie et des droits de l'Homme;

5- Décidons de recommander la mise en œuvre des procédures ci-après pour le suivi des pratiques de la démocratie, des droits et des libertés dans l'espace francophone:

1. Le Secrétaire général se tient informé en permanence de la situation de la démocratie, des droits et des libertés dans l'espace francophone, en s'appuyant notamment sur la Délégation à la Démocratie et aux Droits de l'Homme, chargée de l'observation du respect de la démocratie et des droits de l'Homme dans les pays membres de la Francophonie;

Une évaluation permanente des pratiques de la démocratie, des droits et des libertés dans l'espace francophone sera conduite, à des fins de prévention, dans le cadre de l'Organisation internationale de la Francophonie, sur la base des principes constitutifs énoncés précédemment. Cette évaluation doit permettre:

• de définir les mesures les plus appropriées en matière d'appui à l'enracinement de la démocratie, des droits et des libertés,

• d'apporter aux Etats et gouvernements qui le souhaitent l'assistance nécessaire en ces domaines,

• de contribuer à la mise en place d'un système d'alerte précoce;

2. Face à une crise de la démocratie ou en cas de violations graves des droits de l'Homme, les instances de la Francophonie se saisissent, conformément aux dispositions de la Charte, de la question afin de prendre toute initiative destinée à prévenir leur aggravation et à contribuer à un règlement. A cet effet, le Secrétaire général propose des mesures spécifiques:

• il peut procéder à l'envoi d'un facilitateur susceptible de contribuer à la recherche de solutions consensuelles. L'acceptation préalable du processus de facilitation par les autorités du pays concerné constitue une condition du succès de toute action. Le facilitateur est choisi par le Secrétaire général après consultation du Président de la Conférence ministérielle, en accord avec l'ensemble des protagonistes. La facilitation s'effectue en liaison étroite avec le CPF;
• il peut décider, dans le cas de procès suscitant la préoccupation de la communauté francophone, de l'envoi, en accord avec le CPF, d'observateurs judiciaires dans un pays en accord avec celui-ci.
3. En cas de rupture de la démocratie ou de violations massives des droits de l'Homme[2], les actions suivantes sont mises en œuvre:
Le Secrétaire général saisit immédiatement le Président de la Conférence ministérielle de la Francophonie à des fins de consultation;
La question fait l'objet d'une inscription immédiate et automatique à l'ordre du jour du CPF, qui peut être convoqué d'urgence en session extraordinaire, et, le cas échéant:
• confirme la rupture de la démocratie ou l'existence de violations massives des droits de l'Homme,
• les condamne publiquement,
• exige le rétablissement de l'ordre constitutionnel ou l'arrêt immédiat de ces violations,
Le CPF signifie sa décision aux parties concernées.
Le Secrétaire général se met en rapport avec les autorités de fait. Il peut envoyer sur place une mission d'information et de contacts. Le rapport établi dans les plus brefs délais par cette mission est communiqué aux autorités nationales pour commentaires. Le rapport de la mission, ainsi que les commentaires des autorités nationales, sont soumis au CPF, pour toute suite jugée pertinente.
Le CPF peut prendre certaines des mesures suivantes:
• refus de soutenir les candidatures présentées par le pays concerné, à des postes électifs au sein d'organisations internationales,
• refus de la tenue de manifestations ou conférences de la Francophonie dans le pays concerné,
• recommandations en matière d'octroi de visas aux autorités de fait du pays concerné et réduction des contacts intergouvernementaux,
• suspension de la participation des représentants du pays concerné aux réunions des instances,
• suspension de la coopération multilatérale francophone, à l'exception des programmes qui bénéficient directement aux populations civiles et de ceux qui peuvent concourir au rétablissement de la démocratie,
• proposition de suspension du pays concerné de la Francophonie. En cas de coup d'Etat militaire contre un régime issu d'élections démocratiques, la suspension est décidée.
Lorsque des dispositions sont prises en vue de restaurer l'ordre constitutionnel ou de faire cesser les violations massives des droits de l'Homme, le CPF se prononce sur le processus de retour au fonctionnement régulier des institutions, assorti de

---

[2] Interprétation de la Tunisie: par « rupture de la démocratie », entendre « coup d'Etat » par « violations massives des droits de l'Homme », entendre « génocide ».

garanties pour le respect des droits de l'Homme et des libertés fondamentales. Il détermine les mesures d'accompagnement de ce processus par la Francophonie en partenariat avec d'autres organisations internationales et régionales.
Si besoin est, le CPF saisit la Conférence ministérielle de la Francophonie par le canal de son Président.
La question de la rupture de la démocratie ou des violations massives des droits de l'Homme dans un pays et des mesures prises, reste inscrite à l'ordre du jour du CPF aussi longtemps que subsistent cette rupture ou ces violations[3].

Nous, Ministres et chefs de délégation des Etats et gouvernements des pays ayant
le français en partage,
Adoptons la présente Déclaration;
Demandons au Secrétaire général de l'Organisation internationale de la Francophonie d'en assurer la mise en œuvre;
Transmettons, à l'intention des Chefs d'Etat et de gouvernement, en vue de leur 9ème Sommet à Beyrouth, le projet de Programme d'action ci-joint en annexe.

Bamako, le 3 novembre 2000

---

[3] Réserve du Vietnam et du Laos sur l'article 5 (3).

Prévention des conflits et Sécurité humaine:
Déclaration de Saint-Boniface adoptée le 14 mai 2006

DÉCLARATION DE SAINT-BONIFACE*

Nous, Ministres et Chefs de délégation des Etats et gouvernements ayant le français en partage, réunis à Saint-Boniface les 13 et 14 mai 2006, dans le cadre de la Conférence ministérielle de la Francophonie sur la prévention des conflits et la sécurité humaine;

Nous fondant sur les dispositions de la Charte de la Francophonie adoptée à Antananarivo en novembre 2005 ainsi que sur les orientations définies par nos Chefs d'Etat et de gouvernement dans le Cadre stratégique décennal de la Francophonie, adopté lors du Sommet de Ouagadougou, en novembre 2004, et **Rappelant** en particulier les objectifs stratégiques arrêtés dans ce dernier, portant sur la consolidation de la démocratie, des droits de l'Homme et de l'Etat de droit, ainsi que sur la prévention des conflits et l'accompagnement des processus de sortie de crises, de transition démocratique et de consolidation de la paix;

Convaincus que, dans un monde plus que jamais interdépendant, confronté à des dangers communs et à des menaces transnationales, le multilatéralisme demeure le cadre privilégié de la coopération internationale; que la construction de la paix, le renforcement de la sécurité collective et le développement durable à l'échelle mondiale sont une tâche commune qui doit se réaliser dans le respect de la souveraineté des Etats, de l'égalité des droits des peuples et de leur droit à disposer d'eux-mêmes, et que le recours à la force est du ressort ultime du Conseil de sécurité, qui l'exerce dans le respect de la Charte des Nations Unies et des règles du droit international;

Persuadés que l'instauration du dialogue des cultures et des civilisations, comme l'affermissement de la solidarité entre les nations, sont de nature à réduire les tensions, à prévenir les conflits et à renforcer la lutte contre le terrorisme;

Convaincus également que la prévention des crises et des conflits repose aussi sur la sécurité de l'individu, la satisfaction de ses besoins vitaux, notamment celui de vivre en paix, le respect de tous ses droits, y compris le droit au développement, toutes exigences conditionnées par l'existence d'un Etat de droit démocratique;

Convaincus enfin que la sécurité, la paix, le respect de tous les droits de l'Homme - assortis de mécanismes de garantie -, la démocratie et le développement, composantes essentielles de la sécurité humaine, sont indissociables et constituent des objectifs liés et interdépendants;

Conscients de l'étape majeure que représente l'adoption de la Déclaration de Bamako de novembre 2000, pour l'affirmation de la Francophonie politique et l'approfondissement du dialogue et de la coopération entre nos Etats et gouvernements autour de l'Etat de droit, de la démocratie et des droits de l'Homme, et **Reconnaissant** la contribution significative de la mise en œuvre du

* Cf. site de l'O.I.F. www.francophonie.org

dispositif de Bamako aux progrès accomplis dans la promotion de la paix au sein de l'espace francophone, dans une démarche tant de prévention structurelle que d'accompagnement des sorties de crises et des transitions;

Faisant nôtres les conclusions du Symposium international sur les pratiques de la démocratie, des droits et des libertés dans l'espace francophone (Bamako +5) de novembre 2005, telles qu'exprimées dans l'Acte final qui a confirmé l'adhésion unanime aux engagements et au mécanisme de suivi consignés dans la Déclaration de Bamako, ainsi que la portée de celle-ci comme instrument normatif et d'action au service de la paix, sous l'impulsion du Secrétaire général, et qui a invité l'Organisation internationale de la Francophonie à accroître ses efforts en faveur de la prévention des conflits, grâce à l'alerte précoce et à la diplomatie préventive, ainsi qu'à renforcer son interaction avec les Etats et gouvernements membres;

Rappelant les engagements souscrits par nos chefs d'Etat et de gouvernement lors de leurs Conférences au Sommet, notamment dans les Déclarations de Moncton (1999) et de Beyrouth (2002), en lien avec la prévention des conflits, la paix et la sécurité internationales;
Rappelant en particulier le rôle précurseur joué par la Francophonie dans la Déclaration de Ouagadougou (2004) sur la responsabilité de protéger et notamment en ce qui concerne celle des Etats de protéger les populations sur leurs territoires et la responsabilité de la communauté internationale, lorsqu'un Etat n'est pas en mesure ou n'est pas disposé à exercer cette responsabilité, de réagir, dans le cadre d'un mandat du Conseil de sécurité des Nations Unies et sous son égide, pour protéger les populations victimes de violations massives des droits de l'Homme et du droit international humanitaire;
Prenant acte avec satisfaction de la reconnaissance unanime par les membres de l'Organisation des Nations Unies au titre des dispositions des alinéas 138 et 139 du Document final du Sommet mondial qui s'est tenu à New York en septembre 2005, du principe de la responsabilité de protéger les populations contre le génocide, les crimes de guerre, l'épuration ethnique et les crimes contre l'humanité;
Prenant acte, à cet égard, de la Résolution 1674 du Conseil de sécurité concernant le renforcement des efforts de protection des civils, en période de conflit armé, particulièrement les femmes et les enfants, ainsi que la responsabilité et le rôle d'accompagnement de la communauté internationale;
Prenant acte également des conclusions du même Sommet, appelant à l'instauration d'un ordre international plus juste, fondé sur le caractère universel, indivisible et interdépendant des droits de l'Homme, de la sécurité et du développement, et sur les droits de tout être humain de vivre à l'abri du besoin, de la peur et dans la dignité; et **Rappelant** qu'à cette occasion, les Etats se sont engagés à définir la notion de sécurité humaine à l'Assemblée générale des Nations Unies;

Déterminés à concrétiser l'ambition d'une Francophonie qui, au cours de la décennie 2005-2014, entend valoriser son approche et ses acquis au service de la prévention et du règlement des conflits, tout en accompagnant résolument les efforts de la communauté internationale visant à construire un système international plus efficace, rénové dans ses structures, ses mécanismes et ses normes;

1. **Réitérons** notre attachement à un système multilatéral actif, efficace et imprégné des valeurs démocratiques, fondé sur le respect de l'intégrité territoriale, l'indépendance politique, la souveraineté des Etats et le principe de non ingérence dans les affaires intérieures, et favorisant le règlement pacifique des différends et la renonciation au recours à la menace ou à l'emploi de la force dans les relations internationales, conformément au droit international; **Soutenons** avec intérêt, dans ce contexte, les réflexions à venir aux Nations Unies visant l'établissement de principes directeurs du recours à la force;
2. **Soulignons** la responsabilité qui incombe à chaque État de protéger les civils sur son territoire ou sur un territoire qu'il contrôle; **Réaffirmons** que cette responsabilité exige la protection des populations contre le génocide, les crimes de guerre, l'épuration ethnique, et les crimes contre l'humanité, ainsi que la poursuite en justice des auteurs de tels actes; **Confirmons** la coopération pleine et entière de la Francophonie à l'égard de ses membres qui le souhaitent, pour qu'ils s'acquittent de cette responsabilité;
3. **Soulignons** la responsabilité de la communauté internationale de réagir d'une façon opportune et décisive, et en conformité avec la légalité internationale, les principes de la Charte des Nations Unies et les prérogatives dévolues au Conseil de sécurité pour protéger les civils contre le génocide, les crimes de guerre, l'épuration ethnique et les crimes contre l'humanité, au cas où les moyens pacifiques s'avéreraient insuffisants et où il serait manifeste que les autorités nationales ne protègent pas leurs populations contre de tels actes;
4. **Réaffirmons** notre volonté de conforter l'action préventive de l'Organisation internationale de la Francophonie, telle que prévue par la Déclaration de Bamako et dans le Programme d'action annexé à celle-ci, par une utilisation optimale de ses capacités, afin de lui permettre de jouer pleinement son rôle spécifique dans l'observation, l'alerte précoce, la diplomatie préventive, la gestion des crises, l'accompagnement des transitions et la consolidation de la paix, et ce, dans le cadre d'une coopération systématique et rationalisée avec les Organisations internationales et régionales;
5. **Confirmons** notre volonté politique d'agir et d'exercer pleinement notre responsabilité de prévenir l'éclatement des crises et des conflits dans l'espace francophone, limiter leur propagation, faciliter leur règlement pacifique et hâter le retour à une situation de paix durable par la mise en œuvre des dispositions librement consenties au titre de la Déclaration de Bamako et des instruments internationaux auxquels nos Etats sont parties;
6. **Soutenons** les efforts que déploie le Secrétaire général de la Francophonie dans l'exercice de son mandat politique et dans la mise en œuvre du dispositif francophone d'alerte précoce, de prévention et de règlement des conflits, fondé sur la consolidation de l'Etat de droit, la tenue d'élections libres, fiables et transparentes, la promotion d'une vie politique apaisée, d'une culture démocratique intériorisée et du plein respect des droits de l'Homme; **Confirmons**, à cet égard, notre disponibilité à appuyer pleinement ses initiatives destinées à engager, aux fins de prévention, le dialogue avec nos Etats et gouvernements, par des actions politiques ou de coopération adaptées, allant de

pair; **Nous engageons**, dans ce sens, à fournir régulièrement des informations sur l'état de mise en œuvre des engagements que nous avons pris à Bamako;

7. **Invitons** le Secrétaire général, dans cette perspective, à rendre pleinement opérationnel le mécanisme d'observation et d'évaluation permanentes des pratiques de la démocratie, des droits et des libertés dans l'espace francophone;

8. **Invitons** l'Organisation internationale de la Francophonie à consolider ses capacités d'analyse, en collaboration avec ses Etats et gouvernements membres et les Organisations internationales et régionales, en s'appuyant sur le Réseau d'information et de concertation, ainsi que sur les réseaux de l'Agence universitaire de la Francophonie; il s'agira notamment de poursuivre, comme elle l'a fait lors des Rencontres de Cotonou de septembre 2005, organisées conjointement avec l'Union africaine, la réflexion sur les causes et les facteurs de conflictualité, les indicateurs sous-tendant la fonction d'observation et de veille, et les faits considérés comme déclencheurs des mécanismes de sauvegarde et de réaction;

9. **Encourageons aussi** le Secrétaire général à recourir, aux fins de concertation et de consultation, à tous les instruments dont il dispose, tels les Comités *ad hoc* consultatifs restreints ou les sessions extraordinaires du Conseil permanent de la Francophonie, ainsi qu'à l'envoi, en liaison avec l'Assemblée parlementaire de la Francophonie, de missions d'information, de facilitation et d'observation électorale; de même que la désignation d'Envoyés ou de Représentants spéciaux;

10. **Entendons** mettre à profit l'expérience acquise et le savoir-faire développé par l'Organisation internationale de la Francophonie en matière d'accompagnement des processus de sortie de crises et de transition, notamment dans les domaines de l'identification et de la mise en place de mécanismes favorisant le consensus et d'institutions de contrôle, de régulation et de médiation; **L'appelons** à systématiser sa démarche, caractérisée par l'échange des expériences et par le souci de ne pas imposer de l'extérieur des processus inadaptés;

11. **Soulignons** l'importance de renforcer les capacités et l'expertise francophones en matière de facilitation et de médiation, notamment par l'identification et la mobilisation des compétences et des acteurs engagés, ainsi que par l'échange d'expériences et la mise en œuvre de programmes de formation;

12. **Réaffirmons** que le développement économique et social est un élément clé de la prévention structurelle des crises et des conflits, et **Soulignons** à cet égard l'importance d'une coopération internationale solidaire, concertée et agissante;

13. **Sommes résolus** à participer de façon active et concertée à la mise en place et aux travaux des nouveaux organes institués dans le cadre des Nations Unies, à savoir le Conseil des droits de l'Homme et la Commission de consolidation de la paix, qui seront appelés à jouer, chacun dans leurs domaines, un rôle de premier plan dans la promotion et la protection des droits de l'homme, la prévention des conflits et la sauvegarde de la sécurité humaine; **Demandons** à l'Organisation internationale de la Francophonie de développer, dans ce cadre, ses actions d'appui à la présence et aux concertations de nos délégués;

14. **Nous engageons** à promouvoir et à défendre, au sein du Conseil des droits de l'Homme, le respect intégral des droits de l'Homme, conformément aux engagements pris notamment à Bamako et aux instruments régionaux et internationaux que nous avons ratifiés; **Appuyons Sommes résolus** à poursuivre notre plaidoyer, notamment au sein de cet organe, en faveur des pays en situation

de sortie de crises pour conforter leurs processus de réconciliation nationale et leurs efforts visant à assurer la gouvernance démocratique, en favorisant par exemple l'accès de ces pays aux financements internationaux;

16. **Entendons** mettre en œuvre notre décision d'Antananarivo visant à assurer une plus forte participation de nos pays aux Opérations de maintien de la paix, en étroite coopération avec l'Organisation des Nations Unies et les Organisations régionales compétentes; **Entendons également** intensifier, à cette fin, les coopérations entre Etats membres afin de renforcer les capacités des Etats dont les moyens sont insuffisants;

17. **Demandons** à l'Organisation internationale de la Francophonie de soutenir cet effort des Etats membres, en développant, en partenariat avec les coopérations bilatérales et multilatérales, des programmes de formation et en favorisant les échanges d'expériences et de bonnes pratiques;

18. **Demandons** également au Secrétaire général d'examiner les possibilités pour l'Organisation internationale de la Francophonie d'être associée aux différents programmes de renforcement de capacités en maintien de la paix, tels RECAMP, programme de renforcement des capacités africaines de maintien de la paix, POSPM, programme des opérations de soutien de la paix dans le monde, et PAIM, programme d'aide à l'instruction militaire du Canada, notamment en ce qui concerne la sensibilisation et la formation ainsi que l'assistance technique dans les domaines des droits de l'Homme, des institutions, des textes fondamentaux et des élections;

19. **Nous engageons** à renforcer nos actions de sensibilisation sur la nécessité d'une maîtrise de la langue de communication en usage dans le pays de déploiement, par les personnels civils et militaires engagés dans les Opérations de maintien de la paix, et encourager les Nations Unies à prendre pleinement en compte cette dimension dans leurs politiques de recrutement et de formation;

20. **Nous engageons également** à renforcer ces actions pour une meilleure formation des personnels civils et militaires, dans les Opérations de maintien de la paix, à la protection des civils, tout particulièrement en ce qui concerne les abus sexuels, incluant ceux commis par les personnels de ces opérations, et la formation sur l'égalité entre les hommes et les femmes;

21. **Appelons** l'Organisation internationale de la Francophonie à examiner la possibilité de participer activement, en qualité d'observateur, aux travaux du Comité spécial sur les Opérations de maintien de la paix des Nations Unies, et **Décidons** de nous concerter au sein de ce Comité et d'organiser à l'avenir, dans le cadre de la Commission politique du, à cet égard, les travaux en cours portant sur un projet de Protocole facultatif se rapportant au Pacte international relatif aux droits économiques, sociaux et culturels; **Veillerons** à ce que le Conseil remplisse son mandat de manière efficace afin de lui permettre de traiter de toutes les questions et situations qui méritent son attention;

15. **Encourageons** l'Organisation internationale de la Francophonie à établir des liens utiles avec la Commission de consolidation de la paix; Conseil permanent de la Francophonie, une séance d'information à l'issue des sessions de ce Comité;

22. **Réaffirmons** notre appui au Programme d'action pour prévenir, combattre et éradiquer le commerce illicite des armes légères et de petit calibre dans tous ses aspects; **Nous engageons** à renforcer la coopération entre nos Etats et gouvernements pour sa mise en œuvre complète et pour l'harmonisation de nos législations nationales en la matière; **Confirmons** la coopération pleine et entière

de nos Etats et gouvernements à l'application des dispositions du droit international relatives à l'exportation ou au transfert d'armes légères et de petit calibre et d'autre matériel militaire, et **Entendons participer** activement à la Conférence d'examen du Programme d'action des Nations Unies sur le commerce illicite des armes légères et de petit calibre dans tous ses aspects, qui se tiendra en juin 2006 à New York;

23. **Nous engageons** à collaborer à la réalisation des initiatives prises notamment par les Nations Unies pour surveiller et empêcher l'exploitation et le transfert international illégal de ressources naturelles, ainsi qu'à appuyer les mesures de contrôle volontaires, comme le Processus de Kimberley et les Principes directeurs pour les entreprises multinationales de l'Organisation de coopération et de développement économiques, et à encourager l'adoption volontaire des principes de responsabilité sociale des entreprises par ceux qui participent à l'exploitation des ressources naturelles; **Incitons en outre** à plus de responsabilité et de transparence ceux qui participent à l'importation ou à l'exportation de ressources naturelles provenant de zones de conflit;

24. **Nous engageons également** à poursuivre notre mobilisation et à renforcer la coopération entre nos Etats et gouvernements pour l'élimination des mines antipersonnel; **Encourageons**, à cette fin, les Etats qui ne l'ont pas encore fait à adhérer à la Convention d'Ottawa sur l'interdiction de l'emploi, du stockage, de la production et des transferts des mines antipersonnel et sur leur destruction; **Soutenons** la mise en œuvre par les pays signataires du Plan d'action de Nairobi 2005-2009, afin de respecter les délais impartis par la Convention d'Ottawa pour la destruction des stocks et le nettoyage des zones minées;

25. **Encourageons également** tous les Etats qui ne l'ont pas encore fait à adhérer à la Convention de 1980 sur certaines armes classiques « qui peuvent être considérées comme ayant des effets traumatiques excessifs ou comme frappant sans discrimination » et à l'ensemble de ses Protocoles, dont en particulier le Protocole V relatif aux restes explosifs de guerre; **Nous engageons**, dès l'entrée en vigueur du Protocole V, à renforcer notre mobilisation, ainsi que la coopération entre nos Etats et gouvernements, contre les restes explosifs de guerre;

26. **Soulignons**, dans cette perspective, l'importance qui s'attache à une participation active des Etats membres directement affectés par des problèmes tels que l'enrôlement des enfants dans les conflits armés, les mines antipersonnel ou la prolifération des armes légères et de petit calibre aux débats consacrés à ces questions au sein des instances multilatérales; **Appelons** l'Organisation internationale de la Francophonie à explorer les moyens de favoriser une participation active de ces Etats;

27. **Réitérons** notre engagement à respecter et à faire respecter le droit international humanitaire, notamment dans les situations de conflits armés, et à appliquer les résolutions 1265, 1296, 1325, 1612, 1674 du Conseil de sécurité;**Recommandons** que la nécessité de protéger les civils en cas de menace imminente de danger physique soit pleinement prise en compte dans les mandats des Opérations de maintien de la paix dotées d'une composante militaire et que celles-ci disposent de ressources nécessaires à cet effet; **Soulignons**, dans ce contexte, la nécessité d'assurer la sûreté, la sécurité et la liberté de circulation du personnel humanitaire, du personnel des Nations Unies et autres Organisations internationales dûment mandatées, ainsi que du personnel associé, qui doivent

avoir un accès sans entrave aux populations civiles, comme le prescrit le droit international humanitaire;

28. **Réaffirmons** notre obligation de protéger les réfugiés, notamment par le respect du principe de non refoulement et la mise en œuvre des dispositions du droit international en leur faveur, et en soutenant toute action visant les causes de déplacements forcés, pour faire en sorte que ces populations regagnent leurs lieux d'origine en toute sécurité; **Nous engageons** à trouver des solutions durables au problème des réfugiés, à commencer par l'accès aux trois solutions durables – rapatriement, intégration sur place ou réinstallation dans un pays tiers – ainsi qu'en soutenant toute action visant la prévention des conflits et favorisant le partage des charges, afin d'empêcher que des mouvements de réfugiés ne suscitent des tensions accrues entre États; **Soulignons** l'importance de l'enregistrement et du recensement des réfugiés;

29. **Réaffirmons également** la responsabilité de nos États de protéger et d'assister les personnes déplacées à l'intérieur de leur propre pays et de faciliter les efforts des Organisations et Agences internationales, régionales et humanitaires à cet égard, notamment afin de faciliter l'accès aux personnes déplacées;

30. **Soulignons** que les Principes directeurs relatifs au déplacement de personnes à l'intérieur de leur propre pays, approuvés par l'Assemblée générale des Nations Unies, constituent un cadre international important pour la protection des personnes déplacées, et **Sommes résolus** à prendre des mesures concrètes pour renforcer cette protection;

31. **Soulignons** l'importance de promouvoir le respect de tous les droits de l'Homme et du droit international humanitaire, de prévenir et de sanctionner les violations graves ou massives de ces droits, et de traduire en justice les auteurs de telles violations; **Nous engageons** à promouvoir l'action des Défenseurs des droits de l'Homme et à garantir leur protection; dans ce contexte, **Appelons solennellement** à la ratification de tous les instruments internationaux et régionaux de lutte contre l'impunité, tels ceux relatifs à la Cour pénale internationale ou à la Cour africaine des droits de l'Homme et des peuples, et **Invitons** l'Organisation internationale de la Francophonie à renforcer, en tant que de besoin, son assistance aux Etats pour leur permettre d'assumer les engagements prévus par le Statut de Rome;

32. **Condamnons** l'enrôlement des enfants dans les combats et leur implication dans les conflits armés et **Appelons** les Etats qui ne l'auraient pas encore fait à ratifier et à mettre en œuvre les principaux instruments internationaux et régionaux relatifs à la protection des enfants dans les conflits armés, incluant la Convention relative aux droits de l'enfant et son Protocole facultatif concernant l'implication d'enfants dans les conflits armés;

33. **Appuyons** la création d'un mécanisme de suivi pour assurer la protection des enfants dans les conflits armés, tel que spécifié dans la résolution 1612 du Conseil de sécurité, et **Confirmons** le soutien plein et entier de la Francophonie dans ce domaine;

34. **Nous engageons**, dans le souci d'une paix durable, à faciliter, dans les pays sortant de crises et de conflits, le désarmement, la démobilisation et la réinsertion (DDR) de tous les combattants et particulièrement des enfants soldats;

35. **Renouvelons** notre volonté de mettre en œuvre les engagements pris lors de la Conférence des femmes de la Francophonie qui s'est tenue au Luxembourg en 2000, ainsi que les recommandations formulées par le Conseil de sécurité dans sa

résolution 1325 sur le rôle et la participation des femmes dans les mécanismes de prévention, de gestion et de règlement des conflits, et les Opérations de maintien de la paix; **Appelons** à la ratification universelle de notamment pendant les conflits armés, et **Nous engageons** à agir pour les prévenir et les réprimer en mettant fin à l'impunité;

37. **Sommes déterminés** à promouvoir le rôle des femmes et des jeunes dans la prévention des conflits, de manière à conforter, par des formations spécialement conçues à leur intention, leur apport essentiel à toute culture de paix; mus par le même souci et prenant note des recommandations du Séminaire d'échanges sur la prévention des conflits et la sécurité humaine, organisé à Paris en mars 2006, avec les Instituts et Centres de recherche sur la paix, la démocratie et les droits de l'Homme, les Organisations de la société civile et les réseaux institutionnels de la Francophonie, **Nous engageons** à renforcer aussi les capacités de la société civile, de ses associations, de ses syndicats et de ses partis;

38. **Soulignons aussi** le rôle fondamental des médias dans la diffusion des valeurs de liberté, de tolérance et de paix propres à pacifier la vie politique et à enraciner la culture démocratique; **Reconnaissons** la nécessité de garantir la liberté d'expression et la liberté de la presse, et **Affirmons** le droit à la protection des journalistes, y compris en temps de guerre; **Condamnons** la désinformation et toute forme d'incitation, par les médias, à la haine et à la violence; **Appelons** en conséquence à une plus grande participation des médias à la prévention des conflits, notamment aux processus d'observation, d'évaluation et d'alerte précoce, ainsi qu'à la réconciliation;

39. **Sommes déterminés**, dans l'esprit de la Déclaration de Bamako, à donner leur pleine efficacité à toutes les institutions et à tous les mécanismes propres à faciliter, au plan national, la prévention, la médiation, le règlement des crises et la réconciliation, en nous attachant notamment à développer des politiques éducatives, judiciaires, institutionnelles et d'intégration des minorités;

40. **Invitons** l'Organisation internationale de la Francophonie, conformément au Programme d'action de Bamako, à porter une attention soutenue à l'éducation, la formation et la sensibilisation aux droits de l'Homme, à la démocratie et à la paix, et notamment aux formations en droit international humanitaire à l'intention de l'ensemble des acteurs et protagonistes concernés;

41. **Prenons la résolution** d'amplifier nos concertations, dans le cadre du Conseil permanent de la Francophonie et de sa Commission politique, de la Conférence ministérielle de la Francophonie, ou encore de Conférences ministérielles thématiques, et de participer activement aux débats en cours dans les enceintes internationales et régionales sur la prévention des conflits, le maintien et la consolidation de la paix, ainsi la Convention sur l'élimination de toutes les formes de discrimination à l'égard des femmes et à la pleine réalisation des engagements souscrits lors des Conférences du Caire, de Pékin et Pékin +5;

36. **Condamnons**, à cet égard, les violences, les exploitations et les abus sexuels perpétrés contre les femmes et les enfants, que sur la sécurité humaine, et d'y défendre les principes et dispositions énoncés dans la présente Déclaration;

42. **Soulignons de même** le rôle que jouent, dans le développement de nos concertations, les Représentations permanentes de la Francophonie et les Groupes des Ambassadeurs francophones auprès des Organisations internationales, et **Rappelons** la place qu'occupent ces Représentations dans la mise en œuvre du

processus d'observation, d'évaluation et d'alerte précoce; **Invitons** le Secrétaire général à proposer des modalités propres à conforter ce dispositif;
43. **Soulignons encore** l'intérêt de notions et normes relatives à la sécurité humaine et à la responsabilité de protéger, et **Convenons** d'approfondir notre dialogue sur ces questions, au sein de la Francophonie, en ayant à l'esprit les principes de la Charte des Nations Unies et du droit international, afin de favoriser une compréhension commune et une contribution concertée des francophones dans le cadre des travaux de l'Assemblée générale des Nations Unies;
44. **Entendons également** développer nos échanges et notre concertation aux niveaux régional et international sur d'autres problématiques liées à la sécurité humaine - comme celle très importante des flux migratoires - et aux questions de développement de portée internationale;
45. **Invitons** le Secrétaire général de la Francophonie à favoriser la pleine utilisation des potentialités du dispositif de Bamako en matière de prévention des conflits et de promotion de la paix, en s'assurant, notamment par des évaluations adéquates, de l'efficacité des actions entreprises, et à coopérer avec les Etats et gouvernements dans la mise en œuvre et le suivi des engagements consignés dans la présente Déclaration;
46. **Transmettons** la présente Déclaration aux Chefs d'Etat et de gouvernement en vue du XIe Sommet. Saint-Boniface, le 14 mai 2006.

XIe Conférence des chefs d'État et de gouvernement des pays ayant le français en partage
Bucarest (Roumanie), 28-29 septembre 2006

DÉCLARATION DE BUCAREST*

PRÉAMBULE

1. Nous, Chefs d'État et de gouvernement des pays ayant le français en partage, nous sommes réunis les 28 et 29 septembre 2006 pour le XIe Sommet de la Francophonie à Bucarest, en Roumanie;
2. Convaincus que l'éducation, socle du développement durable, constitue un droit fondamental et qu'elle doit viser le plein épanouissement individuel, favorisant ainsi la compréhension et la tolérance entre les nations;
Déterminés à renforcer notre action pour atteindre les Objectifs du millénaire et particulièrement soucieux de poursuivre la mise en œuvre des résolutions du Forum mondial sur l'éducation de Dakar (2000) et de la Déclaration sur l'éducation pour tous de Jomtien (1990);
Réitérant nos engagements, pris à Ouagadougou en novembre 2004, de permettre l'accès pour tous à un enseignement primaire obligatoire gratuit et de qualité, et faire de nos efforts en matière d'enseignement, de formation et de recherche une passerelle vers l'emploi et un moyen d'autonomisation des femmes;
Nous avons décidé de consacrer ce XIe Sommet à l'éducation.
3. Constatant les retards pris dans la réalisation des Engagements de Dakar et des Objectifs du millénaire, que plusieurs États francophones ne pourront pas atteindre dans les conditions actuelles;
Inquiets que, dans les pays francophones du Sud, en dépit des progrès réalisés, deux enfants sur cinq - en majorité des filles -, n'accèdent pas à l'école, victimes de la pauvreté, du travail précoce, de l'exploitation sous toutes ses formes et de l'enrôlement forcé dans les conflits armés;
Extrêmement préoccupés de savoir que, dans ces pays, deux enfants scolarisés sur cinq n'achèvent pas leurs études primaires et que sept adultes sur dix ne sont pas alphabétisés;
4. Conscients, d'autre part, que la qualité des systèmes éducatifs est une condition du développement durable et que les carences existantes constituent des freins, notamment à la lutte contre la pauvreté dans les pays francophones;
5. Renouvelant notre appel à la communauté internationale à accroître la part consacrée à l'éducation dans les financements du développement, tant bilatéraux que multilatéraux, afin de permettre l'accès pour tous à un enseignement primaire obligatoire, gratuit et de qualité;
6. Conscients que les technologies de l'information et de la communication favorisent l'élargissement du savoir humain et le partage de connaissances, et reconnaissant le potentiel énorme qu'elles présentent – comme stipulé dans l'article 11 de l'Engagement du Sommet mondial sur la société de l'information de Tunis (novembre 2005) – pour élargir l'accès à un enseignement de qualité,

* Cf. site de l'O.I.F.

favoriser l'alphabétisation et l'éducation primaire universelle, ouvrant ainsi la voie à l'édification d'une société de l'information et d'une économie du savoir vraiment inclusives et qui respectent la diversité culturelle et linguistique;
7. Constatant que les pays francophones en développement sont les plus touchés par la fracture numérique et les moins en mesure d'exploiter efficacement les potentialités de la société de l'information, et qu'un accès insuffisant aux technologies de l'information menace d'exacerber toutes les autres disparités et aggrave leur marginalisation;
8. Persuadés que l'éducation est tout d'abord la transmission d'un savoir du maître à l'élève et l'acquisition de compétences, et convaincus que le développement de l'enseignement dans nos pays passe par l'engagement et la formation des femmes et des hommes qui se consacrent à cette noble mission;
9. Soucieux d'améliorer la qualité de l'enseignement par la modernisation des systèmes éducatifs et des méthodes pédagogiques ainsi que par la diversification des moyens utilisés, en tenant compte de l'évolution technologique et des impératifs de la société de l'information;
Nous avons choisi comme thème spécifique de notre XIe Conférence:
« Technologies de l'information dans l'éducation ».

10. Nous sommes en effet convaincus que les technologies de l'information et de la communication, sans se substituer au rôle fondamental de l'enseignant, peuvent constituer un outil important pour la réalisation de nos objectifs. Nous voulons contribuer ainsi à réduire la fracture numérique qui sépare les pays du Nord et du Sud afin de favoriser l'émergence et le développement d'une société de l'information inclusive.

I. LA FRANCOPHONIE VERS LA SOCIÉTÉ DU SAVOIR

11. Résolus à assurer le droit à l'éducation à nos populations et la liberté de rechercher, de recevoir et de diffuser les informations et les idées, en conformité avec les articles 19 et 26 de la Déclaration universelle des droits de l'Homme, l'article 19 du Pacte relatif aux droits civils et politiques, et l'article 13 du Pacte relatif aux droits économiques, sociaux et culturels;
12. Déterminés à agir pour la création d'une société du savoir;

Nous nous engageons à:

13. Donner à l'éducation une position prioritaire dans nos programmes de gouvernement, en lui consacrant les ressources budgétaires adéquates, équitablement réparties entre les enseignements primaire, secondaire, supérieur et la formation professionnelle et technique, en allouant les ressources nécessaires pour la gestion, le suivi et l'évaluation des systèmes éducatifs;
14. Considérer l'éducation comme une activité porteuse d'identité, de valeurs et de sens. Le droit à une éducation et à une formation de qualité est un droit imprescriptible de tout être humain. En conséquence, l'éducation et la formation ne peuvent être principalement objets de commerce et méritent une approche plus globale, fondée sur la dignité et l'émancipation humaines ainsi que sur le respect des identités culturelles;

15. Réserver à la puissance publique la responsabilité de la politique d'éducation, tout en permettant, dans les conditions déterminées par elle, le partenariat avec le secteur privé, notamment dans le domaine de la formation technique et professionnelle;
16. Encourager la formation d'un nombre suffisant d'enseignants et veiller à leur juste rémunération;
17. Favoriser une coopération régionale pour la formation des enseignants, en combinant la formation initiale sur place et une meilleure formation à distance;
18. Renforcer, au besoin avec l'aide de l'O.I.F., de l'AUF, de l'Université Senghor et de la Conférence, les capacités des services publics de l'éducation dans la planification et la gestion scolaire, l'identification des besoins de formation, l'harmonisation des niveaux pédagogiques et la présentation de projets structurés aux bailleurs de nous les aiderons à élaborer de solides plans nationaux d'éducation, à poursuivre des stratégies d'éducation durables et à trouver les ressources extérieures nécessaires pour atteindre ces objectifs du millénaire;
21. Mener une action concentrée et concertée de tous nos membres pour établir les meilleurs moyens, formels et informels, qui vont permettre l'éradication de l'analphabétisme à tous les niveaux sociaux;
22. Adapter l'enseignement primaire et secondaire afin de favoriser l'utilisation des technologies de l'information et de la communication comme l'un des outils d'apprentissage pour les élèves et le personnel, de même qu'en appui aux pratiques pédagogiques et aux programmes scolaires;
23. Engager des stratégies de réforme et de développement des systèmes de formation professionnelle et technique associant acteurs publics et privés, permettant de répondre à la demande croissante de qualification des jeunes issus de l'éducation de base et aux besoins du marché du travail, tant dans le secteur formel que non formel;
24. Agir contre les inégalités numériques persistantes, en accélérant la mise en place d'infrastructures de base et en améliorant l'accès à Internet. Cet accès doit être durable et financièrement abordable, ce qui implique un environnement international favorable au transfert de technologie et une coopération internationale renforcée dans ce domaine;
25. Accompagner la mise en place de nouvelles procédures pour le Fonds francophone des inforoutes et accorder une place importante aux projets reliés à l'introduction des technologies de l'information dans le domaine de l'éducation;
26. Faire de l'utilisation de l'informatique à des fins d'apprentissage une des priorités, et pour cela encourager la production et la mise à disposition d'ordinateurs à coût minime ainsi que favoriser l'utilisation systématique de logiciels appropriés, y compris les logiciels libres;
27. Mobiliser les technologies de l'information et de la communication au service de la solidarité internationale comme sur le plan national et, au besoin, en partenariat avec le secteur privé,telle l'Université numérique francophone mondiale en partenariat avec plusieurs pays francophones africains, pour faciliter, notamment dans le cadre de la coopération tripartite, les échanges d'expertise et permettre un plus grand partage des équipements technologiques, des outils pédagogiques, des savoirs et des contenus, en particulier par l'enseignement à distance;

28. Favoriser la contribution des réseaux de radio et de télévision à l'effort d'éducation et de formation, l'utilisation des technologies de l'information et de la communication ne se limitant pas à l'Internet et au numérique;
29. Promouvoir l'utilisation des technologies de l'information et de la communication pour l'éducation à l'environnement, et développer des stratégies d'accès à ces technologies qui prennent en compte une gestion fonds;
19. Soutenir les instances ou collectivités locales dans la mise en œuvre des politiques scolaires, en les dotant de moyens correspondant aux compétences qui leur sont transférées dans le cadre des processus de décentralisation;
20. Développer le partenariat entre États et gouvernements francophones pour garantir à toutes les filles et à tous les garçons une scolarité primaire, complète gratuite et obligatoire. À cette fin et dans le cadre de l'initiative « Éducation pour tous », nous appuierons les États qui choisissent d'investir dans les ressources humaines et qui consacrent une part adéquate de leur budget national à l'éducation. Avec les opérateurs, durable des matériels utilisés et leur recyclage sans danger pour l'environnement.

Dans l'esprit de la réforme adoptée à Antananarivo, nous appelons l'OIF, les opérateurs et tous les acteurs de la Francophonie à relever ensemble les défis de l'éducation, notamment à l'aide des technologies de l'information et de la communication:

30. L'OIF soutiendra les politiques nationales et les stratégies régionales visant à l'exploitation du potentiel des technologies de l'information et de la communication dans l'éducation et la formation, et à leur intégration dans l'enseignement primaire et secondaire. À cet effet, l'OIF continuera d'assister les États et gouvernements membres dans la recherche de financements internationaux;
31. L'OIF étudiera les voies et moyens d'amplifier les programmes d'éducation et d'y consacrer les ressources humaines et financières nécessaires;
32. Nous appelons l'OIF à encourager et à soutenir les efforts des gouvernements en vue d'élaborer des politiques linguistiques qui permettront de donner aux langues nationales une place significative dans les premières années de scolarisation ainsi que dans les activités de formation des adultes, tout en réaffirmant notre volonté de renforcer, avec le soutien de l'OIF, la présence du français dans les systèmes éducatifs de notre espace francophone;
33. L'OIF et l'AUF, sur la base de leurs expériences et de leurs acquis, proposeront aux instances de la Francophonie une initiative commune destinée à accroître l'offre des programmes et contenus de formation axés sur les technologies éducatives;
34. L'OIF, l'AUF et TV5Monde, dans le respect des droits d'auteur, se mobiliseront pour élargir la base de contenus éducatifs gratuits consultables sur Internet, et en faciliter l'accès et l'utilisation pédagogique, notamment par l'élaboration de guides pour les enseignants, en tenant compte des aspects éthiques de l'usage de l'Internet, s'agissant notamment de la protection des enfants;
35. Nous saluons l'initiative du pays hôte du Sommet de mettre en place, sur ses fonds propres et en concertation avec l'AUF, une université francophone d'Europe centrale et orientale visant, notamment grâce aux ressources

numériques, la mise en réseau XIe Conférence des chefs d'État et de gouvernement des pays ayant le français en partage - des établissements universitaires de la région et favorisant les échanges avec les pays du Sud;
36. Nous appelons l'AUF à renforcer l'utilisation des technologies de l'information et de la communication dans l'enseignement supérieur et la recherche. En s'appuyant sur une mise en réseau extensive de nos universités et centres de recherche, l'Agence créera de nouveaux campus numériques francophones et centres d'accès à l'information; renforcera les chantiers de numérisation des fonds patrimoniaux scientifiques, en liaison avec les projets de bibliothèques en ligne; développera des formations ouvertes et à distance diplômantes et appuiera l'élaboration de cours en ligne par les établissements du Sud et de l'Est, allant jusqu'à la création d'écoles doctorales virtuelles. L'Agence portera une attention particulière à l'amélioration de la qualité de l'enseignement supérieur, notamment grâce à l'utilisation des technologies de l'information et de la communication dans la gouvernance universitaire;
37. L'Université Senghor développera, en association avec l'OIF et les autres opérateurs, des programmes pour la formation de gestionnaires des systèmes éducatifs;
38. Décidés à aider TV5Monde à renforcer pleinement le rôle éducationnel qu'elle assume, nous veillerons, à cet effet, à faciliter l'accès à la chaîne sur les réseaux hertziens dans les pays du Sud qui le souhaitent et à encourager l'intégration, le cas échéant par la voie législative, de la diffusion de TV5, en sa qualité de vitrine de la diversité culturelle, aux côtés de celle de nos chaînes nationales, dans les offres des diffuseurs locaux par câble, par satellite et autres;
39. L'action déjà engagée par l'AIMF, grâce aux centres multimédias existants, doit être renforcée, en étroite coopération avec l'OIF et les autres opérateurs, et dans le respect de leurs mandats;
40. La Conférence continuera d'éclairer la prise de décisions en matière d'élaboration et d'évaluation des politiques éducatives dans les pays de l'espace francophone, notamment grâce à son programme d'analyse des systèmes éducatifs (Pasec). Un renforcement de la mise en réseau et du partage d'expertises de ses membres lui permettra de mieux remplir ses missions d'information, d'analyse et de concertation;
41. Nous demandons à l'Institut francophone des nouvelles technologies de l'information et de la formation de renforcer, dans le cadre d'une approche solidaire, l'accès de nos populations, particulièrement celles des pays en développement, aux technologies de l'information et de la communication, de poursuivre la mise en œuvre des décisions arrêtées lors des deux phases du Sommet mondial sur la société de l'information et d'accompagner les États membres dans l'élaboration de stratégies nationales pour l'utilisation des technologies de l'information et de la communication, en vue de contribuer à l'édification d'une société mondiale de l'information équilibrée, juste et accessible à tous;
42. Une action efficace auprès des populations francophones appelle une synergie des opérateurs. Les lieux d'accès aux technologies de l'information et de la communication déjà en place (campus numérique de l'AUF, maisons de TV5Monde, centres de lecture et d'animation culturelle, programmes d'accès jeunesse, espaces numériques de travail, guichets uniques de la Conféjes) doivent être développés pour favoriser l'appropriation des savoirs. Nous encourageons à

ce titre les actions de la Francophonie dans le domaine de l'éducation informelle, élément constitutif de l'éducation des jeunes, grâce à une présence accrue auprès de nos populations.
Nous demandons à l'OIF d'étudier la possibilité d'appuyer ces actions par l'éventuelle mise en place d'un dispositif de volontariat francophone;
43. Conscients du potentiel que représentent les collections des bibliothèques pour la présence de la langue française sur Internet, convaincus de l'importance de cette contribution pour l'accès de tous à un patrimoine partagé, nous nous félicitons de l'initiative fondant le Réseau francophone des bibliothèques nationales numériques. Nous apportons notre appui aux efforts visant à développer ce réseau en rapprochant les bibliothèques fondatrices de celles d'autres pays;
44. Nous demandons que les actions prescrites procèdent d'une dynamique concertée de l'OIF, des opérateurs et de tous les acteurs de la Francophonie sous la coordination du Secrétaire général, en vue de l'évaluation de leur réalisation.

II. LA FRANCOPHONIE DANS SA DIMENSION POLITIQUE

45. En décidant de nous rencontrer pour la première fois dans un pays de l'Europe centrale et orientale, nous exprimons notre volonté de créer des liens solides entre les pays membres de cette région et ceux de toutes les autres régions géographiques de la Francophonie pour assurer le plein épanouissement de nos capacités de coopération et de solidarité, avec le souci de mieux prendre en compte notre diversité. Nous saisissons l'occasion pour saluer l'adhésion prochaine à l'Union européenne de deux pays de cette région, la Bulgarie et la Roumanie, convaincus qu'elle renforcera la place du français dans la construction européenne;
46. À l'occasion de l'adoption par la Conférence ministérielle de la Francophonie du Vade-mecum relatif à l'usage de la langue française dans les organisations internationales, nous invitons le Secrétaire général de la Francophonie à poursuivre son engagement pour renforcer l'usage de la langue française dans les organisations internationales et régionales où le français bénéficie du statut de langue de travail ou de langue officielle;
47. En nous réjouissant de la coopération entre nos États et gouvernements, qui a contribué à l'adoption en octobre 2005, à l'Unesco, de la Convention sur la protection et la promotion de la diversité des expressions culturelles, nous exhortons les États qui ne l'ont pas encore fait à déposer leurs instruments de ratification. Nous demandons à l'OIF de renforcer son soutien aux pays du Sud qui souhaitent développer leurs politiques nationales en matière de culture et accroître la production et la diffusion de leurs produits et contenus culturels. Nous nous engageons à mettre rapidement en œuvre cette convention, notamment ses dispositions de coopération en faveur du Sud;
48. Nous réaffirmons le droit à l'autodétermination des peuples sous occupation étrangère et demandons aux puissances occupantes de se conformer au droit international, et de respecter dans les faits le droit international humanitaire, notamment la 4e Convention de Genève de 1949;
49. Nous proclamons notre conviction que la construction de la paix, le renforcement de la sécurité et le souci d'un développement durable et harmonieux ne peuvent se réaliser que dans le cadre d'un système multilatéral démocratique,

fondé sur le droit international, notamment par le respect de la souveraineté et de l'intégrité territoriale des États, seul à même de nous permettre de mieux affronter ces défis et de nous attaquer aux causes profondes des crises et des conflits. À cet égard, nous réitérons notre condamnation sans réserve du terrorisme, quelles que soient ses formes et ses justifications, et notre engagement à lutter ensemble contre ce fléau, dans le respect des droits de l'Homme;

50. Nous réaffirmons notre attachement à la démocratie comme système de valeurs et comme facteur de développement et de paix durables. Nous soulignons à cet égard, l'importance du consensus auquel est parvenue notre communauté, lors de l'adoption, en novembre 2000, de la Déclaration de Bamako, dont nous avons décidé la mise en œuvre à Beyrouth, en 2002. La pertinence de cet ensemble de normes et de pratiques, en tant qu'instrument au service de la prévention des conflits et du renforcement de la paix, a été confirmée par les conclusions du Symposium «Bamako +5»;

51. Nous prenons acte des conclusions de la Conférence ministérielle sur la prévention des conflits et la sécurité humaine, tenue à Saint-Boniface, au Canada, en mai 2006. Elles confortent et élargissent les options auxquelles nous avons souscrit dans la Déclaration de Bamako sur laquelle elles s'alignent. Nous nous attacherons à mettre en œuvre la Déclaration de Saint-Boniface, qui s'inscrit dans un effort d'approfondissement de la Francophonie politique. Nous invitons le Secrétaire général à proposer aux instances les éventuelles mesures qu'il jugerait opportunes à cet effet. Nous demandons également au Secrétaire général d'intensifier les consultations et la coordination de l'OIF avec les autres organisations internationales et régionales partenaires, notamment les Nations Unies, ainsi que l'Union africaine et la Communauté économique des États d'Afrique de l'Ouest. En application des décisions de la Conférence de Saint-Boniface, nous convenons d'intensifier les concertations francophones au sein des organisations internationales, en particulier en ce qui concerne les travaux du Conseil des droits de l'Homme et de la Commission de consolidation de la paix des Nations Unies;

52. Nous réaffirmons que l'éducation et la formation aux droits de l'Homme, à la tolérance et à la citoyenneté, notamment des enfants et des jeunes, constitue une dimension importante de l'établissement durable de sociétés libres, tolérantes et démocratiques. Nous demandons à l'OIF de veiller à développer cette dimension dans toutes ses actions relatives aux droits de l'Homme, à la démocratie et à la paix;

53. Nous réaffirmons notre attachement au dialogue des cultures et des civilisations dans notre espace, en particulier à la lumière des derniers développements sur la scène internationale. Nous sommes conscients que le dialogue, la tolérance, le respect des identités dans leur diversité, l'ouverture sur autrui et la rencontre autour des valeurs communes universelles sont des facteurs d'entente et de paix pour l'humanité. Nous sommes résolus à approfondir et à renforcer le dialogue des cultures et des civilisations en tant que facteur de rapprochement et de connaissance mutuelle entre nos peuples héritiers d'une civilisation humaine universelle et en perpétuel enrichissement.

54. Nous encourageons le Secrétaire général de la Francophonie à renforcer l'action de l'OIF dans la prévention, le règlement des crises et des conflits, ainsi que dans l'accompagnement des transitions et la consolidation des processus de réconciliation et de sorties de crise;

55. Nous approuvons la décision prise par la Conférence ministérielle d'Antananarivo (2005) sur l'engagement de nos pays dans les opérations de maintien de la paix.
Nous nous félicitons des initiatives prises par la Francophonie en faveur d'une présence renforcée de nos pays dans ces opérations;
56. Nous nous engageons à soutenir l'action du Conseil des droits de l'Homme en coopérant avec lui dans le cadre de la résolution 60/251 de l'Assemblée générale des Nations Unies;
57. Nous nous engageons également à une pratique plus active de ratification et de transposition au niveau national des instruments internationaux relatifs aux droits de l'Homme et de ceux qui sont évoqués dans la Déclaration de Saint-Boniface.
Nous invitons l'OIF à développer ses activités d'appui à la mise en œuvre de nos engagements internationaux, notamment pour l'élaboration des rapports périodiques. Dans ce sens, nous lui demandons également de soutenir les mécanismes régionaux de protection des droits de l'Homme, comme ceux de la Commission africaine des droits de l'Homme et des peuples dans le contexte de la mise en place de la Cour des droits de l'Homme et de celle de la Justice;
58. Confirmant notre attachement à la liberté de la presse dans l'espace francophone, nous nous engageons à respecter et à mettre en oeuvre les normes internationales en vigueur et les engagements de Bamako en la matière;
59. Nous appelons à l'intensification des travaux nécessaires à l'adoption de législations et réglementations assurant la protection des personnes, de leurs libertés et de leurs droits fondamentaux dans l'utilisation des fichiers et traitements de données à caractère personnel, et, conscients de l'accroissement de la circulation de données personnelles au-delà des frontières, marquons notre intérêt pour examiner l'opportunité d'élaborer un instrument international garantissant, dans ces circonstances, le droit des personnes à la protection des données à caractère personnel, tout en tenant compte de nos objectifs légitimes en matière de lutte contre le crime, la corruption et le terrorisme;
60. Convaincus de l'importance d'améliorer la gouvernance démocratique dans nos États, nous réaffirmons notre volonté d'accorder des moyens substantiels à la lutte contre la corruption et contre l'impunité, ainsi qu'à l'indépendance de la Justice, en favorisant aussi l'intégration régionale par le droit;
61. Conscients de l'importance que revêt, pour la pacification de la vie publique et l'approfondissement de l'expression démocratique, le déroulement sans heurts des processus électoraux, nous nous engageons à prendre des mesures appropriées pour assurer des élections libres, fiables et transparentes.

III. FOYERS DE CRISE ET SORTIES DE CRISE

Liban

En déplorant la tragédie au Liban et les conséquences dramatiques pour l'ensemble des populations civiles, nous appelons à une cessation totale des hostilités et au retour au calme au Liban;

Nous appelons toutes les parties à œuvrer en vue de l'application intégrale de la résolution 1701 du Conseil de sécurité et à collaborer avec la Force intérimaire des Nations Unies au Liban afin de permettre l'exercice par le gouvernement libanais de sa pleine souveraineté sur l'ensemble du territoire national et d'aider à l'instauration de la sécurité dans le Sud-Liban;

Nous saluons les efforts du Secrétaire général de la Francophonie visant à encourager les États francophones à envoyer des contingents pour la mise en place rapide de la Finul;

Nous décidons d'apporter notre plein appui aux efforts du gouvernement libanais visant à faciliter le retour dans leurs foyers des populations déplacées, à apporter toute aide et assistance humanitaire aux populations civiles, ainsi qu'à réhabiliter les infrastructures endommagées et à reconstruire le pays;

Nous réitérons notre ferme attachement à la souveraineté, à l'indépendance politique et à l'intégrité territoriale du Liban, et appelons à l'instauration d'une paix globale juste et durable au Moyen-Orient.

Côte d'Ivoire

En dépit des progrès enregistrés depuis la prise de fonctions, en décembre 2005, du Premier ministre, M. Charles Konan Banny, nous constatons que le processus de sortie de crise n'a pas progressé suffisamment dans les deux domaines clés que sont le désarmement des combattants et des milices et l'identification des populations en vue de l'établissement de la liste électorale;

Nous regrettons le report des élections présidentielles initialement prévues le 31 octobre 2006 au plus tard, selon les termes de la résolution 1633 du Conseil de sécurité des Nations Unies. Ce report s'explique par l'apparition de nombreux blocages et le manque de volonté réelle des acteurs politiques ivoiriens d'aller résolument vers la normalisation de la situation et une sortie de crise;

Conformément aux conclusions contenues dans le communiqué sanctionnant la dixième réunion du Groupe de travail international à Abidjan, le 10 septembre 2006, nous estimons que l'objectif doit demeurer l'organisation d'élections libres et démocratiques, fondées sur un processus d'identification équitable, des listes électorales renouvelées et crédibles et le désarmement de toutes les forces combattantes, pour en assurer la sécurité et la régularité;

Nous demandons en conséquence au Secrétaire général de continuer à s'impliquer fortement dans la recherche d'une solution durable et nous apportons notre entier soutien aux efforts de la classe politique ivoirienne et de la communauté internationale, dans le cadre de la Cédéao, de l'Union africaine et des Nations Unies, pour aider la Côte d'Ivoire et les Ivoiriens à parvenir à la sortie de crise et à une paix durable.

République démocratique du Congo (RDC)

Nous prenons acte avec satisfaction de la tenue, le 30 juillet 2006, des élections présidentielles (1er tour) et législatives, étape majeure de la mise en œuvre de l'accord global et inclusif, signé à Pretoria le 17 décembre 2002;

Nous exprimons notre préoccupation à l'égard des affrontements violents qui ont accompagné du 20 au 22 août 2006, à Kinshasa, la publication des résultats provisoires du premier tour des élections présidentielles. Nous appelons la classe politique congolaise à respecter le profond désir de paix et de démocratie manifesté par le peuple congolais durant la transition démocratique en cours, en conduisant jusqu'à son terme, dans la sécurité et la concorde nationale, le processus électoral;

Nous encourageons l'OIF à poursuivre les divers appuis apportés à la République démocratique du Congo, y compris dans le domaine des médias, et invitons le Secrétaire général à maintenir la mobilisation des ressources de la Francophonie en vue de soutenir la liberté d'expression, l'aboutissement d'un processus électoral transparent et crédible, la consolidation de la paix et la réconciliation nationale, ainsi que le développement durable.

Haïti

Nous saluons l'évolution de la transition politique à Haïti, avec la mise en place d'un parlement et l'investiture, le 14 mai 2006, d'un président démocratiquement élu.

Cette étape, qui doit être suivie par le parachèvement des élections législatives et par la tenue des élections locales, ouvrira une nouvelle page de son histoire, marquée par la promotion de la paix et de la stabilité, le renforcement de l'État de droit démocratique, la promotion des droits de l'Homme et la relance économique et sociale;

À ce titre, nous appuyons le gouvernement d'Haïti dans ses efforts concertés pour réaliser ces objectifs et encourageons toutes les composantes de la société haïtienne à œuvrer avec le gouvernement à la réconciliation nationale par le dialogue et la concertation;

Nous nous félicitons de la prorogation du Cadre de coopération intérimaire jusqu'en septembre 2007 et des résultats mai 2006, ainsi que de la Conférence internationale des donateurs pour le développement économique et social d'Haïti, tenue à Port-au-Prince le 25 juillet 2006, et réitérons notre volonté de contribuer activement aux efforts internationaux ainsi engagés;

Nous prenons acte avec satisfaction des mesures d'accompagnement prises par la Francophonie et invitons le Secrétaire général à poursuivre ce soutien au parlement, en collaboration avec l'Assemblée parlementaire de la Francophonie, à la Justice et aux autres institutions. positifs de la réunion des bailleurs de fonds pour Haïti, tenue à Brasilia le 23

Mauritanie

Nous prenons acte avec satisfaction de la mise en œuvre accélérée des engagements pris par les autorités mauritaniennes de transition et de la réforme constitutionnelle consacrant le principe et les modalités de l'alternance démocratique, telle que massivement adoptée lors du référendum constitutionnel du 25 juin 2006. Nous les encourageons à poursuivre dans ce sens;

Ces initiatives s'inscrivent dans le cadre de la démarche préconisée par la communauté francophone lors de la levée, en octobre 2005, des mesures de suspension des programmes de coopération de l'OIF qu'elle avait décrétées au lendemain des événements du 3 août 2005, conformément au chapitre 5 de la Déclaration de Bamako;

Nous engageons l'OIF à poursuivre les actions qu'elle a entreprises pour l'accompagnement du processus démocratique dans ce pays, notamment dans la perspective des échéances électorales de novembre 2006 et mars 2007.

Togo

Nous nous félicitons de la signature le 20 août 2006, à Lomé, par toutes les parties concernées et sous l'égide du facilitateur, S.E. M. Blaise Compaoré, Président du Burkina Faso et Président de notre Xe Sommet, dont nous saluons ici l'engagement et la disponibilité, de l'accord politique global, consacrant la mobilisation durant l'année 2006 de toute la classe politique et de la société civile togolaises, dans le cadre du dialogue intertogolais;

Nous considérons, en effet, que cet accord est de nature à offrir un cadre propice à l'approfondissement de la démarche de réconciliation et de réhabilitation de l'État de droit, telle qu'engagée par les autorités togolaises et qui a permis de lever les mesures spécifiques prises par la Francophonie en février 2005, sur la base du chapitre 5 de la Déclaration de Bamako, en vue du retour à la légalité constitutionnelle et de la restauration des droits et des libertés;

Nous appelons tous les acteurs de la vie politique togolaise à œuvrer à la pleine application de ces dispositions, en en respectant l'esprit, afin notamment de garantir la tenue en 2007 d'élections législatives libres, fiables et transparentes, assurant une participation conforme à la réalité du corps électoral et demandons au Secrétaire général d'apporter toute l'assistance de la Francophonie dans ces domaines.

République centrafricaine (RCA)

Nous avons suivi avec attention le déroulement de la transition ouverte en RCA au lendemain des événements de mars 2003, parachevée par la tenue, en mars et mai 2005, d'élections législative et présidentielle acceptées par tous les protagonistes.

Nous avons apprécié l'accompagnement déployé par la Francophonie, à chacune des étapes du processus, par le soutien à l'organisation d'un dialogue national, le renforcement des capacités des institutions de la transition et la coordination de l'observation internationale des élections, ce, avec le soutien du Bureau des Nations Unies en Centrafrique et des partenaires internationaux;

Nous restons toutefois préoccupés par la situation délicate que continue de traverser la RCA, caractérisée par des conditions sociales et économiques difficiles et par la persistance de l'insécurité, notamment dans la partie nord du pays, tous facteurs aggravés par les effets de la crise du Darfour et susceptibles de remettre en cause les efforts engagés en vue de la consolidation de la paix et de la reconstruction nationale;

Nous demandons, en conséquence, dans les meilleurs délais, l'examen par la Commission de consolidation de la paix des Nations Unies des modalités selon lesquelles la communauté internationale pourrait apporter à ce pays l'aide qui lui est nécessaire pour un développement durable;

Nous appelons aussi le Secrétaire général de la Francophonie à une vigilance accrue, en continuant de favoriser la concertation entre tous les acteurs nationaux, et lui demandons de poursuivre sa fonction de plaidoyer auprès des institutions financières internationales, tout en identifiant les axes utiles d'une coopération diversifiée, en liaison avec les partenaires au développement réunis au sein du Comité des partenaires extérieurs pour le suivi de la politique de développement.

Tchad

Nous exprimons notre vive réprobation quant aux tentatives de déstabilisation dont le Tchad a été victime en avril 2006. Nous nous réjouissons de la stabilisation progressive de la situation sécuritaire dans le pays et de l'amélioration des relations bilatérales avec le Soudan. À cet égard, nous réitérons notre attachement aux modes pacifiques de règlement des différends. Nous nous félicitons du maintien du dialogue entre le gouvernement du Tchad et ses partenaires en vue d'une meilleure utilisation des ressources pétrolières, notamment en faveur des secteurs significatifs pour la stabilité sociale et le développement;

Suite à la tenue, le 3 mai 2006, de l'élection présidentielle, nous encourageons l'établissement des conditions propices au dialogue politique, souhaité par toutes les parties qui ne prônent pas le recours à la violence, notamment en vue d'arrêter des modalités consensuelles pour l'organisation des futures échéances électorales, conformément aux engagements pris au titre de la Déclaration de Bamako;

Nous réitérons la disponibilité de la Francophonie à accompagner ce dialogue politique et demandons au Secrétaire général de poursuivre les actions engagées par notre organisation dans ce pays membre.

Crise du Darfour

Nous sommes vivement préoccupés par la dégradation continue de la situation au Darfour, marquée par la poursuite des actes de violence et des violations des droits de l'Homme et du droit humanitaire. Nous demandons instamment à toutes les parties de mettre fin immédiatement à toutes les attaques contre les civils;

Nous appelons à la poursuite de la solidarité internationale en faveur des deux millions de personnes déplacées à l'intérieur du Darfour ainsi que des deux cent cinquante mille réfugiés dont la présence sur le sol du Tchad et de la Centrafrique reste une source de préoccupation pour les gouvernements de ces pays;

Nous considérons la signature, le 5 mai 2006 à Abuja, d'un accord de paix entre le gouvernement soudanais et une partie de la rébellion comme un signe encourageant vers l'objectif impérieux de la réconciliation entre les Soudanais. Nous appelons toutes les autres parties à adhérer à cet accord;

Nous saluons les efforts déployés par l'Union africaine depuis 2003, notamment par l'envoi de troupes afin de contenir la situation et appuyons la poursuite des pourparlers engagés avec le gouvernement soudanais en vue de la mise en application de la résolution 1706 du Conseil de sécurité des Nations Unies, et le déploiement dans les meilleurs délais d'une force de paix des Nations Unies conformément aux demandes réitérées de l'Union africaine. Dans cette perspective, nous accueillons favorablement la décision du Conseil de paix et de sécurité africain prolongeant la présence de la force africaine jusqu'au 31 décembre 2006.

Burundi

Nous avons suivi le processus démocratique au Burundi, marqué par une longue période de transition, qui a abouti aux élections de juillet et août 2005, que nous avons accueillies avec satisfaction;

Avec la mise en place des institutions démocratiques conformes à l'Accord d'Arusha pour la paix et la réconciliation nationale et à l'Accord global de cessez-le-feu de Pretoria, le retour de la paix, de la démocratie et de l'État de droit au Burundi a enregistré des progrès très importants. Nous saluons l'accord de cessez-le-feu conclu le 7 septembre 2006 à Dar-es-Salaam entre le gouvernement et la dernière rébellion active, Palipehutu- FNL;

Toutefois, plusieurs facteurs rendent la situation encore fragile comme en témoignent les informations faisant état de tentatives de déstabilisation des institutions et d'atteinte aux libertés. Nous encourageons le gouvernement et l'ensemble de la classe politique à privilégier le dialogue et la concertation afin de continuer à œuvrer au renforcement du processus démocratique en vue d'une vie politique apaisée, dans le plein respect des droits de l'Homme et des procédures judiciaires en vigueur, conformément aux engagements souscrits dans le cadre de la Déclaration de Bamako;

Nous nous réjouissons de la décision des Nations Unies de faire du Burundi, avec la Sierra Leone, l'un des premiers pays à bénéficier des services de la Commission de consolidation de la paix et encourageons le Secrétaire général à apporter l'appui de la Francophonie à l'approfondissement de la réconciliation nationale, au renforcement des capacités des nouvelles institutions et à la reconstruction du pays.

Comores

Nous saluons les avancées enregistrées dans le processus de réconciliation nationale, de réunification du pays et de mise en application du nouvel ordre constitutionnel, XIe Conférence des chefs d'État et de gouvernement des pays ayant le français en partage - illustrées par la mise en œuvre du principe de la présidence tournante et l'élection d'un président originaire de l'Ile d'Anjouan à la suite d'élections démocratiques tenues en avril et mai 2006;

À cette fin, nous appelons la communauté internationale à accélérer le versement des contributions annoncées lors de la Conférence des bailleurs des fonds pour l'Union des Comores, tenue à Grand-Baie (Maurice) le 8 décembre 2005;

Nous encourageons le Secrétaire général à poursuivre le soutien de la Francophonie au renforcement des capacités des institutions.

Cameroun

Nous nous félicitons de l'Accord de Greentree, conclu le 12 juin 2006, à New York, entre le Nigeria et le Cameroun, qui a permis d'arrêter les modalités consensuelles de mise en œuvre de l'Arrêt de la Cour internationale de justice du 10 octobre 2002 pour ce qui concerne la péninsule de Bakassi.

Cette démarche répond à notre souci de privilégier le recours au droit et aux modes pacifiques pour le règlement des différends et des conflits. Nous encourageons dans ce sens les deux pays à œuvrer pour la pleine application de cet accord et la mise en œuvre intégrale de l'Arrêt de la CIJ.

La situation dans le territoire palestinien occupé

Nous exprimons notre préoccupation devant la sérieuse dégradation de la situation dans le territoire palestinien occupé, de même que notre vive inquiétude devant la gravité de la crise économique, sociale et humanitaire dans la bande de Gaza.

Nous condamnons tout recours à la violence ainsi que les violations des droits de l'Homme et du droit international humanitaire, qui doivent être respectés sans réserve par toutes les parties.

Nous réaffirmons notre soutien au processus de paix négociée au Moyen-Orient, fondé sur les résolutions 242, 338, 1397 et 1515 du Conseil de sécurité, sur la Feuille de route et sur le Principe de la terre contre la paix, dans la vision d'une région dans laquelle deux États, Israël et la Palestine, vivent côte à côte, à l'intérieur de frontières sûres et reconnues. Nous appelons la communauté internationale, y compris le Quartet, à redoubler les efforts pour relancer le processus menant à une paix juste, durable et globale au Moyen-Orient.

REGARD DE L'ANTHROPOLOGUE DU DROIT POURQUOI LES AFRICAINS N'ADHERENT PAS, « SPONTANEMENT », AUX DROITS DE L'HOMME ?

par

Etienne LE ROY
Professeur à l'Université de Paris I,
Directeur du Laboratoire d'Anthropologie juridique de Paris-CEMAf

Le propos ici sollicité est celui d'un anthropologue, propos qui pourrait être interprété comme provocateur si le lecteur, qu'on suppose principalement juriste, n'était pas préparé à prendre quelque distance avec sa pratique de l'herméneutique pour considérer des dimensions inattendues de la réception de la théorie des droits de l'Homme en Afrique et, pour simplifier, spécialement en Afrique noire francophone.

Dans l'intitulé ci-dessus, adhérer doit s'entendre comme à la fois « accepter », « approuver » et « s'inscrire dans », ce « dans » étant une part essentielle du problème à traiter. Mais, le terme critique est « spontanément », pour couper court à toute possibilité d'une interprétation réductrice pouvant nous enfermer dans l'enfer des relativismes et, par une condamnation *ex cathedra*, dans l'hypothèque culturaliste, voire raciste. Il n'est aucunement dans notre propos de nier la contribution prise par des Africaines et des Africains à la défense et à l'illustration des droits de l'Homme. Le commerce que j'ai noué, entre autres, avec la Commission africaine des droits de l'Homme et des peuples de l'OUA (devenue UA), par le biais de son regretté président Isaac Nguema, les cours que j'ai assurés durant le décennie 1990 sur les fondements anthropologiques des droits de l'Homme à l'Institut international des droits de l'Homme de Strasbourg, les formations à l'accès au droit et à la justice réalisées dans plusieurs États ouest-africains à la demande de coopérations bilatérales, des enquêtes sur la justice (Kuyu et Le Roy, 2002) m'ont convaincu du courage devant les multiples situations autoritaires, du sens de l'engagement, de la profondeur des convictions qui animaient mes interlocuteurs ou mes étudiants. Tous méritaient notre estime et, pour deux de nos anciens étudiants qui y ont laissé leur vie, notre plus grand respect.

Mais ces engagements tranchaient avec le contexte ambiant. À l'esprit missionnaire des uns, généralement éduqués, et appartenant à la classe des intellectuels « organiques », collègues, amis, confrères pouvaient opposer une certaine indifférence, laquelle n'était pas ignorance des situations autoritaires ou refus d'une prise de position mais qui reflétait l'expérience que les solutions à apporter relevaient d'autres pratiques ou d'autres logiques. Sans doute ces positions n'étaient-elles pas raisonnées et recelaient-elles de l'ambiguïté, entre confort, opportunisme et carriérisme, mais elles se trouvaient confortées par la sidérante indifférence de l'immense majorité des paysans, éleveurs ou commerçants. À leur encontre, on retrouvait bien dans le discours des « droits-de-l'homme-istes » la même accusation coloniale d'un retard plus ou moins congénital à combler, comme si l'altérité devait toujours être synonyme d'arriération mentale ou, plus communément, d'un manque, d'une absence que le développeur modernisateur devait à la fois araser et dépasser, ressentant une difficulté mais se refusant à l'aborder frontalement.

Pour la commodité de l'exercice, je vais ici poser deux axiomes, qui ont ainsi l'avantage de fixer une position sans avoir à en justifier les présupposés mais en en considérant les conséquences, si possible positives.

Premièrement, le droit n'est pas tant ce qu'en disent les textes que ce qu'en font les acteurs. Ce point est abondamment illustré dans des ouvrages de référence (Alliot, 2003, Le Roy, 1999) auxquels on se permet de renvoyer le lecteur.

Deuxièmement, l'universalité des droits de l'Homme n'étant pas un acquis pour une part très majoritaire de l'humanité, elle doit, si, comme nous le croyons, elle apparaît comme un requis, être conçue puis mise en œuvre sur la base d'un dialogue entre les cultures. C'est à un tel dialogue que nous avons consacré une part de nos travaux (Le Roy, 1994,1995) relayés depuis par d'autres chercheurs (Eberhard, 2002).

Et c'est ce dialogue que nous poursuivons ici en proposant d'exposer deux raisons, l'une structurale, l'autre contextuelle, qui peuvent expliquer cette indifférence africaine, tant au moins que le monde dans lequel ils vivent ne les a pas convaincu qu'ils devaient adopter d'autres « règles du jeu ».

I. – Une raison structurale: une divergence dans les modèles matriciels d'organisation sociale

Observons successivement les principes d'organisation sociale de la société moderne puis des sociétés communautaires africaines.

A.- L'unitarisme comme principe de structure de la société chrétienne puis moderne

L'État est, les spécialistes de l'histoire politique le savent bien, une invention récente et européenne qui a certes une préhistoire avec la renaissance du droit romain dans les royaumes d'Europe de l'ouest à partir du XIII° siècle mais surtout une histoire qui est singulièrement liée à celle du capitalisme et de l'individualisme, avec une montée en puissance durant les XVI° et XVII° siècles où, en particulier, par la figure du Léviathan, monstre biblique, Thomas Hobbes explique, en 1650, comment nous, Occidentaux chrétiens, sommes en train d'interpréter un dispositif d'institutions , une machinerie politique, un véritable mécano si le terme n'était anachronique comme un véritable personnage, l'anthropomorphisme autorisant à prêter à cette « invention » des désirs, des espoirs, une volonté, bref une personnalité. Ainsi fera-t-on parler l'État à mesure que la théorie des deux corps du roi (Kantorowicz, 1989) s'amplifiera par l'autonomisation de l'instance institutionnelle indépendamment de son représentant.

Cette construction politique apparaîtra rapidement dangereuse dans la mesure où elle est liberticide et contraire à la vision moyenâgeuse[1] de la société qu'a illustrée Georges Duby (Duby et Wallon, 1976) et qui est fondée sur trois classes, celles du chevalier, du clerc et du laboureur, chacune étant nécessaire aux autres et toutes apparaissant comme complémentaires. Le nouveau pouvoir d'État qui émerge non seulement concentre le pouvoir mais n'accepte plus aucune autre forme de pouvoir analogue, réduisant la diversité des situations pré-modernes à un principe d'unité dont il nous faut dire quelques mots.

Auparavant cependant, notons que pour les contemporains assistant à la montée en puissance de l'État, la réponse a été, depuis la grande Charte anglaise de 1215, les « droits de l'Homme » sous la forme d'une rédaction et d'une déclaration solennelle qui emprunte son modèle à la transmission par Dieu à Moïse des douze tables de la loi. Pour ceux qui souhaiteraient approfondir la question, on signalera que la société Jean Bodin pour l'histoire comparative des institutions y avait consacré son congrès de Delphes (SJBHCI, 1988).

L'occidental chrétien puis moderne se tourne donc spontanément vers les droits de l'Homme dès qu'une concentration de pouvoir devient dangereuse alors que l'Africain « animiste » s'adresse aux ancêtres et, à travers eux, à toutes les forces surnaturelles qui, de l'invisible, pourront interférer avec l'exercice du pouvoir dans le monde visible. Ce parallèle suppose d'autres questionnements qu'il n'est pas possible de prolonger ici mais qui mettraient en cause la nature hypothétiquement « religieuse » de notre tradition d'invocation des droits de l'Homme dans un contexte de « désenchantement » progressif du monde et de laïcisation.

Dans la perspective cosmologique tracée par le livre de la genèse de la Bible, les Chrétiens, en associant les préfixes grec *mono*s et latin *unus*, **ont pensé une universalité (katholicos) sur le registre du seul:** un seul Dieu, monothéisme, un seul pouvoir, monocratie, un seul détenteur, monarchie, un seul droit, monologisme. Le double n'y est qu'une déclinaison du Un, comme

---

[1] Cette vision n'est en fait pas spécifiquement moyenâgeuse mais plutôt archaïque car on en retrouve le principe dans les sociétés romaines (dans la triade Jupiter, Mars, Quirinus) et indo-européennes, et dans les sociétés africaines que nous découvrirons plus loin.

son envers dirait-on. Et, on le sait avec le symbole de Nicée, distinguer trois éléments comme le Père, le Fils et l'Esprit n'est qu'une manière d'affirmer syncrétiquement l'idée de l'unité de Dieu.

Sur ce mode unitariste, la pensée moderne a développé nombre d'inventions toutes plus efficaces les unes que les autres, ainsi le marché généralisé pour l'économie politique, l'unification des mesures de temps et d'espace, l'individualiste à la base d'une *societa*s opposée à l'ancienne *universitas* (Dumont, 1984), la personne juridique dont on reparlera et, bien entendu, l'État.

On ajoutera une dernière notation, relevée par Michel Alliot (Alliot, 2003) dans sa théorie des archétypes. Le monde a été créé de manière discrétionnaire et à partir du néant par une instance unique, extérieure et supérieure à sa création, omnipotente et omnisciente, légitimant ainsi un principe de soumission à la base de la relation entre le créateur, Dieu, et ses créatures. Dès qu'on transposera ce principe d'autorité de Dieu à l'État, construit selon le même modèle matriciel, on reconnaîtra à ce dernier une légitimité non seulement d'essence religieuse (d'où notre « culte » de l'État) mais aussi téléologique justifiant voire légitimant une concentration de la puissance dont il faudra se protéger.

B. – Le pluralisme comme principe de structure de la société pré-moderne, spécialement animiste africaine

Ici, tout est pensé comme multiple, spécialisé et interdépendant. Et, naturellement, il faut se tourner vers les pensées initiatiques pour en comprendre la subtilité. Michel Alliot indique que, pour ce type de société, l'archétype dominant est celui de la différenciation. Face à une demande sociale nouvelle, la réaction est de démultiplier les réponses disponibles pour s'ajuster, au plus près, aux besoins sociaux selon un mode de gestion communautaire qui cherche à équilibrer les intérêts du groupe et de l'individu.

Cette conception plurale imprime donc son modèle matriciel dans tous les registres de la société. Dans celui de la sacralité, évidemment, où on a parlé de panthéon, concept en fait biaisé, mais où il faudrait plutôt penser en terme de « puissances » inscrites dans des « plurivers ». La parenté et le mariage offrent d'autres applications, malheureusement totalement occultées. Ainsi, on n'est pas seulement parent par le partage d'une filiation mais aussi par la résidence ou le partage d'interdits et de croyances communs (Le Roy, 1999).

Les théories coloniales du pouvoir africain qui nous ont été transmises par des observateurs superficiels de sociétés déstabilisées lors de la conquête s'attardent sur des cas de tyrannies de chefs sanguinaires ou s'interrogent sur l'absence de chefs. Peut-il y avoir des sociétés sans chef, c'est-à-dire sans tête unique? Cette question sera plus particulièrement reprise par les Britanniques dans leur politique d'administration indirecte (*Indirect Rul*e).

Obnubilé par la relation entre pouvoir et monarchie, cet observateur n'a pas vu que chaque fonction au sein de la société fait l'objet d'une organisation spécifique fondée sur une double représentation, du collectif par un conseil et de ce conseil par un *primus inter pares*, un premier parmi des égaux, généralement des anciens, mais aussi de vaillants guerriers, des initiés, etc.

Dès que la littérature des voyages au XVIII° siècle a fixé la terminologie en parlant de chef, *chief, capitan* au sujet de ceux de ces représentants qui dévoyaient leur pouvoir de fonction en pouvoir d'extorsion ou d'exploitation avec la traite, donc en acceptant l'idée d'une tête (*caput*), elle introduisait un principe de caricature. Par la suite, d'autres caricatures vont amplifier le mouvement de décrédibilisation des conceptions du pouvoir et du droit, comme cela a été illustré à propos de la justice et des rapports fonciers (Le Roy, 2004).

Si nous ne devons pas succomber au mythe du bon sauvage et si nous devons travailler la violence endogène à l'œuvre dans les sociétés pré-coloniales (Le Roy, 1982, 1997), nous ne pouvons plus maintenant accepter l'image parodique imposée par la littérature coloniale et on peut formuler l'espoir que les Africains sauront relever ce défi sans tomber dans l'excès inverse qu'on dénomme afro centrisme.

Dans une conception **pluri**verselle, chacun appartient donc, par définition, à plusieurs mondes dans lesquels il dispose d'un ou de statuts. Outre le fait que l'individu détient ainsi un véritable portefeuille de statuts qu'il peut valoriser opportunément, il n'est jamais dépendant d'un seul chef dans un seul monde: le fonctionnement normal d'une société africaine repose sur une pluralité de pouvoirs: pouvoir sur la famille, sur l'eau, sur la terre, sur l'invisible, etc. La pluralité des mondes, des groupes et des représentants est l'antidote à la tendance à la monopolisation du pouvoir par un seul, tendance qui apparaît plus particulièrement avec le commerce de la traite négrière (Le Roy, 1982). Le pluriversalisme des appartenances et des représentations chez les Africains est donc le principe de structure dont la clef est essentielle pour comprendre l'agencement des institutions.

Au quotidien et dans le registre de l'organisation sociale, ce principe plural de structuration se décline selon plusieurs registres. Le plus immédiat et le plus facilement mobilisable est le principe de séniorité différenciant aînés et cadets au profit du premier mais où on est toujours l'aîné ou le cadet d'un autre selon des critères qu'on mettra en évidence s'il y a lieu dans la palabre: l'aîné en âge peut ne pas l'être en degré d'initiation. Le second registre est celui, déjà évoqué, du culte des ancêtres. « Les morts ne sont pas morts » écrivait le poète Birago Diop. La présence, parfois obsédante, de l'invisible et son invocation par des pratiques de voyance, magie ou sorcellerie sont d'autres antidotes à l'auto-cratisme du pouvoir. On raconte ainsi que les habitants de Kinshasa, pour se protéger des seigneurs de la guerre qui se partageaient le pouvoir de l'État congolais en 2002 avaient lancé des malédictions en invoquant les ancêtres de ceux des miliciens ou des gardes rapprochés qui oseraient négliger les lois de l'hospitalité et que cette « sanction magique » se révéla beaucoup plus efficace que la présence des troupes de l'ONU.

II. – Raison contextuelle: contradictions coloniales, ratées de l'indépendance et décolonisation avortée

A. – Une colonisation fondée sur un double discours

Les Africains ont vite assimilé les règles du jeu colonial et ont su en adopter très rapidement les manières de dire et de faire, donc les droits de l'Homme lorsqu'ils pouvaient être invoqués. On n'a pas à revenir sur ce point, éclairé en introduction. Par contre, on souligne trop rarement le fait que certains d'entre eux ont poussé ce partage de la civilisation du conquérant jusqu'à entrer dans le double langage par lequel tenait tant le discours colonial que la colonisation elle-même dès la fin du premier conflit mondial. L'assimilation comme théorie humaniste ouvrant les bienfaits de l'Empire aux populations méritantes était contrebalancée par le discours et la pratique de l'indigénat, régime dérogatoire à tous les principes des droits de l'Homme (Le Roy, 2003, 2006). Il y a un discours pour le dehors, parfois mercantile et intéressé, souvent généreux, et un discours pour le dedans, pour les sujets indigènes en particulier. Tant que ces deux discours sont peu ou pas perméables et que chacun reste ignoré de l'autre catégorie, le système colonial peut fonctionner car l'opinion publique de la métropole comme celle constituée par les sujets coloniaux ne peuvent facilement imaginer le contexte dans lequel « l'autre » est informé ou vit au quotidien. Mais, lorsqu'un André Gide ou un Albert Londres racontent le drame de la construction du chemin de fer Congo-Océan, reliant Brazzaville à Pointe noire à la jonction des années 1930 ou que les anciens combattants de la première guerre mondiale, spahis ou tirailleurs sénégalais, rapportent la fraternité des tranchées et l'enfer de Verdun, alors une conscience commence à poindre. Et quand, ouvrant plus largement les références historiques et anthropologiques, on y associe ce crime contre l'humanité que fut la traite négrière et le racisme au quotidien mais pluri-centenaire dans nos quatre « vieilles » colonies, alors la dénonciation peut s'épanouir, tels chez Aimé Césaire en Martinique ou Frantz Fanon en Algérie. Comment la France, qui se proclame patrie des droits de l'Homme peut-elle avoir, en même temps, accepté l'esclavage voire même l'avoir réintroduit aux Antilles par Napoléon ? Comment a-t-elle, ensuite pu justifier une colonisation qui, par sa définition même (Le Roy, 2003) suppose une ignorance des droits des populations conquises, donc nie l'article un de la Déclaration des droits de l'Homme de 1789: « tous les Hommes naissent libres et égaux en droits » (Le Cour Grandmaison, 2006).

Il y a un véritable travail de recherches dans les archives coloniales pour tenter de mesurer l'impact des imprécations lancées par ces quelques leaders qui se construiront une stature de chef d'État sur la dénonciation de l'œuvre coloniale. On pense à Sekou Touré ou à Patrice Lumumba. Mais si on ne peut en vérifier quantitativement l'impact, on peut bien identifier dans les discours révolutionnaires le lien entre les options socialistes et une préférence reconnue aux droits des peuples plutôt qu'aux droits de l'Homme, jugés trop libéraux, voire réactionnaires. Ainsi, les décennies 1950 à 1970 nous paraissent, rétroactivement, très pauvres dans le domaine de l'invocation des droits de l'Homme. Bons pour les pays riches, parce qu'associés au fonctionnement de l'État capitaliste. Bons pour les bourgeois des nouveaux États indépendants en ce qu'ils confortent les positions de pouvoir héritées de la colonisation. Ainsi, dans la vulgate populaire, les droits de l'Homme sont-ils associés au capitalisme, ignorés par ceux qui relèvent du nouveau « secteur informel » et donc méprisés par les socialistes.

Pour la quasi-totalité des nouveaux citoyens des pays ayant accédé à l'indépendance, la partie se joue ailleurs, d'abord dans la recherche d'une survie qui passe par presque tous les moyens, ensuite par le soutien aux régimes autoritaires tant qu'ils apportent à la fois, santé, scolarité, revenus minima et sécurité. Le rêve dura longtemps en Côte d'Ivoire, et fut très rapidement ébréché chez ses voisins guinéen et malien. Bref, il faut réellement attendre les décennies 1980 et 1990 pour que les droits de l'Homme fassent leur entrée comme théorie et comme principe de politique sur la scène africaine.

B. – La question de l'autoritarisme et de la gestion de la dépendance

Durant les trois premières décennies des indépendances, les Africains ont eu à expérimenter deux registres, celui du double discours colonial transposé à l'échelle des relations entre pays occidentaux et pays africains dans le contexte de la guerre froide et celui des institutions internationales de développement relayant largement le précédent.

L'autoritarisme justifié, au nom du réalisme

Dans un premier temps, qui dura plus que de raison, (Agir ici et Survie, 1995) ce fut donc le double discours colonial qui fut transposé à l'échelle des relations entre pays « capitalistes » et pays africains. Le contexte de la guerre froide fut propice à un

« pragmatisme » que synthétise bien, nous semble-t-il, cette formule qu'on prête à John F. Kennedy à propos d'un dictateur sud-américain: c'est un salaud mais c'est notre salaud. Qu'on songe seulement aux cas de Jean-Bedel Bokassa, d'Idi Amin Dada ou à celui, moins névrotique, de Gnassingbe Eyadéma.

Dans ce registre, les raisons invoquées pour ne pas faire référence aux droits de l'Homme sont tantôt économiques tantôt politiques et très souvent les deux à la fois.

Dans le premier cas, il s'agit d'un « retard » à combler justifiant des mesures énergiques et la mobilisation de toutes les ressources tant humaines que financières. L'accumulation primitive de capital devait se faire à marches forcées sur le modèle bolchevique, ou par une ouverture totale au capital étranger. Ici, déjà, la fin justifie les moyens.

Dans le second cas, la construction de la nation, les exigences de l'unité territoriale, des menaces sécessionnistes et bien d'autres arguments invoquant des dangers plus ou moins imaginaires, plus ou moins manipulés, autorisent les chefs d'État non seulement à justifier l'autocratie sur le plan interne par une idéologie « nationale », telle l'authenticité zaïroise, mais aussi sur le plan international. Dans la partie d'échecs à l'échelle mondiale qui se livre à l'ONU, il est particulièrement intéressant de « vendre » son vote, en particulier au conseil de sécurité, contre la garantie d'une non-intervention dans les affaires intérieures.

L'autoritarisme contesté, au nom du marché

Le discours de La Baule de juin 1990 est tenu, symboliquement, pour le point de départ pour la politique française d'un nouvel âge, oserions nous dire d'une nouvelle virginité, deux cents ans après la Déclaration des droits de l'Homme de 1789. Il a été en réalité précédé de multiples initiatives durant la décennie 1980 mais la chute du mur de Berlin, l'effondrement du système soviétique et la personnalité du président F. Mitterrand vont lui donner une place particulière dans la dramaturgie des droits de l'Homme en terre d'Afrique.

Il y a un avant et un après La Baule.

Avant la Baule, ce sont les programmes d'ajustement structurel « négociés » par les États africains avec le Fonds monétaire international sous l'égide de la Banque mondiale qui avaient introduit, parmi les conditionnalités mises en avant par les bailleurs, l'exigence de moins d'autocratie d'abord pour réduire un mauvais gouvernement puis de plus de démocratie.

Après La Baule, une certaine démocratisation se développe et, enfin, les droits de l'Homme se voient reconnus, au moins dans les textes constitutionnels, la place que la théorie moderne de l'État leur accorde: au centre du dispositif politique. Mais, la politique précédente se maintient, voire s'amplifie pour les nouveaux bénéficiaires de l'ajustement structurel. Nous sommes dans un donnant-donnant, les droits de l'Homme contre les transferts financiers assurant l'équilibre budgétaire, des prêts à taux bonifiés, voire d'autres avantages plus personnalisés. Par la suite, et au nom d'un néo-libéralisme triomphant à Washington comme capitale des USA et comme siège du système de *Bretton Woods*, le donnant-donnant s'élargira et impliquera la disparition de toute institution s'opposant au fonctionnement du marché généralisé. Ceci affectera on le sait, les « déflatés » ou les « ajustés » de la fonction publique, considérée comme pléthorique, les *marketing boards* et les programmes de développement à l'échelle nationale. Fonctionnaires, paysans, commerçants sont tous marqués par des bouleversements dont les effets positifs attendus tardent à se concrétiser. Chacun aussi expérimente le double discours toujours récurrent. Ainsi, pour la filière coton en Afrique de l'Ouest dont on peut témoigner qu'elle était à la fin de la décennie 1990 une des plus performantes au monde et qui a été déstabilisée par l'exigence d'ouverture totale au marché international alors que certains pays occidentaux maintenaient des aides à la production.

En outre, les autoritarismes continuent à se reproduire. Même un pays comme le Sénégal se laisse gagner par la tentation autocratique !

Ainsi la relation aux droits de l'Homme doit-elle être enrichie pour répondre à l'originalité et à la complexité des situations africaines. Il en est des droits de l'Homme comme de l'Organisation pour l'harmonisation en Afrique du droit des affaires (OHADA), un dispositif adopté par traité le 17 octobre 1993, conçu initialement pour la zone franc, opérationnel d'un point de vue de la technique juridique et des exigences de la mondialisation mais trop élitiste pour convaincre le plus grand nombre (CAD-H.S., 2006).

C. – Une décolonisation avortée

Un dispositif sans prise sur la réalité doit-il être considéré comme légitime, donc défendu à l'encontre de toute critique ? Selon notre point de vue, la décolonisation juridique n'a pas eu lieu (Le Roy, 2003, 2004) et quoiqu'on en dise, la question des droits de l'Homme y est étroitement associée. Comment faire de cet outil magnifique un ferment de liberté pour tous ?

Ni d'un point de vue théorique ni d'un point de vue pratique les droits de l'Homme ne paraissent avoir convaincu l'immense majorité des Africains. De même que les promesses n'engagent que ceux qui les écoutent, de même les droits de l'Homme n'impliquent réellement que ceux qui les invoquent. Or, ils sont décrédibilisés par ceux qui devraient en être les témoins et les gardiens, les Hommes d'État, au sens générique. Les champions mondiaux de la corruption selon *Transparency International* sont trop souvent africains et la gangrène est d'abord à la tête de l'État.

Conclusion

Les droits de l'Homme sont un trésor de l'humanité, mais de quelle humanité parlons-nous ? S'ils nous obligent d'abord à revisiter l'idée d'une humanité « une » et à être clairs sur notre propre humanité, nous devons aussi accepter l'idée des plurivers, donc des représentations du monde, de la société, des pouvoirs, de l'être humain plus complexes que celles auxquelles nous sommes habitués. Un nouveau dialogue est à construire et la contribution des Africaines et des Africains y sera d'autant plus précieuse qu'ils sont « au milieu du gué », dans « l'entre deux » de la loi et de la coutume, des plurivers et de l'univers, du communautarisme et de l'individualisme, donc dans les métissages porteurs de vie, de dignité retrouvée et de liberté assumée.

Bibliographie

- Agir ici et Survie, 1995, *L'Afrique à Biarritz, mise en examen de la politique française,* Paris, Karthala
- ALLIOT Michel, 2003, *Le droit et le service public au miroir de l'anthropologie,* Paris, Karthala
- Cahiers d'anthropologie du droit, Hors série, 2006, « Le droit des affaires en Afrique à travers le traité de l'OHADA, *Juridicités,* Paris, Karthala, pp. 117-144
- DUBY Georges et WALLON A., 1976, *Histoire de la France rurale,* Paris, Seuil

- DUMONT Louis, 1984, *Essais sur l'individualisme, une perspective anthropologique sur l'idéologie moderne,* Paris, Fayard
- EBERHARD Christoph, 2002, *Droits de l'Homme et dialogue interculturel,* Paris,
- KANTOROWITCZ Ernst, 1998, *Les deux corps du roi*, Paris, Gallimard, Bibliothèque des histoires
- KUYU Camille, LE ROY Étienne (éds), 2002, « Le quotidien de la justice en Afrique », *Droit et société,* vol 51/52, pp. 297-393
- LE COUR GRANDMAISON Olivier, 2006, « Droits de l'Homme, loi(s) et colonies » *Droits,* 43, pp.141-163
- LE ROY Étienne 1981, « Mythes, violences et pouvoirs, le Sénégal dans la traite négrière », *Politique africaine*, vol. 7, pp. 52-79
- LE ROY Étienne, 1994, « les droits de l'Homme entre un universalisme hâtif et le ghetto des particularismes culturels », *L'effectivité des droits fondamentaux dans les pays de la communauté francophone,* Montréal, AUPELF-UREF, pp. 59-70
- LE ROY Étienne 1995, « L'accès à l'universalisme par le dialogue interculturel », *Revue générale de droit*, vol. 26, pp. 5-26
- LE ROY Étienne, 1997, « La formation de l'État en Afrique, entre indigénisation et inculturation », GEMDEV (éd.), *Les avatars de l'État en Afrique*, Paris, Karthala, pp. 7-22
- LE ROY Étienne 1999 *Le jeu des lois, une anthropologie dynamique du droit,* Paris, LGDJ
- LE ROY Étienne, 2003, « Colonies », *Dictionnaire de la culture juridique*, sous la dir. de Denis ALLAND et Stéphane RIALS, Paris, PUF, Collection Quadrige, pp. 231-237
- LE ROY Étienne 2004, *Les Africains et l'institution de la justice, entre mimétismes et métissages,* Paris, Dalloz
- LE ROY Étienne, 2006, « *In ordinemen adducere* ou comment tenter d'imposer par le droit « la » civilisation; la mise en ordre de la justice des indigènes et le discours juridique colonial en Afrique noire française », *Droits,* 43, pp. 199-219
- Société Jean Bodin pour l'histoire comparative des institutions, 1988, *L'individu face au pouvoir,* Paris, Dessain et Tolra, Recueil n°XLVII

Paul TAVERNIER

Merci Etienne Le Roy. Vous avez exercé cette fonction essentielle de « poil à gratter » comme vous l'avez dit vous-même. Celle-ci est indispensable à l'Université, mais aussi, d'une manière plus générale, dans la société. Il y aurait ample matière à discussions et celles-ci pourraient durer des heures entières. Malheureusement notre temps est limité, mais je suis tout à fait reconnaissant à Etienne Le Roy d'avoir apporté ce regard original, convaincu, voire passionné. J'étais d'ailleurs sûr en le faisant intervenir qu'il nous apporterait ce regard suscitant réflexions et interrogations.

Nous ne sommes pas loin avec Etienne de la philosophie, même s'il n'a pas utilisé le terme, et le professeur Le Guyader va nous donner son regard de philosophe sur les droits de l'Homme en Afrique.

REGARD DE SOCIOLOGUE PLUTOT PHILOSOPHIQUE

par

Alain LE GUYADER
Vice-Président de l'Université d'Evry-Val d'Essonne,
Directeur d'IUP, Responsable des masters
Coopérations et solidarités internationales
et Aménagement et développement territorial

J'aimerais tout d'abord remercier le professeur Paul Tavernier pour son amicale invitation. C'est un réel plaisir pour moi d'y répondre, et je vais tenter de ne pas trop le décevoir. Surtout qu'il s'agit de saluer l'impressionnant travail réalisé sous sa direction, avec la parution de ce nouveau volume du *Recueil des droits de l'Homme en Afrique*. Qu'il me soit permis de souligner, après d'autres, qu'il s'agit désormais d'un instrument incontournable pour qui veut comprendre ce que sont et ce que représentent les droits de l'Homme en Afrique. Et par voie de conséquence dans le monde d'aujourd'hui.

Un point de vue philosophique, donc, et sous cet angle spécifique je voudrais poser quelques questions, critiquer certaines thèses, argumenter enfin, ou du moins m'acheminer vers des éléments de réponses. Mais pour autant que la philosophie, historiquement et comme activité intellectuelle, est fille d'un étonnement embarrassé, voici le mien comme point de départ. Il provient de la signification spontanée que nous attribuons à la copule: « et », dans l'expression: « Afrique et droits de l'Homme ».

En effet quand nous rencontrons des énoncés du genre: « Europe et droits de l'Homme » ou, pour me limiter:

« Amérique/Etats-Unis et droits de l'Homme », nous avons immédiatement la perception mentale d'une certaine signification de la copule qui n'est pas précisément celle qui nous vient non moins spontanément à l'esprit quand nous entendons: « Afrique et droits de l'Homme ». Et la différence entre ces deux significations de la copule traduit et engage des représentations et des types de discours fortement polarisés par ce qu'il faut bien appeler des préjugés. Où l'on voit que la copule n'est pas vide de sens. Elle participe au contraire d'un acte de langage, et à ce titre elle est tout entière supportée et traversée par l'idéologie qui la convoque, qu'elle relève du sens commun ou de la vulgate savante. Car les réflexions plus élaborées auxquelles ces thématiques donnent lieu ne sont pas moins marquées, du moins la plupart du temps et quelles que soient leurs orientations, par le même genre *d'a priori.* C'est donc de cet *a priori* idéologique qu'il sera question ici.

Pour l'Europe et les Etats-Unis, et plus généralement pour ce qu'il est convenu d'appeler le monde occidental, la copule va de soi: comme une accolade, si je puis dire. Il y aurait ainsi une sorte de symbiose entre ces zones géopolitiques et les droits de l'Homme. Elles seraient par nature, ou devenues naturellement, « droits-de-l'hommistes ». Autrement dit, ils lui seraient endogènes, en incarneraient le sens immanent, et constitueraient son héritage culturel. En tant qu'ils exprimeraient par excellence, l'excellence de l'identité européenne. On mesure alors les écarts entre les idéaux proclamés, qui sont l'objet de textes normatifs nationaux et internationaux, et la réalité sociale et politique. Ecarts qui sont dénoncés en vue d'une plus grande effectivité. Mais la déploration de cette infidélité ou la violation de leurs propres principes, ne remet pas en cause leur légitimité. Tout au contraire elle donne lieu à une injonction forte de mission civilisatrice, ou de façon moins arrogante de sollicitude non exempte de paternalisme, quand il s'agit de considérer l'état du monde dans son ensemble. Toutefois l'idée que les droits de l'Homme seraient spécifiquement européens engendre aussi un autre type de discours, moins bruyant aujourd'hui mais toujours latent, selon lequel ils ne seraient qu'une mystification idéologique. Ce qu'il faudrait dénoncer, et notamment l'impérialisme culturel qu'ils représenteraient pour les peuples du Sud: on voudrait les exporter au mépris des autres, tout en les en privant. Bien entendu ces types de discours, ou disons ces mixtes de discours, de perceptions et de représentations, bref ces attitudes mentales et intellectuelles, sont plus ou moins composites, et les cas de figures qui se chevauchent sont nombreux.

Mais s'agissant de l'Afrique, c'est tout le contraire qui vient à l'esprit. La copule signifie spontanément non pas l'écart intrinsèque entre norme endogène et réalité empirique, mais la résistance historico-culturelle d'un continent à une norme hétérogène. Au fond l'Afrique y serait peu ou prou substantiellement réfractaire. Que cette résistance soit attribuée à un retard quelconque ou à une extériorité fondamentale et essentielle. Parfois les deux à la fois, et les gammes à ce sujet, tout aussi composites, sont inépuisables, bien qu'on puisse en repérer quelques figures majeures. Aussi bien la copule a-t-elle quelque chose de disjonctif, et signifie-t-elle pour le moins l'existence d'une tension entre entités antithétiques, foncièrement étrangères: non plus la coordination d'une accolade mais la juxtaposition d'un accolement, potentiellement explosif, de deux mondes asymétriques qui ne seraient en quelque sorte pas assortis. Il s'ensuit que les droits de l'Homme ne pourraient advenir en Afrique que par un processus d'inculcation normalisatrice. Et il serait tout à fait naturel qu'ils y soient violés. Ou bien, autre version symétriquement inverse, ils opprimeraient ou détruiraient ses spécificités culturelles et ses ressources normatives propres. Et nous retrouvons ici l'impérialisme de l'occidentalo-centrisme, cause de tous les maux dont souffrirait l'Afrique.

Je ne veux pas dire par là que tous ceux qui parlent des droits de l'Homme en Afrique tiennent ce genre de discours ou adoptent des attitudes mentales semblables. Ni bien sûr que les travaux de Paul Tavernier s'inscrivent aussi peu que ce soit dans l'un de ces cadres, disons celui de l'humanisme missionnaire. Il est tout au contraire le mieux placé, en tant notamment qu'un des plus éminents spécialistes de la Convention européenne, pour comprendre ce que je veux dire. Et ce *Recueil* en est précisément l'anti-thèse éclatante. Cela étant je suis tout à fait prêt à concéder que je durcis le trait de ces postures pour les besoins de l'analyse. Et il faudrait sans doute en affiner les contours si l'on voulait construire de véritables idéals-types. Il reste qu'elles sont moins caricaturales qu'il n'y paraît, et très largement structurantes des perceptions, discours et représentations les plus habituels et spontanés, c'est-à-dire dominants. Et sans doute ne serait-il pas exagéré d'y voir un *système* idéologique profondément ancré, donnant lieu à toutes sortes de variations, et inversions, de plus ou moins grande intensité. Mais l'intérêt premier de dégager ces postures est de permettre de pointer quelques problèmes essentiels qui touchent à l'interprétation des droits de l'Homme, à commencer par celui de l'universalité. Ou plus précisément du type d'universel qu'ils incarneraient. Universel tout à la fois présumé et contesté, et qui reste aujourd'hui un enjeu. C'est une question plus complexe qu'on ne le croit généralement, qui comporte plusieurs entrées et se situe sur plusieurs plans: vraiment multidimensionnelle. Les considérations qui suivent voudraient y introduire, ou du moins préparer une telle réflexion.

Ce que je vise ici, on l'aura deviné sans difficulté, ce sont les vieilles thèses relativistes et culturalistes, qu'elles s'appuient ou non sur un évolutionnisme historique. Pour le dire abruptement, aucune de ces thèses ne me paraît soutenable. Et je suis assez enclin à y voir une vraie faiblesse de la pensée, tant elles s'enferrent dans des contradictions jamais traitées comme telles. Sans compter l'absurdité de positions insoutenables: mais il est vrai qu'*in fine* il n'y a rien d'insoutenable pour ces positions. Ce qui ne signifie pas qu'elles ne puissent comporter quelque part de vérité ou qu'elles ne puissent s'appuyer sur quelques faits indubitables, souvent massifs et aveuglants. Mais leur faiblesse essentielle réside dans l'abstraction de données partielles et leur rationalisation, au sens de Freud, plus que leur interprétation. Le tout s'autorisant d'évidences bien frappées. Mais justement, les évidences sont le plus souvent très mauvaises conseillères. Et au demeurant, elles n'ont jamais pu constituer l'assise d'une preuve, ne prêchant qu'à des convaincus. Ce sont donc ces convictions qu'il convient d'ébranler, et pas seulement parce qu'elles sont fausses: mais peut-être surtout parce qu'elles ne rendent pas justice aux peuples concernés.

Et pour y contribuer, j'aimerais commencer par évoquer ma rencontre avec l'Afrique. Non pas pour le plaisir de raconter une expérience personnelle, même s'y j'en éprouve du plaisir, mais parce que cette histoire, qui se poursuit, ne saurait s'inscrire dans les cadres mentaux que je viens de rappeler. Elle en interpelle au contraire les *a priori* et en conteste, sur plus d'un point, les représentations. Mon premier contact avec l'Afrique s'est en effet effectué sous les auspices des droits de l'Homme, lors d'une session organisée par l'AUPEL-UREF au château de Chamarande. Session que j'animais avec le professeur Paul-Gérard Pougoué, alors doyen de la Faculté des Sciences juridiques et politiques de l'Université de Dschang au Cameroun. Le groupe était constitué de stagiaires africains(e)s, malgaches, ainsi que vietnamiens, si ma mémoire est fidèle, et plus que de simples stagiaires ce furent des interlocuteurs. En même temps que s'engageait un vrai dialogue public avec mon collègue camerounais. Car ce qui fut décisif pour moi, ce furent mes échanges avec le professeur Pougoué, de là date notre amitié, et le constat que nous fîmes de fortes convergences concernant le droit positif au regard des droits de l'Homme. Et j'appréciais tout particulièrement ses vues sur l'idée d'une théorie des droits fondamentaux, sur la nécessité de l'appuyer sur une philosophie, ainsi que tout ce qu'il m'apprit quant à l'imbrication des couches sédimentées de droits en Afrique, coutumiers, religieux, colonial et étatique. Autant de traditions, si je ne m'abuse !

Il s'ensuivit une invitation à un colloque sur: « Les droits de l'Homme en Afrique centrale », qu'il organisait avec le Père Maugenest à l'Université catholique d'Afrique centrale (UCAC) de Yaoundé. Nous étions trois intervenants français, les seuls européens, parmi beaucoup d'autres, hommes et femmes, tous africains, et le public était entièrement africain. Je passe sur la qualité des communications et la richesse des débats, pour souligner, heureux hasard, que je découvrais l'Afrique en même temps que la pensée d'intellectuels africains sur les droits de l'Homme. Et jamais je n'ai senti, au cours de dialogues fructueux, le moindre décalage culturel quant à la valeur des droits de l'Homme et à leur nécessaire primauté. Mais ils manifestèrent par contre un fort désaccord avec la thèse, innocemment soutenue sans la moindre malice, stipulant le caractère foncièrement européen des droits de l'Homme. Ce qui fut entendu comme un discours à sens unique du maître à l'élève, réveillant quelques souvenirs pas si lointains. Je n'oublierai pas de si tôt quelques sourires presque affligés, non dénués de compassion. L'héritage colonial était moins perçu dans ces droits en eux-mêmes que dans cette sorte de prétention à en incarner à soi seul le bon sens. A la limite ce type de position revient à dire qu'il n'y a qu'un idiome des droits de l'Homme et que, par conséquent, les africain(e)s n'auraient rien à en dire de propre. Ce qui ressemble d'ailleurs fort à un double lien, puisqu'on leur demande néanmoins d'y suspendre leur propre parole. Toutefois, il y avait bien un étranger aux droits de l'Homme dans la maison, c'était un Père blanc, et vraiment blanc, qui officiait en Afrique depuis des années. J'eus l'occasion de sympathiser avec ce spécialiste de droit canon, et à ma question de savoir quel intérêt il prenait à ce colloque, il me répondit en toute simplicité qu'il ne connaissait rien aux droits de l'Homme et qu'il venait pour s'informer. Nous eûmes alors l'occasion de nous entretenir sur quelques thèmes épineux tels que le remariage des divorcés, la polygamie et le mariage chrétien, mais ce serait trop long bien que relevant de notre sujet.

Quoiqu'il en soit, c'est ainsi que débuta une aventure intellectuelle et humaine, dont l'étape suivante fut un nouveau colloque, encore à l'initiative de Paul-Gérard Pougoué, qui se tint à Brazzaville, juste avant la dernière guerre civile, au moment de l'entrée de Kabila à Kinshasa. Il y eut cent cinquante inscrits à l'Université, étudiants et acteurs de la société civile, ainsi que des fonctionnaires, dont on comprendra aisément l'implication passionnée. J'étais cette fois-ci accompagné par Thierry Choubrac, alors secrétaire général de Médecins du Monde. Le droit humanitaire était, tout autant que l'Etat de droit, au cœur des préoccupations d'un public très participatif. Plusieurs, dont un collègue, trouvèrent la mort dans la tragédie qui suivit. Mais c'est aussi à Brazzaville, nuitamment et dans l'inconscience de ce qui se préparait, je dois l'avouer, que nous mîmes la dernière main au programme du DESS que nous comptions ouvrir à Dschang, précisément intitulé: « Droits de l'Homme, droit humanitaire, droit pénal international ».

Nous avons donc créé ce DESS après avoir tenu un séminaire de sensibilisation, à Yaoundé et Dschang, auquel participèrent notamment la professeure Patricia Buirette ainsi qu'Américo Nunes. Le succès de ce séminaire fut une surprise pour nous, mais pas pour nos collègues ni bien sûr pour les participants. Paul-Gérard Pougoué étant devenu vice-Recteur de Yaoundé II, c'est le professeur François Anoukaha qui lui succéda au décanat de Dschang. Ce qui donna lieu à une nouvelle amitié complice. De ce jour l'un et l'autre viennent également enseigner à l'Université d'Evry dans le cadre d'une convention interuniversitaire: sur la Charte africaine, précisément. Je passe sur l'inauguration, très officielle, qui eut un grand retentissement local et institutionnel, largement relayé par les médias locaux et nationaux. Et même par RFI ! Mais ce qu'il m'importe ici de souligner, c'est tout d'abord que nous en sommes à la sixième promotion, dans des conditions dont on m'accordera qu'elles ne sont pas faciles: il faut de la conviction, du dévouement et de la compétence *sur place*. D'autre part, pour une trentaine de dossiers retenus, nous avons chaque année plusieurs dizaines de demandes. Et les stagiaires, femmes et hommes, viennent de tous les horizons, géographiques, sociaux et culturels. C'est une véritable petite société camerounaise en miniature, société dont on dit qu'elle est elle-même une synthèse de l'Afrique. Etudiant(e)s et enseignant(e)s, responsables de structures sociales et associatives, fonctionnaires du rectorat et magistrats, avocats et huissiers, policiers et militaires, bref, et j'en oublie sûrement, un éventail assez significatif si l'on en juge aussi par les origines sociales. Et si la majorité, comme il est normal, vient des provinces de l'Ouest, nous sommes en pays *bamiléké*, haut lieu de résistance, il y a des anglophones et des francophones, des originaires du sud et du nord, de structures sociales, culturelles et linguistiques différentes, des musulmans et des chrétiens, et quelques ressortissants de pays voisins. D'où l'émergence dans ces séminaires, d'un véritable espace public au sein de l'Université, où peuvent s'affirmer des interprétations voire des analyses différentes, comme il est normal, mais jamais l'idée d'une extériorité normative des droits de l'Homme. Ou plus précisément que les droits de l'Homme leur seraient culturel-lement étrangers.

Inutile d'insister sur la richesse des confrontations, dont peuvent encore témoigner mes collègues Yves Sabourdy, Jan Spurk et André Mvogo. Mais plutôt sur le fait que l'usage intellectuel qu'ils en font, intrinsèquement critique, conformément à l'esprit de ces droits, est à peu près le même que sous nos latitudes. Notamment leurs lectures de la Charte africaine n'ont rien à envier à notre propre autonomie de pensée. Et non seulement leur volonté de voir se développer et se renforcer un véritable Etat de droit, c'est-à-dire des droits de l'Homme, dans leur propre société leur paraît une ardente obligation, exprimant de profondes aspirations, mais le rapport qu'ils instaurent à leurs très diverses traditions culturelles, qu'ils valorisent légitimement, ne cède rien au traditionalisme. Assurément sur ce chapitre, ils n'ont nul besoin de quelque mentor occidental, et leurs refus des enfermements exotiques a de quoi dérouter plus d'un culturaliste. Je voudrais à ce propos mentionner deux travaux, assez exem-plaires, effectués dans le cadre de cette formation. L'un des étudiants, venant du Nord, en pays musulman, a fait son stage auprès d'un *lamido* qui lui a demandé un rapport sur la condition des femmes et les moyens de l'améliorer. Une autre étudiante a travaillé sur les chefferies de l'Ouest qu'elle considérait, entre autres, car elles remplissent aussi une double fonction sociétale et politique, comme un bien culturel à pérenniser: moins l'assujettissement des femmes. Autrement dit, les droits de l'Homme ne sont pas perçus comme un registre normatif liquidateur des traditions, ce qui signifierait un reniement d'eux-mêmes, mais comme un analyseur critique et un outil de réappropriation. Pour en avoir une vue plus sensible il faudrait restituer l'ensemble de leurs mémoires de stage, et ceci pour la raison simple et décisive qu'*ils y prennent la parole en leur nom propre sur leur propre société.*

Qu'on m'entende bien, et j'y reviendrai, mon propos n'est pas d'idéaliser une expérience dont je suis à la fois l'acteur et le témoin, et mon regard n'est pas différent de celui que je porte sur mon enseignement en France. Ni non plus d'idéaliser ce que fut et ce qu'est l'Afrique des Africains, si je puis employer cette expression. On l'aura compris, je l'espère, mon propos est tout autre, et il n'est pas si simple de sortir des schémas établis et des pensées toutes faites. Mais l'ignorance est telle, au cœur des préjugés, que l'attestation de faits concrets ne me paraît pas inutile. Au moins comme préalable et base d'une discussion sérieuse. C'est pourquoi il me faut maintenant évoquer ma seconde grande expérience africaine, du moins en terre d'Afrique, car il existe aussi une expérience africaine en Europe. Je veux parler, dans le droit fil de la précédente, de la création du DESS: « Citoyenneté, droits de l'Homme, action humanitaire », dans le cadre de l'Institut des droits de l'Homme et de la paix (IDHP), à l'Université Cheick Anta Diop (UCAD) de Dakar. Et à vrai dire le rapprochement entre le nom de cet Institut et celui du grand historien pourrait être l'occasion de pertinentes réflexions pour notre sujet. Quoiqu'il en soit, ce fut encore une suggestion du professeur Pougoué qui m'amena à rencontrer la professeure Amsatou Sow Sidibé, et il s'ensuivit, outre une nouvelle amitié, une nouvelle collaboration interuniversitaire à laquelle il participe également avec François Anoukaha. Et sauf erreur, je suis le seul européen à y enseigner, avec il est vrai André Mvogo, français d'origine camerounaise. Le monde des droits de l'Homme est petit dira-t-on, mais pas si petit que cela. En tout cas, qu'il me soit permis de relever que la directrice de cet Institut est musulmane et féministe, responsable d'une association de femmes qui se consacre à la promotion de leurs droits, notamment dans la sphère du travail, et spécialiste du droit de la famille. Encore un fait sonnant et éloquent sur lequel ne peuvent manquer de trébucher tels ou tels préjugés.

Il me faudrait ici aussi évoquer l'ouverture officielle de ce DESS, et la belle leçon inaugurale de Me Sidiki Kaba, Sénégalais comme chacun sait, et Président de la Fédération internationale des Ligues des droits de l'Homme (FIDH). Mais c'est surtout des étudiant(e)s que je veux parler. Leur composition sociale est à peu près la même que celle de Dschang, à cette différence toutefois qu'il s'agit d'un public majoritairement musulman. Avec une ouverture internationale, puisqu'il comprend des étudiantes mauritaniennes et un étudiant congolais. On y compte également plusieurs étudiantes portant le *hidjab* et un professeur d'islamologie. Quelle différence, pourra-t-on se demander, avec des chrétiens européens militants des droits de l'Homme ? Aucune assurément, sauf qu'il en est qui peuvent s'en étonner. Raison, par conséquent, de mentionner le fait et de suggérer un regard moins *a priorique* sur ce qui se passe ailleurs. Et qu'elles soient voilées, comme on dit, ou non, mariées ou non, et bien entendu aussi bien censeur d'un lycée catholique, comme c'est le cas d'une autre étudiante, elles sont toutes féministes au sens de la défense et de la promotion de la stricte égalité des droits. Chacune à sa manière, comme personne singulière, avec naturellement la conscience aiguë du chemin qui reste à parcourir et des obstacles à surmonter. J'ai beaucoup appris à leur contact. Et je suis plus convaincu que jamais que ce ne sont pas tant les religions qui existent que les croyante(e)s. Ce qui ouvre quelques perspectives !

Je ne répéterai pas ici ce que j'ai dit plus haut à propos de cet espace public en miniature, et de l'exceptionnelle richesse des échanges et des débats, pas plus qu'il n'est besoin d'insister sur la profondeur des convictions et l'intensité des engagements. Nulle fausse conscience de devoir ces valeurs à de généreux donateurs; ce qui ne signifie pas la méconnaissance de la trajectoire historique de ces droits qu'ils considèrent à juste titre comme leurs. Raison pour laquelle ils peuvent les opposer à tout ce qui les viole. Pas plus qu'ils ne manquent de s'interroger sur le rapport de cet universel aux diversités culturelles qui sont les leurs. Car cette diversité interne, ou mieux ce pluralisme culturel, est ici aussi au cœur de leurs préoccupations. Et nous avons, sur ce point comme sur d'autres, beaucoup à apprendre d'eux. Ici aussi il me faudrait rendre compte de leurs travaux. Car les mémoires de stages sont vraiment le critère significatif de leur rapport aux droits de l'Homme. Ils touchent tous les secteurs de la société, par exemple les prisons ou des programmes d'éducation aux droits de l'Homme; ou bien encore dans des associations citoyennes, des ONG de développement ou le racisme qui ne concerne pas seulement le rapport entre « blancs » et « noirs »: je ne puis en mentionner toute la variété, qu'ils et elles ne m'en tiennent pas rigueur. Au demeurant, à la différence non négligeable des contextes et de leurs spécificités, les points d'application sont tout à fait semblables à ceux de nos stagiaires ici. Ou à ceux de Dschang. Même si les termes dans lesquels les problèmes se posent sont différents, c'est tout à fait commensurable. Mais ce n'est pas seulement ce qui fait sens pour notre propos. Qu'il me suffise de mentionner quelques exemples saillants qui interpellent plus directement les préjugés que je vise ici. Ainsi le travail d'une étudiante sur les rapports entre médecine traditionnelle et droits de l'Homme, dans une association qui se consacre à sa promotion et reconnue d'utilité publique. C'est la question des conditions de possibilité de la reconnaissance de cette médecine qui est posée dans le champ des droits de l'Homme. Je voudrais aussi évoquer un travail sur les petits *talibés* qui mendient dans les rues de Dakar où on ne trouve évidemment aucune apologie de la tradition, mais qui souligne fortement que ce qui se donne pour la tradition n'a rien de traditionnel, comme souvent en Afrique. Ou bien encore un travail tout à fait fascinant en milieu *peul*, où la modernisation des structures sociales, c'est-à-dire leur destruction en l'occurrence, aboutit à l'inversion des anciennes hiérarchies et à l'auto-exclusion de l'aristocratie traditionnelle qui sombre dans l'extrême pauvreté.

Avec pour corollaire le trafic des enfants, où l'on retrouve les petits *talibés*, ou la dérive des plus âgés vers des activités maffieuses. Là encore ce n'est qu'un petit échantillon. Et ma propre expérience est tout à fait limitée.

Il faudrait encore évoquer la chaire Unesco de Cotonou, que dirige le professeur Holo, dont j'ai pu apprécier le travail lors d'un séjour au Bénin. Ou celle de Kinshasa, que dirige le professeur Mulunga, avec laquelle nous venons de signer une Convention. Voilà qui témoigne de l'extrême vitalité de l'activité intellectuelle, éducative et militante sur les droits de l'Homme en Afrique, dans des contextes socioculturels les plus variés. Sans oublier les innombrables associations et ONG, je veux parler des africaines, dont le principal souci est financier, les coalitions et les forums, qui devraient faire l'objet d'enquêtes et d'analyses un peu fouillées. C'est véritablement d'un agir social qu'il s'agit, porteur d'une authentique vision du monde. Mais pour finir je voudrais faire mention de la mise en réseau des associations d'étudiants de nos trois formations qui se constitue en espace public élargi dont on reparlera sans doute. Celle de Dschang est parrainée par Koffi Annan, et celle d'Evry par la FIDH. Soit un réseau d'égaux (et d'égales !) qui partagent une culture commune, une culture de second degré, certes, et tels sont les droits de l'Homme, mais qui n'en est pas moins commune. Un *bien commun*. Et puisque j'évoque, trop furtivement, mes étudiants d'Evry, qu'il me soit permis d'ajouter, sans plus de commentaires, que depuis plus d'une décennie, chaque année, entre un quart et un tiers d'entre eux est originaire d'Afrique. Eux aussi m'en apprennent beaucoup et leurs trajectoires pour suivre une telle formation, tout à la fois politique, sociale, culturelle et bien sûr géographique, mériteraient aussi la plus grande attention.

Alors bien sûr, et on l'aura compris, j'ai voulu rendre hommage à mes collègues et étudiant(e)s. Et je saisis l'occasion qui m'est donnée ici pour les remercier. Car ces rencontres et ces échanges n'ont cessé, et ne cessent, d'alimenter et d'enrichir ma réflexion. Il s'agit véritablement d'une expérience intellectuelle de décentrement dont j'aimerais maintenant restituer quelques enseignements. Et le premier d'entre eux, du moins peut-on l'espérer, est de rectifier une image trop souvent dévalorisante, où l'ignorance se le dispute aux préjugés. L'Afrique et les droits de l'Homme, c'est aussi et tout d'abord ça. Ce sont ces femmes et ces hommes engagés dans une intense activité tout à la fois de pensée et militante. Et pas seulement l'immensité des violations contre lesquelles, précisément, ils et elles se battent. Mais il y a plus en ceci que cette expérience de leur activité touche à des points sensibles de notre propos. Il se trouve en effet qu'elle exprime un rapport aux droits de l'Homme qui ne répond pas au schéma idéologique que j'ai brossé plus haut. Elle en ébranle bien plutôt le présupposé fondamental selon lequel les droits de l'Homme seraient étrangers à l'Afrique pour des raisons endogènes. Qu'ils seraient une culture importée qu'il s'agirait d'acclimater. Nous confrontant du même coup à la question de savoir comment, et en tant que quoi, ce qui est pour ainsi dire venu de l'extérieur peut ne pas être étranger. Et quelle en est la signification, tant social-historique qu'anthropologique. Question de grande portée par ses implications, non seulement quant à notre regard sur l'Afrique et à notre compréhension de son rapport aux droits de l'Homme, mais encore pour la compréhension que l'Europe peut avoir d'elle-même comme lieu politico-culturel de leur formulation et de leur déclaration.

Pour avancer dans cette direction, commençons par rappeler ce que tout le monde sait, à savoir que les droits de l'Homme sont arrivés d'Europe, et qui plus est dans les fourgons du colonialisme. Ou à peu près, disons dans la foulée, et qu'ils se sont retournés contre lui, ou mieux qu'ils l'ont été. Et plus précisément par ces Africains. Et plus précisément encore, bien avant les luttes de libération, par la fondation, en Haïti, de la première « République noire » au seuil du XIX° siècle, qui s'insurgeait contre l'esclavage. Or le fait qu'ils aient été retournés contre l'oppresseur est déjà un argument anti-culturaliste. Il s'agit certes d'un processus d'acculturation, où l'inculcation idéologique justifiait l'infériorisation et la mise sous tutelle, masquant et justifiant exploitation et barbarie. Toutefois, malgré les apparences, cet argument, qui s'appuie pourtant sur un fait incontestable, est assez peu pertinent. Et on ne saurait pas plus le verser au compte d'une Afrique à préserver qu'à celui des aspects positifs de la colonisation. Au moins en ceci que l'argument est généralisable à toute l'histoire des sociétés humaines dont ce fut et c'est encore le quotidien depuis la nuit des temps. Elles sont toutes le résultat d'emprunts forcés ou consentis et d'inventions endogènes. Aussi bien la question n'est-elle pas que les droits de l'Homme viennent, en tant que droits déclarés, d'Europe et qu'ils aient fait l'objet d'une acculturation. Sauf à vouloir conjuguer l'Afrique à tous les temps de la passivité, au mépris de son histoire et de son historicité. Il est de prendre en considération la manière dont on s'y réfère, et d'y faire droit. Or tant ce phénomène d'appropriation que les multiples engagements qui le poursuivent montrent à l'envi qu'ils sont vécus et conçus comme le registre normatif requis pour qualifier tout le spectre des injustices, et pour y remédier. Qu'il s'agisse de l'arbitraire politique ou de la condition des femmes, de la grande pauvreté ou des trafics d'enfants. Et au total, de toutes les formes d'asservissements, qu'elles proviennent de facteurs structurels typiquement modernes ou de pratiques héritées. Voire les deux combinés et dans tous les cas d'un même mouvement.

Autant dire qu'ils ont de bonnes raisons de s'y référer, et ce sont les leurs, comme expression et revendication de leur autonomie et condition de possibilité d'une existence humaine. Laquelle se définit pour eux, ou passe plus exactement, par la satisfaction de ces droits, sans le moindre sentiment de devoir se déposséder d'identités antérieures. Nul phénomène, ici, qui pourrait s'apparenter à une conversion, qui signifierait l'abandon, jugé nécessaire (ou forcé) de cultures originaires. Les deux processus sont essentiellement différents, *et c'est toute la* différence. Autrement dit, les droits de l'Homme ne sont pas investis, ni même invoqués, au titre d'une culture salvatrice exclusive de toute autre. C'est le contraire qui est vrai. D'une part en ce que les droits de l'Homme instaurent un nouveau rapport aux héritages culturels, rapport critique de réinvestissement, selon lequel ces militant(e)s entendent faire l'histoire en leur propre nom. Nul doute que cela bouleverse un grand nombre d'ordonnancements traditionnels de logiques sociales, et conduise à l'abandon de pratiques coutumières jugées inacceptables ou obsolètes. Mais ces processus banals conduisent aussi à des réaménagements et à des recréations, qu'ils s'agissent des religions, des formes sociétales ou des arts. Et non pas à l'annulation de tout héritage spécifique. Autrement dit les droits de l'Homme génèrent, selon leur normativité, des identités reconstruites, et les héritages revisités sont convoqués au titre de ressources, notamment pour en débattre. Car les droits de l'Homme ne sont pas moins discutés et interprétés qu'ailleurs, et notamment leurs angles morts. Sans compter la Charte africaine. Ainsi que ceux qui prétendent parler des droits de l'Homme à leur place. D'autre part enfin, ce dont témoigne la diversité des publics de ces formations, qui ne sont encore une fois que des exemples parmi beaucoup d'autres formes d'engagements qui se situent sur ces registres, c'est l'existence d'une culture commune des droits de l'Homme qui traverse une grande diversité culturelle. Ils font partie *de la culture africaine d'aujourd'hui*, la seule peut-être, et même sans doute, à propos de laquelle on pourrait utiliser le singulier. Culture commune en débat que je partage aussi avec ces collègues et étudiant(e)s.

Les droits de l'Homme ne représentent donc pas un corps étranger pour ces Africain(e)s, qui s'en réclament et veulent les promouvoir. Du seul fait qu'ils s'y reconnaissent, on ne saurait dire qu'ils sont étrangers à l'Afrique. Ni faire état d'un *a priori* culturel rédhibitoire. Cette dimension de la reconnaissance, sous la forme d'un s'y reconnaître, est véritablement essentielle. Elle relève d'une *praxis* qui reste à penser, et qu'occultent culturalistes et relativistes. A ce propos on ne saurait parler, sans plus de précaution, d'une occidentalisation. Deux points que je voudrais, trop rapidement, envisager maintenant.

Tout d'abord l'idée d'une culture africaine, *a fortiori* qu'on pourrait opposer en bloc aux droits de l'Homme, fait problème. Cette idée relève bien plutôt d'un regard extérieur qui globalise, la plupart du temps selon un point de vue particulier. Si bien que cette culture africaine traditionnelle prétendument monologique et monolithique s'avère plutôt multiple, et de ce fait introuvable ! J'entends bien qu'on entend faire aussi valoir des structures élémentaires profondes du traditionnel comme tel, je vais y revenir. Mais pas plus qu'hier l'Afrique n'est aujourd'hui une entité civilisationnelle homogène et unitaire. Et on sait qu'elle forme un ensemble géopolitique récent au regard de l'histoire: depuis la colonisation. A bien des égards il s'agit d'une abstraction qui en gomme la grande diversité et les histoires dont le continent est le fruit. Histoires multiples entremêlées ou s'ignorant, selon lesquelles, pour ce qui nous occupe ici, l'Afrique doit se décliner au pluriel. Reconnaître qu'il y a en Afrique des aires civilisationnelles et des cultures diversifiées me paraît un préalable. On ne peut donc en appeler à l'existence d'une tradition africaine qui serait, en tant que telle imperméable aux droits de l'Homme, sempiternel « cœur des ténèbres » qu'il faudrait éclairer. Au demeurant, il y a mille et une manières pour des traditions d'être traditionnelles.

Mais l'idée d'un obstacle traditionaliste doit encore être contestée sur un autre plan. C'est la question des appartenances et des identités. Il ne suffit pas en effet de constater les diversités et de les pluraliser. Dans ce genre de discours qui hypostasie l'existence d'un traditionalisme culturel, on présuppose une culture originaire. Et on substitue une ontologie culturaliste à l'anthropologie sociale. Or il s'agit très largement d'un mythe exotique, qui donne lieu aujourd'hui en Afrique, et à vrai dire au moins depuis les indépendances, à toutes sortes d'instrumentalisations. Allégations fantasmatiques et distorsions intellectuelles qui transfigurent d'authentiques guerres civiles en conflits interethniques. Ce qui ne veut pas dire qu'elles ne puisent pas dans des histoires de dominations antérieures. L'histoire profonde resurgit bien souvent. Mais elles puisent aussi dans un nationalisme importé. Je ne puis malheureusement m'y attarder. Ce faisant, on enferme l'Afrique dans un *fixisme idéologique* qui non seulement la prive de son histoire mais lui dénie toute historicité, j'y faisais allusion plus haut. Les sociétés africaines sont en effet le résultat de multiples acculturations dont certaines furent subies, parfois tragiquement, et d'autres non. Donnant lieu à toutes sortes d'appropriations. Sans parler des mouvements de résistance aux formes anciennes, modernes et contemporaines d'oppressions. L'Afrique, telle que nous la connaissons, et méconnaissons, aujourd'hui, c'est également cette histoire aux données successives sédimentées et enchevêtrées. A cet égard, il nous faut reprendre le mot de Marx selon lequel l'histoire n'existe pas, ce sont les hommes faisant leur propre histoire dans certaines conditions. Sans toujours savoir ce qu'ils font. En ce sens, pour-rait-on dire, l'Afrique n'existe pas, ce sont les Africains faisant leur propre histoire. Et aujourd'hui avec les droits de l'Homme, comme langage normatif de l'émancipation, *de leur propre émancipation dont ils sont les acteurs*. Dans des conditions socioculturelles particulièrement complexes et difficiles. Mais eux, et elles, savent l'histoire qu'ils veulent faire. Je ne puis, non plus, m'y attarder, mais ces conditions, à bien les analyser, achèvent, si l'on peut dire, d'invalider l'idée simpliste de culture traditionnelle. Ce concept devrait lui-même faire l'objet d'un examen théorique serré. Mais pour autant qu'elles existent, et qu'elles aient existé, sur des modes et selon des régimes fort différents, ces cultures sont aujourd'hui profondément remaniées et recomposées, voire les chefferies, délabrées pour certaines ou en voie de disparition, donnant lieu à des phénomènes de modernisation ou à toutes sortes de syncrétismes. Il est donc bien difficile d'en appeler aux traditions pour expliquer la situation des droits de l'Homme en Afrique aujourd'hui.

Ce qui ne signifie évidemment pas l'absence d'obstacles ou de résistances d'ordre culturel, ou imputables à des traditions, allant toujours de pair avec la persistance de structures sociales parfois ancestrales. Ni que les structures socio-culturelles traditionnelles ne puissent être aux antipodes de ces droits, voire incompatibles avec eux. Mais avant d'évoquer brièvement cette question, un mot sur la notion d'occidentalisation. A vrai dire les remarques précédentes devraient déjà en fragiliser l'acception courante. Qu'on s'en félicite ou non. Car à y regarder de près, cette notion n'est pas aussi consistante qu'il pourrait sembler. Elle me paraît même assez confuse, un peu fourre-tout, et saturée d'idéologie. Ce qui explique sans doute son peu de cohérence, ou l'inverse, et son faible pouvoir explicatif. On l'invoque néanmoins, de façon indifférenciée, et c'est bien le problème. Ainsi, pour l'idéologie que je vise ici, les droits de l'Homme seraient l'effet d'un processus, positif ou négatif, c'est selon, d'occidentalisation. Mais c'est supposer, entre autres, que l'Occident est un concept clairement et distinctement cernable, et qu'il dénote une réalité empirique homogène qui s'abattrait, en l'occurrence, sur l'Afrique. Or rien n'est moins sûr. Ce qu'il désigne, indubitablement, c'est une aire géopolitique qui comprend l'Europe, les Etats-Unis et le Canada, ainsi que l'Australie, la Nouvelle-Zélande et Israël. L'Amérique latine, c'est plus ambigu. Mais la Russie aussi peut désormais en faire partie et certains pays d'Asie sont également perçus comme tels. Aire géopolitique mais aussi géostratégique, ce qui ajoute à sa géométrie variable: on se souvient du camp occidental à l'époque de la guerre froide, mais on peut aussi citer le statut de la Turquie qui persiste au sein de l'OTAN, ainsi que le Japon, voire la Corée du Sud ! Quant à l'aire civilisationnelle, qui fut d'abord un confluent et un carrefour, c'est un ensemble complexe d'ordres religieux, politique, culturel, économique et technologique qui s'est effectivement répandu, mondialisé, par la violence et la puissance d'attraction. Et cela se traduit par l'adoption de normes dans toutes les dimensions, nonobstant les destructions et les massacres. Mais il ne s'ensuit pas à tout coup une normalisation intégrale des sociétés. Ces dernières en ont été affectées de façon décalée et inégale, dans le temps, selon leurs caractéristiques ainsi les vecteurs occidentaux en cause. Et les différentes formes d'expansion de ces traits civilisationnels ne sont ni de même nature ni de même conséquence. C'est le genre de réception, possible ou effective, la capacité d'appropriation et les gains pour un agir autonome des sociétés, la maîtrise qu'elles peuvent avoir sur elles-mêmes, qui font la différence, c'est-à-dire les différentes acceptions recevables de ce terme. Et pour autant qu'une société n'a pas seulement subi une acculturation, plus ou moins brutale, mais qu'*elle s'est acculturée*, ce qui n'a rien de bien original dans l'histoire des sociétés humaines, répétons-le, on n'a pas affaire au même phénomène et il n'a pas la même signification. Ainsi des droits de l'Homme en Afrique, qui ne sont ni l'expression d'un reniement de soi, ni celle d'une oppression, d'un rapport de domination. C'est même tout le contraire: les droits de l'Homme sont une critique de la domination. Et en particulier le registre et le ressort d'une critique des conditions que les puissances occidentales imposent aux peuples d'Afrique. Avec la complicité de certaines de leurs élites ou par le truchement de satrapes: *contre lesquels ils s'insurgent, au nom des droits de l'Homme*. Ou de l'islamisme, qui n'a rien d'un traditionalisme: c'est une idéologie politique moderne.

Ce qui m'amène à un retour rapide sur ce qui, en Afrique, constituerait des freins ou des verrous tant à la reconnaissance qu'à l'effectivité des droits de l'Homme. Qu'il y en ait d'ordre culturel, avec toutes les réserves que je viens de signaler, ne fait aucun doute. Mais l'hypostase et donc la réification de la culture revient à occulter, outre la diversité des cultures et leur plus ou moins grand degré d'ouverture et de normativité propre, conditions d'une acculturation choisie, si je puis me permettre cette expression, cet autre fait que l'Afrique est peuplée d'africain(e)s. Et que ce sont moins les cultures que les acteurs sociaux de ces cultures qui les reproduisent ou les transforment dans un sens ou dans un autre, en fonction de leur propre diversité interne et de ses rapports de domination. De même entre sociétés coexistantes. Et dans les conditions présentes, s'il existe bien des pesanteurs traditionnelles oppressives au regard des droits de l'Homme, les lignes de partage passent aussi à l'intérieur des ensembles socio-culturels. Lesquels ne sont nullement homogènes, et en particulier au regard des droits de l'Homme. Il faudrait ainsi distinguer plusieurs types de valeurs: celles qui sont équivalentes et qui consonnent; celles qui sont indifférentes et légitimement valorisées; celles qui sont discutables et en débat; et celles qui sont inacceptables. A cet égard on ferait bien de porter attention au phénomène générationnel. Car la socialisation du plus grand nombre des nouvelles générations, disons depuis les indépendances, n'a rien de traditionnel au sens traditionnel du terme ! Elles sont vraiment l'*irruption du nouveau*, comme le pensait Hanna Arendt. Aussi bien, dans les conditions présentes, ne peuvent-elles se reconnaître dans des traditions héritées. Elles les recomposent en fonction de leurs attentes et de leurs aspirations. Lesquelles relèvent d'abord d'*une socialisation déjà inter-culturelle*. D'un autre côté, la plupart des cristallisations identitaires que nous observons et les conflits dits inter-ethniques sur lesquels certains se lamentent complaisamment, n'ont rien de traditionalistes. Ce sont la plupart du temps des phénomènes pleinement modernes qui s'étayent sur des structures anciennes disons traditionnelles. Et de tels phénomènes ont bien plus à voir avec la raréfaction des ressources et la concurrence des prédateurs de tout bord, qu'avec une quelconque pesanteur des traditions. A cet égard, les politiques de la Banque mondiale et du FMI, ainsi que l'action de grandes ou moins grandes multinationales, prenant le relais des anciennes puissances coloniales, sont les vrais et plus profonds obstacles.

Où l'on voit s'esquisser un même combat Nord-Sud et de nouvelles solidarités qui font aussi bouger les lignes. Car les défenseurs des droits de l'Homme, ici ou là-bas, ont les mêmes ennemis ou des ennemis du même genre. Et les affinités culturelles suivent plus à cet égard les longitudes que les latitudes ! Ainsi l'Afrique nous renvoie-t-elle à nous-mêmes, non pas seulement en tant qu'Etats esclavagistes et colonisateurs, ni en tant que puissances néo-coloniales. Mais encore, je voudrais en dire juste un mot pour finir, en tant que c'est en Europe que furent *déclarés* les droits de l'Homme. Et je ne fais pas ici allusion au double langage de l'Europe, ou à sa figure de Janus. Mais plus profondément à l'idée que les droits de l'Homme seraient le cœur et l'essence de l'identité européenne. Toute la question est de savoir en quel sens. Que l'Europe soit le continent où ces droits soient les mieux respectés et protégés, nul ne saurait le contester. Et c'est bien en Europe qu'ils furent conçus et proclamés. Mais ce fut aussi au prix d'obstacles et de résistances dont on semble avoir perdu la mémoire, sous l'effet d'un refoulement narcissique bien compris. Or là encore, les choses ne sont pas si simples. Je laisserai ici de côté la question de la genèse culturelle et politique des droits de l'Homme. Et je me bornerai simplement à souligner qu'il s'agit d'une *identité* advenue, conquise par les Européens contre d'autres Européens, pour parler à l'emporte-pièce. Aussi bien cette identité européenne dans laquelle nous nous reconnaissons volontiers aujourd'hui, et cela à juste titre, n'est-elle pas le résultat d'une simple émanation culturelle. Il faut vraiment avoir une vue simpliste et réductrice de l'histoire, organiciste, continuïste et téléologique, c'est-à-dire amnésique, pour s'imaginer que les droits de l'Homme seraient sortis tout droit d'une culture européenne qui les portait en son sein de toute éternité. Tout au contraire, les droits de l'Homme sont *une création sociale-historique*, au sens du regretté Castoriadis, qu'on ne peut déduire d'une essence européenne préexistante qui les portait dans ses flancs. Et ce fut une vraie révolution culturelle, la seule qui mérite ce nom à l'époque moderne, contre des formes socio-culturelles antécédentes et concurrentes. Il a fallu en d'autres termes que les Européens les surmontent: ainsi du droit naturel moderne contre la chape de plomb du théologico-politique pour ne citer que l'événement culturel le plus massif. Ou plus précisément, en même temps que leur avènement, des nationalismes et du racisme, pour ne mentionner qu'eux. En ce sens les droits de l'Homme ont *civilisé* l'Europe, à commencer par ses religions mais c'est tout aussi vrai de ses idéologies politiques; et ce combat contre des obstacles et résistances proprement européens n'a pas cessé depuis. Autrement dit, les droits de l'Homme appartiennent certainement à l'héritage culturel de l'Europe, à ce qu'il a de meilleur en elle, ils y ont été *inventés* comme norme fondamentale « juridicisable », mais en tant qu'ils sont *une culture qui a triomphé en Europe et qui a profondément bouleversé la culture européenne.* En d'autres termes l'Europe s'y est acculturée. Ce qui bien entendu devrait nous amener à poser de nouvelles questions, car cet élément constituant de l'identité européenne contemporaine n'est en outre nullement sa propriété: d'où le paradoxal universel dont elle a accouché. Lequel interroge également le concept d'identité, lui-même devenu paradoxal en raison des droits de l'Homme. Voilà qui devrait, parmi beaucoup d'autres phénomènes et arguments, modifier notre rapport à nous-mêmes et par voie de conséquence notre regard sur l'Afrique et son rapport aux droits de l'Homme.

Je vais m'arrêter là, car j'ai été un peu long, à la fois trop et pas assez d'ailleurs, car j'ai bien conscience de ne livrer que les éléments d'une réflexion inaboutie. Et les questions soulevées exigeraient d'autres analyses ainsi qu'une élaboration théorique plus soutenue et plus rigoureuse. Mais telle qu'elle j'espère qu'elle contribuera à la discussion.

Paul TAVERNIER

Merci pour ce regard qui complète bien celui d'Etienne Le Roy et qui nous montre que le philosophe peut aussi avoir le sens des réalités, mais nous aurons l'occasion de revenir sur cette question dans les débats.

Je donne la parole à Jean-François Akandji-Kombé qui va nous parler des droits de l'Homme dans les relations entre l'Europe et l'Afrique. Je me permets de rappeler qu'il s'est toujours penché sur l'Europe depuis sa thèse, c'est donc un spécialiste de ces questions. Il est devenu d'ailleurs un expert dans un domaine peu connu qui est celui des droits sociaux, notamment en Europe, et de la Charte sociale. C'est une compétence qui lui revient en dehors de son regard sur l'Afrique.

REGARD DES ORGANISATIONS INTERNATIONALES: L'UNION EUROPEENNE[1]

par

Jean-François AKANDJI-KOMBÉ
Professeur à l'Université de Caen

Pour autant que l'Union européenne puisse être considérée comme une organisation internationale[2], il ne peut être répondu à la question de savoir si elle porte un regard particulier sur les droits de l'Homme sur le continent africain que sous le bénéfice d'une précision préalable tenant à la notion même de « regard ». Dans le langage commun, ce mot désigne l'action de porter son attention sur quelque chose ou quelqu'un. L'action ainsi décrite peut être purement spéculative. Mais elle peut aussi déclencher des mécanismes d'ordre normatif en vue d'agir sur la réalité « regardée ». Dans tous les cas, cependant, et c'est ce qu'il importe

[1] Selon le cas, on emploiera ici les termes « Union européenne » ou « Communauté européenne » pour désigner l'entité européenne. On recourra au second lorsqu'il sera question des relations euro-africaines d'avant 1993, et au premier pour la suite. La complexité structurelle et fonctionnelle de l'Union est ici de peu de conséquence au fond puisque la question des droits de l'Homme dans les relations extérieures intéressent l'Union dans toutes ses composantes.

[2] La nature juridique de l'entité qu'est l'Union européenne a été et demeure encore controversée. Cette question ne sera pas abordée ici car la réponse qu'elle appelle est sans utilité pour l'objet de la présente communication. Pour un état actualisé de la question, voir notamment A. FENET (Dir.), J.-F. AKANDJI-KOMBE, A.-S. LAMBLIN-GOURDIN, E. MONDIELLI et G. PROUTIERE-MAULION, *Droit des relations extérieures de l'Union européenne*, Paris : Litec, 2006, pp. 42 et s.

ici de souligner, cette action met en scène deux éléments dont, en principe, l'existence est indépendante d'elle: un sujet, le « regardant », et un objet, le « regardé ». Surtout, elle suppose nécessairement que le premier admet, comme donnée objective, l'existence du second ou, plus précisément, qu'il en a une certaine conscience.

Dans ces conditions, se poser la question de savoir *quel* regard l'Union européenne poserait sur les droits de l'Homme en Afrique reviendrait à postuler que, pour l'entité européenne, il existe un « fait » des droits de l'Homme en Afrique, un fait par rapport auquel celle-ci, le cas échéant, aurait à se déterminer. Or, rien n'est moins évident. Que ce soit dans les discours ou dans les textes européens touchant à l'Afrique, les efforts réalisés depuis la fin des années 70 en vue de mettre en place et de faire fonctionner un système de sauvegarde des droits de l'Homme sur ce continent sont rarement évoqués. Par ailleurs, le renforcement des mécanismes africains de garantie ne parait pas figurer parmi les objectifs prioritaires de l'action de l'Union.

Pour autant, on ne peut nier que l'Europe agit, et cela de longue date déjà, en faveur des droits de l'Homme, ni qu'elle a développé une politique extérieure en la matière, dont l'Afrique est, de fait, la principale cible[3]. Amorcée sous la première Convention de Lomé (1976-1980) avec les mesures restrictives prises à l'égard de l'Ouganda et de la République centrafricaine, celle-ci n'a cessé de consolider sa base juridique. Ainsi, des dispositions relatives à la

[3] Sur cette politique, v., dans une littérature désormais abondante, l'ouvrage précité (pp. 307 et s.) ainsi que: J.-F. AKANDJI-KOMBE, *La politique extérieure de la Communauté européenne en matière de droits de l'Homme*, Thèse, Université de Picardie, 1992; J.-F. FLAUSS: « Les droits de l'Homme et les relations extérieures de l'Union européenne, in: S. LECLERC, J.-F. AKANDJI-KOMBE et M.-J. REDOR (Eds.), *l'Union européenne et les droits fondamentaux,* Bruxelles : Bruylant, 1999, pp. 138 et s.; et C. TIBERGHIEN: « La politique des droits de l'Homme de l'Union européenne », in: D. HELLY et F. PETITEVILLE, *L'Union européenne, acteur international,* Paris : L'Harmattan, 2005, pp. 107 et s. V. aussi la bibliographie générale proposée dans notre contribution: « Les accords entre l'Union européenne et les Etats d'Afrique, des Caraïbes et du Pacifique », in: P. TAVERNIER (Dir.), *Recueil juridique des droits de l'Homme en Afrique* (RJDHA), vol. 1, 1996-2000, Bruxelles : Bruylant, 2002, pp. 509-512.

coopération en matière de droits de l'Homme furent-elles inscrites dans les accords euro-ACP dès Lomé III (1984). Ces dispositions ont été considérablement développées par la suite, au point que les droits de l'Homme constituent aujourd'hui, avec l'accord de Cotonou (2000), une des pierres angulaires de la coopération entre l'Union et les pays ACP. D'un autre côté, cette politique bénéficie, depuis l'entrée en vigueur du Traité de Maastricht en 1993, d'une reconnaissance « constitutionnelle » au sein de l'Union européenne[4], ce qui lui assure dorénavant une légitimité et une légalité internes certaines. Bien logiquement, le processus décrit a conduit à un accroissement des moyens mis au service de ladite politique et à l'intensification de l'action internationale de l'Union, laquelle, répétons-le, est principalement dirigée vers l'Afrique.

Or, plutôt que d'être l'expression d'un certain « regard » sur les processus africains de promotion et de protection des droits de l'Homme, cette politique se veut avant tout vecteur d'introduction dans les pays africains, ou à tout le moins dans un grand nombre d'entre eux, des exigences liées aux droits de l'Homme, à la démocratie et à la bonne gouvernance. Tout se passe finalement comme si l'Afrique était *a priori* une « zone de non droits de l'Homme », situation à laquelle la politique européenne entend remédier. On l'aura compris, l'approche européenne des relations avec l'Afrique autour des droits de l'Homme est fondamentalement impériale. Mais il importe de souligner que l'apport de l'Europe ne s'épuise pas dans cette méthode, essentiellement unilatérale. Elle se signale également par l'originalité du projet articulé autour des droits de l'Homme. Bref, la démarche européenne vis-à-vis de l'Afrique se présente à la fois comme novatrice quant à la conception des droits de l'Homme qu'elle promeut (I), et foncièrement équivoque pour ce qui est de la mise en œuvre de la problématique ainsi définie (II).

---

[4] V. J.-M. RACHET: « De la compétence de l'Union européenne en matière de défense et de promotion des droits de l'Homme », *RMCUE*, 1995/4, pp. 256 et s.

I. – La promotion d'une conception originale des droits de l'Homme

Exprimée par les Conventions liant les États ACP à la Communauté puis à l'Union européennes, la conception des droits de l'Homme en œuvre dans les relations euro-africaines a été construite progressivement, touche par touche, à la faveur des révisions successives desdites conventions. L'Accord de Cotonou, à cet égard, est un aboutissement tout à fait remarquable. Son originalité réside dans une définition à la fois globale et relative des droits de l'Homme, lesquelles sont envisagées dans leurs rapports avec l'environnement à la fois économique et politique. En soi, l'approche n'est pas neuve. Une telle problématique n'est pas inconnue des autres organisations internationales, en particulier de l'ONU qui, la première, l'a consacrée. Mais, ce qui fait l'intérêt incontestable de la présente démarche, c'est qu'elle aboutit à un texte contraignant qui combine proclamations de principe et instruments de concrétisation.

Le premier élément de cette conception consiste en l'affirmation de l'interdépendance entre droits de l'Homme et développement. A vrai dire, l'idée d'une liaison entre les deux éléments était apparue dès la fin des années 70, promue par la Communauté à travers le principe de conditionnalité de l'aide au développement[5]. Autrement dit, l'octroi des avantages et préférences prévus par la Convention devait, du point de vue de celle-ci, être subordonné au respect des droits de l'Homme et, à l'inverse, la violation massive et continue de ces droits devait entraîner la suspension du concours, notamment financier, de la Communauté. Avec les États des Caraïbes et du Pacifique, les États africains avaient, quant à eux, à partir des négociations pour la troisième Convention de Lomé, défendu une autre idée du lien. Ils voyaient dans la coopération engagée avec l'Europe un instrument de garantie d'un droit spécifique, à savoir le droit au développement. Conçu par eux comme recouvrant d'une part les principaux droit économiques, sociaux et culturels – en particulier droit de se nourrir, droit à la santé, au logement, à l'éducation, à un environnement sain – mais aussi le droit à l'autodétermination économique, le droit au

[5] Pour de plus amples développements, v. notre thèse précitée.

développement était alors présenté par eux comme un préalable aux autres droits de l'Homme.

Cette position des États ACP n'a pas été sans incidence sur le processus proprement européen de redéfinition de la politique de coopération au développement. Elle a notamment incité à approfondir la réflexion sur le rôle des populations et des individus dans les processus de développement, à penser un développement qui soit respectueux de l'Homme tant dans ses modalités de mise en œuvre que dans ses résultats. Les rapports et autres textes communautaires qui rendent compte de cette évolution sont nombreux. On se bornera ici à indiquer que cette approche trouve dorénavant son fondement dans le traité constitutif de la Communauté lui-même. L'article 177 de celui-ci, introduit par le traité de Maastricht en 1992, prévoit en effet que la politique de coopération au développement « contribue à l'objectif de développent (...) ainsi qu'à l'objectif de respect des droits de l'Homme et des libertés fondamentales ».

Complétant cette première évolution, l'approche européenne des droits de l'Homme dans les relations extérieures, Afrique y compris, se signale aussi par l'accent mis sur la relation, jugée nécessaire, entre droits de l'Homme et organisation politique. Dans une certaine mesure, cette orientation-ci peut apparaître comme un prolongement logique du concept de « développement humain » ou de « développement à visage humain » auquel a abouti le premier mouvement. De fait, le développement humain, dans la rhétorique européenne, devrait se traduire non seulement par le respect des droits des individus dans les processus économiques, et particulièrement dans la mise en œuvre des projets et programmes liés à la coopération euro-ACP. Elle supposerait aussi, au-delà, que les individus et les groupes soient parties prenantes aux opérations correspondantes, qu'ils contribuent à la définition des priorités ainsi que des modalités de leur développement, bref qu'ils s'autodéterminent. Or, il faut bien voir qu'un tel principe d'autodétermination implique la constitution de groupes dotés de l'autonomie et des pouvoirs nécessaires pour décider, avec les autorités étatiques ou, le cas échéant, en dehors d'elles de questions censées relever de leur compétence propre. Ce n'est donc pas un hasard si les institutions européennes, au premier rang desquels la Commission, ont très tôt souhaité, dans le cadre de la stratégie de développement qu'ils envisageaient, la création et le renforcement de la « société civile », via les associations et l'entreprenariat privé, mais aussi une réelle décentralisation administrative de l'État. De l'organisation administrative à l'organisation politique, il n'y a qu'un pas qui a été vite franchi, d'autant que l'article 177 du Traité de l'Union pose comme nécessaire l'articulation entre développement, droits de l'Homme et, enfin, démocratie et bonne gouvernance.[6]

Ces différents principes ont reçu une traduction magistrale dans les conventions liant la Communauté européenne aux États ACP. On en trouve une formulation achevée dans l'Accord de Cotonou de 2000, actuellement en vigueur. Dès son préambule, est posé le principe selon lequel « un environnement politique garantissant la paix, la sécurité et la stabilité, le respect des droits de l'Homme, des principes démocratiques et de l'État de droit et la bonne gestion des affaires publiques, fait partie intégrante du développement à long terme ». Ce principe est repris dans le corps même de l'Accord, à l'article 9, dans des termes sans équivoque: « La coopération vise un développement durable centré sur la personne humaine, qui en est l'acteur et le bénéficiaire principal, et postule le respect et la promotion de l'ensemble des droits de l'Homme. Le respect de tous les droits de l'Homme et des libertés fondamentales, y compris le respect des droits sociaux fondamentaux, la démocratie basée sur l'État de droit, et une gestion transparente et responsable des affaires publiques font partie intégrante du développement durable ».

De ces affirmations de principe ressortent bien les différents éléments constitutifs de la conception des droits de l'Homme qui sous-tend la coopération entre l'Europe et l'Afrique. Le premier d'entre eux est que cette conception postule une indivisibilité des droits de l'Homme. Cette indivisibilité n'est pas seulement formelle. Même si elle s'affirme à travers l'adhésion des signataires de l'Accord de Cotonou à l'idée d'une complémentarité et, finalement, d'une unité des instruments internationaux des

---

6 Pour les documents de référence, en particulier les rapports de la Commission européenne et du Conseil des ministres, exprimant les vues européennes, on renvoie à nouveau à la bibliographie figurant dans le 1er volume du *RJDHA*, précité, et dans le second volume, tome 1, Bruxelles : Bruylant, 2005, p. 618.

droits de l'Homme, qu'ils protègent les droits civils et politiques, ou économiques, sociaux et culturels, elle va au-delà. En effet, pour la première fois dans un texte international, des États, et l'Union en particulier, se donnent les moyens de lutter contre ce qu'un Secrétaire général du Conseil de l'Europe appelait « l'invisibilité de l'indivisibilité »[7], et donc en faveur d'une effectivité de tous les droits, à commencer par les droits économiques, sociaux et culturels. De fait, des droits aussi essentiels dans cette perspective que le droit à l'éducation et à la formation, le droit à la santé, le droit à la nutrition, le droit à l'hygiène, le droit au logement, le droit au dialogue social, le droit à la sécurité sociale, le droit à la sauvegarde des identités et du patrimoine culturels, ou encore le droit au développement des industries culturelles, sont expressément consacrés. Mieux encore, leur jouissance est favorisée à travers un dispositif de financement d'actions visant à leur concrétisation.

Le second élément qui participe de cette vision rénovée des droits de l'Homme est précisément, comme on l'a vu, l'interaction entre les données économiques et sociales, la protection de la personne humaine, et l'environnement politique global. L'Accord de Cotonou consacre la dualité d'approches qu'on a évoquée plus haut quant à la perception des relations entre ces éléments. D'un côté, il lie l'allocation des ressources pour le développement à la réalité de la protection des droits de l'Homme et à celle de la démocratisation politique. Ce lien est juridique. C'est aussi un lien opératoire, dont la portée pratique est soutenue par le fait que l'Accord qualifie le respect des droits de l'Homme, des principes démocratiques et de l'État de droit, non seulement de « fondements » de la coopération (art. 2), mais aussi d' « éléments essentiels » de l'Accord et, pour ce qui est de la bonne gestion des affaires publiques, d' »élément fondamental » (art. 9). Leur violation peut ainsi, conformément à l'article 68, §1 de la Convention de Vienne sur le droit des traités de 1969, entraîner la

[7] Discours prononcé par M. Walter SCHWIMMER à l'occasion de la Conférence ministérielle du Conseil de l'Europe sur les droits de l'Homme, Rome, 3 nov. 2000, *Document CM (2000)* du 14 novembre 2000. Le Secrétaire général désignait ainsi la pratique schizophrénique des États qui consiste à proclamer solennellement leur attachement au principe et, en même temps, de lui refuser toute portée pratique.

suspension ou la dénonciation de ce dernier à l'égard de l'État ayant commis le manquement. On verra d'ailleurs que des mécanismes spécifiques sont prévus pour permettre de telles contre-mesures. En cela, cette dimension figure le versant négatif du rapport entre démocratie, droits de l'Homme et développement. Mais l'Accord de Cotonou consacre également une approche positive, dans laquelle le respect des droits de l'Homme et des principes démocratiques forme partie intégrante du développement. En pratique cela signifie pour l'essentiel que les projets et programmes présentés par les États africains pour leur développement et celui de leurs populations doivent répondre à certaines exigences, notamment à celle d'une promotion de l'égalité entre hommes et femmes[8] et plus largement de la non discrimination, celle de protection de l'environnement et de gestion durable des ressources naturelles[9], ou encore celle de développement institutionnel de la démocratie et de bonne gestion des affaires publiques[10].

Il y a là autant de critères d'éligibilité desdits projets et programmes au financement. Mais inversement, les initiatives qui visent spécifiquement à la défense et à la promotion des droits de l'Homme ainsi que de la démocratie, lesquels constituent par ailleurs des domaines distincts de coopération[11], devront aussi veiller au respect des objectifs économiques et sociaux retenus par les parties. On doit ici souligner que l'ambition de globalisation va au-delà de ces deux éléments. L'approche retenue englobe par ailleurs d'autres éléments, de la prévention et le règlement pacifique des conflits[12] au commerce[13] en passant par la question des migrations[14] et par celle l'investissement et du développement du secteur privé[15]. Ces éléments participent tous, avec ceux dont il

[8] V. l'article 31 de l'Accord.
[9] V. l'article 32 de l'Accord.
[10] V. l'article 33 de l'Accord.
[11] V. l'article 9, § 4 de l'Accord.
[12] V. l'article 11 de l'Accord.
[13] V. l'article 49 et 50 de l'Accord, consacrés aux rapports entre commerce et environnement d'une part et, d'autre part, le commerce et les normes internationales du travail.
[14] Voir l'article 13 de l'Accord.
[15] V. l'article 21 de l'Accord.

a été question plus haut, d'une même dynamique: celle de la congruence des actions tendant au développement des États africains. Il y a là une orientation forte (et positive) qui devrait se perpétuer dans l'avenir si l'on se réfère à la déclaration conjointe récente des Institutions de l'Union et de ses États membres énonçant le nouveau « consensus européen » en matière de coopération au développement[16]. Il ressort de ce document que pour l'Union et ses membres, « l'éradication de la pauvreté dans le contexte du développement durable » supposera encore « que l'on mette en œuvre toute une gamme d'activités de développement, allant de la gouvernance démocratique aux réformes économiques et sociales en passant par la prévention des conflits, la justice sociale, la promotion des droits humains et l'accès équitable aux services publics, à l'éducation, à la culture, à la santé, sans oublier l'environnement et la gestion durable des ressources naturelles, la croissance économique axée sur les pauvres, le commerce et le développement, la migration et le développement, la sécurité alimentaire, les droits des enfants, l'égalité des sexes et la promotion de la cohésion sociale et du travail dans des conditions acceptables ». Il suppose aussi une interdépendance forte de toutes ces actions.

De ce point de vue, la position européenne est exemplaire de réalisme et d'ambition. Mais si au plan de la préconisation la vision est vertueuse, il n'en va pas nécessairement de même en ce qui concerne la manière dont est envisagée la mise en œuvre des principes consacrés.

II. – Une approche équivoque de la mise en œuvre des droits de l'Homme

Équivoque, la démarche des institutions européennes pour assurer le respect des droits de l'Homme dans les États africains participant au processus de Lomé puis de Cotonou l'a été dès l'origine, l'entité européenne se posant en censeur de la pratique des États africains, destinataires exclusifs des mesures restrictives prises par la Communauté dans les années 70 et au cours de la décennie suivante. Ces mesures décidées unilatéralement, et

---

[16] *JOCE*, n° C 46, du 24 fév. 2006, p. 1.

dénommées abusivement « sanctions » par la partie européenne, n'étaient par ailleurs pas sans soulever de délicats problèmes de légitimité interne (absence de fondement dans les traités constitutifs) et de légalité internationale (conformité incertaine au droit international des traités)[17]. C'est précisément pour parer aux inconvénients juridiques éventuels d'une telle situation qu'il a été entrepris d'introduire une clause spécifique d'habilitation à la fois dans le Traité de base de la Communauté et de l'Union et dans l'instrument conventionnel ACP-UE.

Cette insertion de l'exigence de respect des droits de l'Homme dans un cadre conventionnel a-t-il modifié la pratique et, pour tout dire, signifie-t-elle la fin de l'approche impériale européenne et l'avènement d'une gestion plus collective des situations susceptibles d'enfreindre les normes communes conventionnelles ? On ne saurait l'affirmer. Que l'on s'intéresse aux obligations en la matière et à leur distribution entre les parties ou aux mécanismes d'action en faveur ou pour le respect des droits de l'Homme, il semble bien que le dispositif conventionnel tend presque exclusivement, d'un côté à fixer aux États ACP, et particulièrement aux États africains, une ligne de conduite et, de l'autre, à donner à l'Union européenne les moyens d'une action, que ce soit pour infléchir positivement les politiques définies et mises en œuvre par ses partenaires, ou pour réagir à une situation donnée qui lui paraîtrait contraire aux prescriptions conventionnelles.

S'agissant d'abord des obligations, il semble bien, même si l'Accord de Cotonou n'est pas clair sur ce point, qu'elles sont inégalement distribuées. Sans doute les parties sont-elles toutes liées, mais le contenu des obligations n'est pas le même. Rappelons que l'objectif de l'Accord est de promouvoir et d'accélérer, au moyen d'un financement européen, le développement des États ACP; développement qui, précisément, se présente comme un processus global incluant notamment une meilleure protection des droits de l'Homme, l'instauration d'un État démocratique et une meilleure gestion des affaires publiques (bonne gouvernance). Ce processus devant se réaliser conformément aux stratégies définies par les États ACP eux-mêmes, c'est à eux qu'il incombera

[17] Sur cette période, v. notre thèse, précitée.

d'intégrer les exigences liées à cette conception du développement. Bref et pour l'essentiel, les États ACP sont, seuls ou presque, tenus de respecter les prescriptions de fond[18]. Les seuls engagements partagés, les seuls que les États ACP aient d'ailleurs réussi à imposer, ont trait à la non-discrimination et à la protection des travailleurs ressortissants de chacune des parties par l'autre. Sur ce dernier point et aux termes de l'article 13 de l'Accord, « chaque État membre accorde aux travailleurs ressortissant d'un pays ACP exerçant légalement une activité sur son territoire, un traitement caractérisé par l'absence de toute discrimination fondée sur la nationalité par rapport à ses propres ressortissants, en ce qui concerne les conditions de travail, de rémunération et de licenciement. Chaque État ACP accorde, en outre, à cet égard un traitement non discriminatoire comparable aux travailleurs ressortissants des États membres »[19].

Quant aux mécanismes destinés à promouvoir et à protéger les droits de l'Homme[20], ils participent de la même dynamique. Certes, ils sont formellement collectifs en ce sens qu'ils peuvent théoriquement être mis en mouvement par n'importe laquelle des parties à l'égard de n'importe quelle autre et que les procédures prévues font participer les États au même titre que l'Union et ses membres. Mais en réalité, ces mécanismes apparaissent plutôt comme des instruments de surveillance des premiers par les seconds. Il en va ainsi d'abord du dialogue politique[21]. Aux termes de l'Accord et pour ce qui intéresse ici, celui-ci « englobe les

---

[18] Cette problématique traverse toutes les dispositions consacrées aux droits de l'Homme. Elle est ainsi résumée par l'article 2 de l'Accord: « les États ACP déterminent, en toute souveraineté, les stratégies de développement de leurs économies et de leurs sociétés *dans le respect des éléments essentiels visés à l'article 9* ».

[19] On remarquera qu'en ce qui concerne l'obligation générale de non-discrimination, qui fait aussi l'objet de l'article 13, les parties se bornent à « rappeler » les engagements pris par ailleurs en droit international. Et il ne semble pas qu'ils aient entendu en tirer une quelconque conséquence juridique dans le cadre de leurs relations. Notons aussi qu'aucune obligation tirée de l'Accord ne s'impose aux parties à l'égard des ressortissants qui n'ont pas la qualité de travailleur.

[20] Pour leur présentation détaillée, v. notre contribution intitulée à la *RJDHA* 2000-2004, *op. cit.*, pp. 582 et s.

[21] V. l'article 8 de l'Accord.

stratégies de coopération ainsi que les politiques générales et sectorielles, y compris l'environnement, l'égalité hommes/femmes, les migrations » et « il comprend également une évaluation régulière des évolutions relatives au respect des droits de l'Homme, des principes démocratiques, de l'État de droit et à la bonne gestion des affaires publiques ». Or, en dépit du caractère ouvert de ces dispositions, l'habitude a été prise d'examiner dans ce cadre la situation politique et celle des droits de l'Homme dans les États ACP. Le Comité des ministres et l'Assemblée paritaire ACP-UE sont même progressivement devenus des enceintes où sont évoquées les cas individuels d'allégation de violation visant, de fait, exclusivement les États de ce groupe.

Cette logique est plus nette encore dans le cas des procédures dites de « consultation ». Rappelons que celles-ci organisent la réaction des parties contractantes aux situations de violation des éléments essentiels et fondamentaux de l'Accord. La partie qui estime que ces exigences sont méconnues doit engager avec la partie concernée un dialogue visant à faire cesser la violation et, en cas d'échec de ce dialogue, elle est autorisée à prendre des mesures qui peuvent aller théoriquement jusqu'à la dénonciation de l'Accord à l'égard de cet État. On remarquera, ce qui est tout à fait significatif, qu'à ce jour, seule l'Union a activé cette procédure qui a débouché dans plusieurs cas sur la suspension de son assistance financière et technique[22].

Les relations euro-africaines dans le domaine des droits de l'Homme sont ainsi marquées du sceau du déséquilibre. Ce déséquilibre est dû tout autant à la détermination de l'Union sur ce thème qu'à l'indétermination de ses partenaires. Celle-ci n'a toutefois rien de surprenant compte tenu du rapport des forces, notamment économique, entre les protagonistes. Il est évident qu'un État africain qui engagerait une procédure de consultation à l'encontre de l'Union ou de l'un des États membres, et qui irait jusqu'à suspendre ses relations conventionnelles avec lui, ne porterait préjudice à personne d'autre qu'à lui-même et à sa population. Ainsi, si la liaison opérée entre les facteurs économiques et politiques et les droits de l'Homme a pu se révéler une source d'enrichissement de la problématique tant du

[22] Pour des exemples, v. *RFDHA* 1996-2000 et 2000-2004, précités.

développement que de la promotion desdits droits, elle peut constituer aussi la principale cause de défiance à l'égard de l'approche européenne de cette question sur le continent africain, ainsi d'ailleurs que dans les États des Caraïbes et du Pacifique. Car il n'est pas aisé de faire la part entre la volonté de puissance servie par le poids économique et le souci de protection de l'être humain partout où celui-ci est exposé à l'arbitraire. Mais il n'y a pas, en la matière, de fatalité. La situation actuelle résulte d'un choix qui peut être différent. En particulier, il peut être souhaitable que le système mis en place dans le cadre des relations euro-ACP s'objective un peu plus, et que les décisions que les partenaires ont à prendre les uns vis-à-vis des autres s'appuient plus qu'aujourd'hui sur une évaluation extérieure et neutre. Ceci pourrait être possible moyennant une implication des institutions régionales spécialisées dans le domaine des droits de l'Homme dans le dispositif dont il a été question dans cette contribution. La cause des droits de l'Homme y gagnerait certainement.

Paul TAVERNIER

Merci infiniment de nous avoir bien résumé la position de l'Union européenne dans ce débat sur les droits de l'Homme dans les pays africains mais aussi dans les pays ACP.

Je retiendrai un certain nombre d'éléments dans cette intervention, et principalement la recherche de valeurs communes dans la politique de sanctions, mais aussi le caractère irréaliste de cette politique sur lequel Jean-François Akandji-Kombé a terminé son rapport, ce qui montre bien à mon avis qu'on était au départ devant des contradictions très grandes sur ces questions relatives aux droits de l'Homme. En effet, les positions étaient diamétralement opposées. Toutefois, peu à peu on est arrivé à des compromis, qui ne règlent certes pas toutes les contradictions. D'une manière générale, je pense que les droits de l'Homme sont très souvent un lieu de contradictions, mais que cela ne doit pas empêcher la recherche de compromis possibles et de valeurs communes. C'est un thème récurrent dans toutes les discussions en Afrique, mais aussi en Amérique, et le débat commence en Asie, certes tardivement, mais mieux vaut tard que jamais.

DÉBATS

Guy FEUER, professeur émérite à l'Université de Paris V

Je voudrais intervenir brièvement dans la ligne de ce qu'ont dit mon vieil ami Etienne Le Roy et Jean-François Akandji-Kombé, que j'ai écoutés avec beaucoup d'attention et de plaisir.

J'ai l'honneur depuis un demi-siècle d'être un spécialiste des problèmes de développement. C'est pourquoi je m'intéresse de très près à l'Afrique, d'abord parce que je l'aime, ensuite parce que j'y ai toujours été admirablement reçu au cours de mes séjours. Nous savons que ce continent est, hélas, celui qui souffre le plus de la pauvreté, de la faim, de la maladie, de l'analphabétisme, de la marginalisation, des humiliations historiques inacceptables. Par conséquent, pour moi qui suis Européen, et qui suis témoin de tant de malheur, la question des droits de l'Homme en Afrique, mais au-delà de cette question, celle de la *condition même de l'Homme africain* comme l'a dit tout à l'heure Etienne Le Roy, me paraît fondamentale sur tous les plans, éthique, économique, social, juridique, politique culturel. C'est dans cet esprit que j'adresse ces quelques mots aux jeunes ici présents, parce que mes collègues, eux, savent très bien de quoi il est question

Pendant des dizaines d'années, la doctrine dominante, surtout anglo-saxonne, avait tendance à réduire la notion de développement à celle de croissance économique, notion quantitative fondée essentiellement sur le critère du PNB par habitant. Par la suite, sous l'influence de penseurs plus ou moins dissidents, un François Perroux, un Amartya Sen, pour ne citer que les plus notoires, on est passé de l'idée de développement économique à l'idée de développement humain, notion qualitative comportant, à côté des paramètres économiques incontournables, des composantes sociales et culturelles. Ceci est fondamental. Ce que je voudrais dire, c'est que désormais, *l'Homme est au centre du développement,* comme l'a proclamé solennellement la Convention de Lomé III. C'est l'honneur de l'Europe d'avoir proclamé la première cette vérité, face aux civilisations matérialistes qui entendent subordonner la personne à la machine, à l'Etat ou à l'argent. "Développer, c'est mettre l'Homme debout" a dit François Perroux, et ce développement, il l'a exigé "*pour tout l'Homme et pour tous les Hommes*", comme l'a fait après lui, en 1967, le pape Paul VI dans sa grande encyclique "Populorum Progressio" ("Le développement des peuples"). A quoi Amartya Sen a ajouté qu'il ne peut pas y avoir de développement sans épanouissement de la personne humaine, c'est-à-dire sans liberté, sans accroissement des capacités, sans possibilité d'élargissement des choix offerts à l'Homme. C'est dans cette ligne de pensée que le PNUD a construit à partir de 1990 la notion de développement humain, qui comporte des éléments sociaux, écologiques et culturels s'ajoutant aux incontournables paramètres économiques, et qu'il ne cesse d'enrichir dans le remarquable "Rapport mondial sur le développement humain" qu'il publie chaque année.

Pour ma part, j'adhère pleinement à cette doctrine, et je pense que pour l'Afrique il faut la considérer comme un véritable *impératif*, sur le plan de la conscience morale comme sur celui de l'action concrète. Rien ne doit nous détourner de cette préoccupation. A cet égard, je voudrais poser une question à Etienne Le Roy, parce que ce qu'il a dit tout à l'heure m'a à la fois intéressé et troublé. Certes, l'Européen que je suis met le respect des droits de l'Homme à la base de toute entreprise de civilisation. Mais pour nous, comme pour nos amis africains et ceux des autres parties du monde, j'ajouterai aux *droits* de l'Homme les *devoirs* de l'Homme, parce qu'on parle toujours des droits mais rarement des devoirs et que le développement exige de tous et de chacun une part de dévouement, de service et de solidarité. De ce fait, en ce qui concerne l'Afrique, et je demanderai à la fois aux Africains et aux anthropologues quelle est la place à donner à la personne humaine dans le processus de développement, qui n'a de chances de réussir que s'il s'appuie sur les cultures africaines. Dans cette perspective, doit-on considérer la personne humaine comme point de *départ* du développement, ou comme point d'*arrivée* du développement ? C'est là tout l'immense problème, plus pressant encore en Afrique qu'ailleurs, du rapport entre culture et développement, tradition et modernité, unité et diversité. Je pense que c'est ce problème qui commande l'avenir de tout le processus de développement de l'humanité.

Eloi DIARRA, maître de conférences à l'Université de Rouen

Mon intervention s'adresse aux professeurs Etienne Le Roy et Le Guyader. Au premier, je poserai une question, mais non sans avoir au préalable donné mon sentiment et un témoignage concernant le propos du second.

Je partage grosso modo la thèse du professeur Le Guyader selon laquelle les hommes et les femmes sont situés. Par extension de cette approche philosophique, l'ethnocentrisme européen ne peut être transposé en Afrique. Ainsi, selon vous, les libertés reconnues en Europe ont du mal à s'acclimater en Afrique, car elles rencontrent de nombreux obstacles. Je suis cependant surpris que vous mêliez la religion chrétienne à ce manque d'épanouissement des libertés sur le continent. Tout comme vous, je suis d'accord pour reconnaître que cette religion est arrivée et a accompagné l'œuvre de colonisation, moment terrible où les droits primaires et fondamentaux ont été niés à des peuples entiers. Ce n'est quand même pas suffisant pour affirmer que l'Eglise est opposée aux libertés personnelles. Je peux ainsi apporter le témoignage de mon propre père. Je garde en mémoire ce qu'il m'a toujours dit de sa conversion et ses paroles résonnent fortement en moi: « Je suis baptisé aujourd'hui et grâce à la religion chrétienne, je suis un homme libre. Elle m'a fait prendre conscience de ma personne par rapport à l'ensemble du groupe; grâce à elle, je ne me sens plus assujetti ni soumis au groupe qui doit décider pour moi; elle m'a libéré des pratiques collectives imposées à tout le monde; elle m'a libéré de la peur, peur des empoisonneurs, peur des sorciers, peur de toute une série de divinités qui, si vous ne respectez pas ce qu'elles dictent vous feront du mal. Or tout cela c'est faux; j'ai compris que c'était une manière pour le groupe d'avoir la mainmise sur tout le monde. Maintenant, je ne suis plus esclave des coutumes; je suis libre, j'ai la possibilité de choisir ».

Ce témoignage m'amène à poser ma question au professeur Le Roy. Je suis fondamentalement d'accord avec votre analyse et d'ailleurs, dans mon intervention, je vous recouperai quelque part. En effet l'approche anthropologique permet de mettre en évidence que la conception que l'Africain a de la justice est différente de celle de l'Européen. Mais de cette différence de conceptions, vous tirez la conclusion que la notion de libertés publiques ou personnelles est inconnue de l'Afrique. C'est pourquoi je me demande si vous n'auriez pas un peu tendance à scléroser l'Africain. On a l'impression, à vous écouter, que les Africains ne changent pas, et n'ont pas changé. Certes, je fais partie de ceux que le professeur Le Roy désigne plus ou moins comme des Africains à part, qui sont passés par des circuits divers et variés: l'école, parfois dans des institutions tenues par des prêtres occidentaux et qui aujourd'hui tiennent le haut du pavé en Afrique, mais qui ne seraient pas représentatifs du continent noir. Mais précisément, c'est dans cette position où je ne renie rien de mes origines ni des traditions que j'ai reçues et qui continuent à se perpétuer, c'est en regardant les peuples d'Afrique tels qu'ils manifestent aujourd'hui leurs aspirations que je vous pose la question: ne pensez-vous pas que les traditions africaines peuvent évoluer, changer, qu'elles peuvent accepter les idées d'autres sociétés, quitte à les féconder autrement ?

Abdelwahab BIAD, maître de conférences à l'Université de Rouen

Je voudrais revenir sur la question de la relation droits de l'Homme et développement qui a été soulevée par certains intervenants.

Cette relation joue évidemment dans les deux sens: il ne peut y avoir de développement sans promotion des droits de l'Homme et de droits de l'Homme sans développement. Mais il y a aussi un lien tout à fait ambigu qui s'est installé entre ces deux notions lorsqu'il s'est agit d'évaluer l'impact de certaines politiques de développement sur les droits de l'Homme. On pense notamment aux politiques d'ajustement structurel menées par les organisations financières internationales (FMI et Banque mondiale) qui visent à réformer les économies en développement les plus endettées. Ces politiques se traduisent dans de nombreux pays africains, par une remise en cause de l'Etat providence. Au nom des impératifs de désendettement, on a sacrifié les programmes sociaux et remis en cause les services publics jugés trop coûteux. La conséquence de ces politiques c'est la paupérisation et un affaiblissement des droits économiques, sociaux et culturels, notamment une remise en cause du droit à la santé, à l'éducation et au logement.

On ne peut également oublier une autre ambiguïté entretenue dans le discours *« développementaliste »*. Ce discours en vogue dans de nombreux pays du tiers monde pendant des décennies promeut l'idée de hiérarchie entre développement et droits de l'Homme, les seconds étant renvoyés aux calendes grecques. Cette approche a souvent servi à justifier des dictatures et donc des pratiques de déni des droits et libertés des citoyens.

On voit bien comment la relation droits de l'Homme et développement peut être ambiguë.

Omar OULD DEDDE OULD HAMADY, doctorant à l'Université de Paris-Sud

Deux questions à la suite de l'intervention du professeur Gérard Conac qui malheureusement est parti.

La première est en rapport avec la garantie des droits fondamentaux en Afrique. En effet, lorsqu'on étudie les Constitutions africaines, on se rend compte qu'il y a une énumération très rigoureuse des droits fondamentaux des citoyens et qu'il y a des Cours constitutionnelles instaurées, notamment, pour en garantir le respect effectif. Or, l'expérience récente de certains pays africains montre des limites inquiétantes à cette construction. On assiste, ainsi, à la mise à l'écart de la jurisprudence constitutionnelle, à la marginalisation, sinon à l'instrumentalisation de ces Cours. Je pense notamment à des exemples issus de la pratique observés récemment en Mauritanie où des lois organiques ont été promulguées sans être soumises préalablement au contrôle du juge Constitutionnel, certaines de leurs dispositions étaient même en totale contradiction avec la jurisprudence antérieure du Conseil Constitutionnel. Je voudrais savoir ce que cet état de fait vous inspire comme réflexion ? Quel est l'effet de cette procédure sur les lois ainsi adoptées ? Et quelles sont les solutions techniques qu'on pourrait proposer ?

La deuxième question est en rapport avec la démocratisation en Afrique de manière plus générale et trouve sa source dans le même décalage observé entre l'édiction des normes et leur effectivité concernant cette fois les dispositions relatives aux différentes institutions constitutionnelles. On remarque qu'il y a un aspect sur lequel la majorité des Constitutions africaines observent un silence embarrassé: ce sont les dispositions relatives aux Forces armées. On peut faire éventuellement un parallèle avec l'expérience des pays de l'Amérique latine où la majorité des Constitutions délimitent de façon assez stricte les missions et responsabilités des Forces armées alors qu'en Afrique, le statut constitutionnel des Forces armées demeure inversement proportionnel à leur implication réelle dans la vie politique et celles-ci ne sont généralement mentionnées, pour tout dire, que pour évoquer les pouvoirs exercés à leur égard par l'exécutif. J'aimerais savoir comment vous expliquez ce phénomène et quel statut -s'il y a lieu d'en établir un- on peut préconiser pour les Forces armées africaines dans les Constitutions ?

Lazare KI-ZERBO*

Je vais faire quelques remarques à propos de l'exposé du professeur Le Roy. Il doit s'y attendre car ayant été volontairement provocateur, il devait susciter la discussion.

Il y a eu énormément de travaux sur la question du droit et de la culture, de l'universalisme des droits de l'Homme et de leurs particularités. Mais il est toujours nécessaire de revenir là-dessus. Il faut se méfier des dangers du culturalisme qui consiste donc à englober des sociétés entières sous des identités et à leur refuser la capacité d'intégrer d'autres valeurs.

L'Afrique, c'est bientôt un milliard d'habitants, ce sont des dizaines de millions de km², c'est une histoire qui commence avec l'hominisation, plusieurs millénaires avant J.C. Se prononcer aujourd'hui sur l'identité de cette entité extrêmement complexe et massive demande qu'on prenne un certain nombre de précautions. A la Francophonie, nous avons eu des pères fondateurs, pas au

* *Les opinions exprimées au cours de ces débats sont propres à l'auteur et ne sauraient engager de quelque manière que ce soit l'O.I.F. à laquelle il est rattaché.*

sens sans doute des républiques bananières, et parmi eux, Senghor qui plaidait pour le dialogue des cultures, cette philosophie du dialogue, source de son humanisme et de sa rencontre avec la France.

Même sur le plan historique, si l'on remonte à une civilisation qui a été importante en Afrique, la civilisation de l'Egypte antique, on trouve déjà des représentations du fléau de la balance pour figurer la justice. Est-ce quelque chose qui n'a rien à voir avec les droits de l'Homme ? La notion même de « *maat* » dans la civilisation de l'Egypte antique, qui désigne la sagesse, est-elle opposée à la notion de droits de l'Homme ? On pourrait multiplier les exemples. Entre autres, ce que les historiens ont appelé la Constitution de « Korou Kanfonga » dans le Mali médiéval, au 13ème siècle, une Constitution énoncée par un souverain malien reconnaissant à tous des droits et obligations. Ce souverain s'appelait Soundiata Kéita. On en était loin dans la France médiévale.

Le cas d'Haïti, en 1804, quelques années après 1789, est également symptomatique. La population haïtienne, principalement africaine, a su invoquer les droits de l'Homme proclamés par la Révolution française pour effectivement prendre leur indépendance.

Pour reprendre les catégories philosophiques de M. Le Guyader, je dirais qu'il y a une double perspective sur les droits de l'Homme dans la formulation de Bachir N'Diaye. Il y a une perspective réaliste qu'on pourrait dire aussi immanente, qui est propre aux circonstances dans lesquelles émerge la question des droits de l'Homme. La question des droits de l'Homme émerge toujours dans un contexte. Mais au-delà de ce contexte, il y a ce qu'on pourrait appeler une transcendance qui est planétaire. Ce n'est pas parce qu'en 1789, les Français ont invoqué des notions qui existent dans le patrimoine mental de l'humanité, que ces droits de l'Homme sont français. Ils ont formulé ces droits de l'Homme dans un contexte précis dû peut-être à la tyrannie de Louis XVI, ils se sont référés à un patrimoine auquel tout Homme spontanément peut se référer. C'est le cas d'Haïti par exemple.

Je voudrais aussi revenir sur une expression que le professeur Le Roy a utilisé qui montre que parfois la perspective est différente selon que l'on se trouve en Europe ou en Afrique.

Il y a un concept important dans l'ordre constitutionnel démocratique qui est le principe de séparation des pouvoirs formulé par Montesquieu. Lorsque M. Le Roy parle du pluralisme inhérent, comme si c'était quelque chose de naturel aux sociétés africaines, pourquoi ne parle-t-on pas de séparation des pouvoirs ? Il existe effectivement des ordres politiques différents au sein des sociétés africaines traditionnelles – sociétés en mutation très rapide – par exemple, on trouve une instance qui régule les ressources naturelles, la terre, un autre qui détient le pouvoir politique; ainsi, le chef de terre et le chef politique, constituent une séparation des pouvoirs. Ce pluralisme, cette diversité des pouvoirs n'empêche pas l'émergence des droits de l'Homme.

Il y a ensuite ce qu'on pourrait appeler une surenchère sur les échecs. On donne le cas de la République démocratique du Congo, mais les convulsions auxquelles ont été soumis les processus démocratiques en Europe sont d'une ampleur beaucoup large. L'accession à la démocratisation des pouvoirs a été un très long chemin en Europe. Des guerres ont été engendrées pour parvenir à ces conquêtes démocratiques. Or, depuis combien de temps l'Afrique est-elle maîtresse de sa destinée ? Je pense donc qu'il faut souvent situer l'échelle et sur ce plan, je ne voudrais pas qu'on ait une surenchère. Les droits de l'Homme ont il est vrai été proclamés, énoncés en Europe (avec des civilisations écrites depuis des siècles), mais cela n'a pas empêché qu'il y ait eu tout récemment, deux guerres mondiales et un génocide. Donc je crois qu'il ne faut pas surenchérir dans les comparaisons.

Pour terminer, je dirai, au nom de toutes les femmes exciseuses qui vont vers les associations pour remettre leur couteau, au nom de tous les étudiants qui sont morts pour la démocratie, au nom des milliers de personnes qui se battent pour les droits de l'Homme et la démocratie en Afrique, qu'on ne peut pas laisser croire que les sociétés africaines, de façon massive et consubstantielle, sont opposées aux droits de l'Homme.

Paul TAVERNIER

Je crois qu'Etienne Le Roy a un droit de réponse immédiat aux remarques qui viennent de lui être adressées.

Etienne LE ROY

Je n'ai jamais dit que les sociétés africaines étaient opposées aux droits de l'Homme, mais qu'elles n'y adhéraient pas spontanément. D'autre part, je n'ai pas essayé de généraliser. J'ai dit: il y a un principe de structure qu'on retrouve ailleurs qu'en Afrique, qui a été expérimenté par les sociétés communautaires et auquel la révolution de la modernité a dérogé. Pour caractériser la conception du pouvoir dans la structure plurale d'organisation sociale, on peut parler, comme vous le suggérez, de « séparation des pouvoirs » et se référer à l'auteur de *l'Esprit des Lois*. Mais, pour éviter le risque de l'ethnocentrisme ou de l'incompréhension, je préfère parler de « différenciation des pouvoirs ». C'est un même mécanisme de division du risque d'arbitraire pour éviter tant le monopole que l'abus du pouvoir. Simplement, j'évite d'entrer dans la problématique de Montesquieu, laquelle a pour particularité de supposer l'existence d'un pouvoir originellement unitaire dont il convient de réduire la dangerosité en le divisant. Ce pouvoir, ai-je dit dans mon intervention liminaire, est un avatar du Dieu du livre de la Genèse de la Bible, ce Dieu qui a voulu une création unique en un cycle de six jours dans lequel les différents « règnes » sont hiérarchisés pour être finalement dominés par l'Homme, créé à l'image de Dieu. Les cosmogenèses africaines (ou caractéristiques des sociétés dites « animistes ») ne présupposent pas cette unité initiale mais un principe vital qui ordonne progressivement le chaos initial et où toutes les différenciations sont déjà potentiellement présentes dans les créations des différents « règnes » animal, végétal, minéral et humain. On peut dès lors imaginer qu'on ne vivra pas de la même façon le modèle moderne étatique selon les deux types d'expérience, par séparation ou par différenciation. Soit on pense en avoir trouvé l'antidote en imposant la séparation, au risque du retour du refoulé car le risque d'un retour à un pouvoir concentré autour d'un *führer*, d'un parti d'avant-garde existe toujours, ce que les sociétés modernes ont expérimenté durant le XXème siècle. Soit on n'imagine pas qu'il puisse en être ainsi « structuralement » et l'autocratisme de ceux qui sont présentés dans la littérature des voyages comme des « potentats locaux » est vécu comme une exception certes insupportable mais temporaire, ainsi chez les

Wolof du Sénégal au XVIIIème siècle, dans l'attente des conditions d'un nouvel ajustement de la théorie endogène/indigène des pouvoirs multiples, spécialisés et interdépendants.

Je vais ensuite répondre au professeur Feuer. J'ai été africanisé chez les Wolof au Sénégal et c'est là que j'ai commencé à apprendre la pensée africaine, ce que j'ai été amené à confronter ensuite dans d'autres sociétés. Les Wolof ont un proverbe qui répond peut-être à votre question: l'Homme est un remède à l'Homme (*nit garab u nit*). Pour moi c'est l'alpha et l'oméga de la question:où commence l'humanité, chaque humanité, où cela s'arrête dans chaque homme, dans chaque femme, en examinant le contexte global dans laquelle la question est posée, ainsi en France dans le cas de l'excision, de la polygamie sur le sol français, des « mariages forcés », du port du voile islamique etc. Oui, en Afrique, l'Homme est placé au centre de la société, très clairement, beaucoup plus directement que chez nous. Mais l'Homme ainsi identifié n'est pas une fin en soi et la société n'est pas qu'une simple juxtaposition d'individus. L'Homme est membre d'un collectif, la communauté, qui a besoin de lui comme lui a besoin du collectif. Il est utile ici d'éclaircir un aspect sous-jacent de la question posée, le problème de l'individualisme. C'est un procès récurrent depuis la colonisation d'avoir stigmatisé le collectivisme des sociétés africaines opposé à l'individualisme porteur de progrès, alors que les Africains vivent une expérience communautaire reposant sur la recherche d'un équilibre entre les intérêts du groupe et ceux de l'individu. Dans une conception communautaire, cet individu ne peut être cependant la « personne », en particulier la personne juridique conçue et développée à partir et en fonction du modèle unitaire et des représentations romaines de la *persona*, masque de tragédie, donc masquant la diversité des statuts au nom d'une représentation de l'égalité « dans le christ » au moment où ces représentations ont été formulées dans les premiers siècles de l'Église chrétienne. C'est, reconnaissons-le, assez compliqué mais déterminant quand on cherche à généraliser la pratique des droits de l'Homme ou des droits de la personne, dès lors que la société n'est pas une réunion de personnes juridiques mais un assemblage des statuts que les êtres humains peuvent mobiliser dans la pluralité des « mondes » dans lesquels ils ont la possibilité de s'inscrire. La référence à l'Homme est ainsi bien au centre du projet de société, mais pas à notre manière.

Je souhaiterais ensuite, et simplement pour qu'il puisse y avoir un dialogue, qu'on n'utilise pas des arguments d'autorité. Le terme « culturel », dans le registre utilisé, est un argument d'autorité. Etre culturaliste, c'est être uniquement déterminé par l'appartenance culturelle originelle. C'est donc s'interdire de négocier la pluralité des appartenances à des mondes et à des cultures différentes et de considérer les adaptations continues d'une culture aux changements. C'est donc risquer de verser dans le fondamentalisme, ou dans l'essentialisme. A partir du moment où on vous accuse d'être culturaliste, vous êtes strictement et définitivement exclu de toute possibilité de débat et de dialogue. Vous êtes enfermé dans une catégorie qui vous emprisonne, comme si vous étiez victime de quelque maladie honteuse. Il en est de même pour le « relativisme ». Il disqualifie celui qui n'adhère pas à l'universalisme.

Le fait d'être anthropologue n'induit pas nécessairement une attitude passéiste, culturaliste ou relativiste. Elle ne nous spécialise pas dans l'analyse de la « sclérose » des sociétés. Personnellement, je travaille sur les formes de néo-modernité émergeant dans les sociétés africaines contemporaines dans lesquelles les formes de cultures communes sont des vecteurs fondamentaux de l'expression, à travers les métissages, de cette créativité africaine dont il faut rendre compte. C'est ceci qui est pour moi l'enjeu fondamental. Mais cela dit, si on parle d'échanges, de rencontres, il faut savoir d'où viennent les institutions, quelles sont leurs sources, quelle société les a engendrées pour avoir une perception correcte des mentalités en fonction desquelles ces échanges, ces transformations vont pouvoir se construire. Pour ce faire, il ne faut pas dire que tout se ressemble.

À ce propos, je dois revenir sur un problème délicat à traiter, mais on ne peut pas parler d'Etat précolonial en Afrique. Je suis en complet désaccord avec ceux des chercheurs, Africains et Africanistes, qui utilisent de manière laxiste une terminologie piégeante. La manière selon laquelle se construit l'Etat en Europe à partir du 13ème siècle est si fondamentalement originale qu'on ne doit par parler d'Etat en Afrique jusqu'à l'imposition du modèle bureaucratique et centralisé du colonisateur. J'ai travaillé sur les royautés wolof mais il en est de même pour les autres constructions politiques sur lesquelles j'ai travaillé quand j'enseignais l'histoire des institutions africaines à l'université Marien Ngouabi de Brazzaville.

Il faut respecter les spécificités de chaque contexte social, comme vous l'avez souligné, et voir ensuite comment les femmes et les hommes, à travers et en fonction d'un certain nombre de valeurs, se rencontrent. Il y a en fait une valeur fondamentale que partagent les cultures africaines et les défenseurs, dont je suis, des droits de l'Homme, c'est la valeur de l'égale dignité de l'être humain. Je ne la discute pas et, en son nom, je suis totalement et fondamentalement l'avocat des droits de l'Homme. Mais, ensuite, pour la concrétiser, je reprends la position d'un philosophe, Raymundo Panikkar, qui disait au début des années 1980, que l'universalité des droits de l'Homme restait pour l'humanité un « requis », car elle n'était pas encore un « acquis », faute d'avoir réalisé le dialogue des cultures à ce sujet. Comment passer du requis à l'acquis, comment construire cela ? La seule invocation de principes généraux ne suffit pas. Il y a véritablement un investissement de chacun d'entre nous à réaliser et, là, je crois que je serais d'accord avec Lazare Ki-Zerbo dans les situations qu'il évoque. Mais il faut accepter l'idée que ce pourquoi on se bat n'est pas si facile à concrétiser, qu'invoquer les droits de l'Homme est insuffisant et que la lutte est encore très longue entre le moment où l'on aura affirmé ces valeurs et celui où elles seront partagées par l'ensemble de ceux pour lesquels et avec lesquels nous travaillons.

Alain LE GUYADER

J'ai été très prudent quand j'ai abordé le contrepoint aux propos d'Etienne Le Roy. Et je pense comme lui, comme vous, que prendre en compte les enseignements de l'anthropologie sociale est absolument indispensable. Je suis d'ailleurs assez d'accord avec ce que vous venez de dire, j'irai même un peu plus loin en disant que je pense, aujourd'hui surtout avec tous les problèmes qui nous assaillent dans nos propres sociétés, que l'anthropologie sociale devrait être une matière enseignée à tous nos étudiants. Dès la première année, au titre d'une culture générale bien comprise. Ce serait une excellente idée.

Deux remarques sur les interventions. Concernant la question de l'universel abstrait, qui a été abordée tout à l'heure: le décalage entre cet universel qui plane au-dessus des têtes et les réalités (qu'on retrouve d'ailleurs entre les Constitutions africaines, même post-transition et puis les réalités) et également la question du rapport à l'autre, et des spécificités à l'autre. Bref, je crois qu'on pourrait avancer ici une expression, un concept élaboré par Jean-Paul Sartre à propos de Kierkegaard (bien que cela n'ait pas de rapport direct apparemment): le concept d'*universel concret*. On le rencontre dans tous les rapports dialogiques qu'on peut avoir avec des personnes d'autres cultures. C'est cet universel concret qu'il y a à construire. Voilà le premier point que je voulais aborder.

En ce qui concerne le développement, cela fait plaisir d'entendre faire référence à Amartya Sen parce que c'est un très grand auteur. Ce qui me paraît important chez cet intellectuel, d'une extrême prudence dans sa radicalité, c'est qu'il subvertit complètement le concept de développement. L'apport de Sen est de modifier entièrement les paramètres, les données, l'idée même de développement. Evidemment, dans son concept même de capabilité, Sen, qui est pourtant un néo-utilitariste qui se revendique comme tel à bien des égards, se situe en fait sur le terrain des droits fondamentaux. Il faudrait relire toute son œuvre comme une tentative de refonder l'économie ou l'approche économique sur la base des droits fondamentaux. On a un allié fort sur cette question.

Enfin, lorsqu'on aborde la question du droit en Afrique, et cela je le tiens de discussions avec le professeur Paul Gérard Pougoué, j'y ai fait allusion, il y a au moins quatre niveaux à prendre en compte. La profondeur historique, et notamment anthropologique est absolument indispensable si on veut comprendre quoique ce soit, et là on a beaucoup à apprendre.

Il y a les droits coutumiers, les droits religieux, le droit colonial et le droit importé au sens où Bertrand Badie parlait d'Etat importé, notamment dans les Etats du Maghreb (si j'ai bonne mémoire ?), ce qui veut dire quatre couches de droits qui dans les pratiques fonctionnent souvent de façon coagulée et qui posent des problèmes extrêmement compliqués, mais riches intellectuellement également. Pour parler de Galilée, on pourrait dire: et pourtant « elles tournent », c'est-à-dire que ces sociétés régulent et se régulent, sauf dans les cas de guerres les plus atroces, comme au Congo dont on parlait. Ces sociétés régulent avec des effets pervers de ces droits hérités, mais en même temps avec des réinventions concrètes dans le quotidien de ces droits coagulés: il y a parfois des références à la coutume, parfois au droit moderne, et cela marche. Il faut donc effectivement être attentif à cela lorsqu'on parle des droits de l'Homme.

Jean-François AKANDJI-KOMBÉ

Une contribution sur le terrain de la relation entre droits de l'Homme, politique et développement.

A la discussion précédente, je voudrais apporter ma pierre en disant que pour moi, la question des droits de l'Homme n'a pas de sens si fondamentalement on la déconnecte de la relation politique, qu'elle s'entende comme participation des individus-citoyens au pouvoir, ou comme résistance de l'individu face au pouvoir, que ce pouvoir soit politique au sens où on l'entend aujourd'hui, ou qu'il soit social. Les droits de l'Homme sont un élément des rapports sociaux et des rapports politiques. Sur ce terrain là, la question des droits de l'Homme ne se pose guère différemment aux sociétés africaines, et il ne saurait y avoir de spécificité africaine de ce point de vue. En revanche, cette différence devrait, ou pourrait apparaître dans les modes de formulation car ceux-ci s'inscrivent nécessairement dans un contexte, imprégné de traditions et de cultures particulières. Autrement dit, il me paraît normal et même légitime qu'une déclaration africaine des droits de l'Homme ne soit pas formulée dans les mêmes termes que les déclarations occidentales, notamment la française de 1789, qui sont, au-delà de l'universalisme revendiquées, le fruit de l'histoire et par conséquent celui de circonstances propres à l'Europe, à l'Amérique ou à la France de l'époque. Il y a, me semble-t-il, un problème en Afrique: c'est, comme l'a souligné le professeur Etienne Le Roy tout à l'heure, celui de penser le pouvoir dans sa relation avec la société africaine et ses représentations. La véritable difficulté, à mon avis, se situe là. Elle pose un problème de méthode. Comment formuler les revendications liées aux droits de l'Homme ? En pratique, pour ceux qui sont sur le terrain, ceux qui luttent pour leur propre survie, la question ne se pose pas, la forme se trouve voire se forge dans l'action. En revanche, pour penser théoriquement la chose, il nous faut encore nous retrouver et sans doute discuter encore plus longuement.

S'agissant du rapport entre développement et droits de l'Homme, je partage, en partie en tout cas, le questionnement d'Abdelwahab Biad vis-à-vis des politiques de restructuration ou, pour employer le bon terme, d'ajustement structurel. Je voudrais ajouter que le rapport entre développement et droits de l'Homme n'est pas seulement un rapport théorique. Ce rapport s'est inscrit dans la réalité en jouant d'un levier très particulier, passé d'ailleurs inaperçu pour le plus grand nombre: c'est le levier de la société civile. Si je prends l'exemple de la Convention de Lomé, lorsqu'on dit que l'Homme est au centre du développement, cela a des conséquences très pratiques sur le plan du financement des projets en Afrique et dans les territoires des Caraïbes et du Pacifique. Le fait qu'une association, que la société civile ou que des acteurs privés fassent partie du projet devient un critère du financement. Par ailleurs, si l'on se réfère cette fois-ci à la thématique de l'appropriation, celle-ci n'a pas de chance d'exister si les bénéficiaires ne sont pas impliqués dans la formalisation du projet, dans les choix opérés, et dans la concrétisation de celui-ci. Or l'appropriation va inciter à s'organiser, à constituer des groupes, des groupes qui ne sont pas nécessairement politiques mais qui peuvent être amenés à s'institutionnaliser. Dans cette optique, ce n'est pas un hasard si aujourd'hui, dans la coopération entre l'Europe et l'Afrique notamment, il y a une telle promotion de la coopération décentralisée, c'est-à-dire de la coopération avec les ONG et avec les collectivités territoriales, alors même que dans beaucoup de pays africains ces collectivités n'ont qu'une existence théorique. L'association entre développement et droits de l'Homme a eu notamment cet effet là. Elle a contribué à introduire le pluralisme ou à l'amplifier. Ce pluralisme est aussi politique. Il charrie par ailleurs un certain nombre de valeurs dont on aurait intérêt à évaluer précisément l'ancrage dans les sociétés africaines, ou leur caractère adapté à ces sociétés.

INTERVENTION de Jérôme FROMAGEAU

Directeur de la Recherche à la Faculté Jean Monnet à Sceaux

Je suis, contrairement aux apparences, en train d'animer un séminaire sur une thématique d'ailleurs assez proche des droits de l'Homme puisqu'il s'agit de réfléchir sur les nouveaux modèles propriétaires et effectivement le concept de propriété n'est pas étranger à la question des droits de l'Homme. D'ailleurs je vous ai entendu évoquer la question de savoir s'il pourrait y avoir une Déclaration des droits de l'Homme en Afrique. C'est un sujet qui me paraît évidemment extrêmement intéressant à plus d'un titre, notamment précisément au niveau du droit de propriété, parce qu'on peut s'interroger sur l'article 17 de la Déclaration des droits de l'Homme de 1789, ne serait-ce que sur le concept même de propriété pour réfléchir sur la question de savoir si cette problématique ne mériterait pas d'une certaine manière d'être remise en cause.

Je ne voudrais pas m'étendre parce que tout simplement je n'ai pas participé à la première partie de votre réunion que je sais extrêmement fructueuse, d'autant qu'elle a été organisée d'une main de maître, comme d'habitude, par mon collègue le professeur Paul Tavernier qui dirige le CREDHO, l'une des composantes de nos centres de recherche de la Faculté Jean Monnet. Cette composante très dynamique produit des travaux de grande envergure sur le plan scientifique et c'est un des points phare de la recherche à la Faculté Jean Monnet dans le cadre de l'Université Paris-Sud.

Très brièvement, en dehors de cette thématique des droits de l'Homme, les collègues publicistes travaillent sur le droit des étrangers, la théorie du droit, mais nous nous intéressons aussi à des domaines chers aux privatistes: droit des contrats, droit des sociétés en droit de l'Union européenne, droit des nouvelles technologies. Dans le cadre des activités que nous menons au sein du centre de recherche que j'anime avec une directrice de recherche du CNRS, il y aurait peut-être matière à une réflexion commune puisque nous travaillons beaucoup sur la Convention sur la diversité culturelle, sur la Convention du patrimoine immatériel, et puis sur la Recommandation qui est en cours d'élaboration au sein des Nations Unies sur la reconnaissance des droits culturels pour les peuples autochtones.

En tout cas je vous remercie tous d'être venus nombreux, merci aux intervenants, merci aussi aux collègues de Rouen car le CREDHO est aussi une institution de l'Université de Rouen, et nous apprécions beaucoup la démarche interuniversitaire et internationale bien sûr, de ce réseau, et merci à nos amis africains.

Deuxième partie: rapports

REGARDS SUR LA JUSTICE ET LES DROITS DE L'HOMME EN AFRIQUE

Président de séance:
Stéphane **DOUMBÉ-BILLÉ**, Professeur à l'Université
Jean Moulin-Lyon III
Directeur du Centre de droit international (CDI)

LA COMMISSION AFRICAINE DES DROITS DE L'HOMME ET DES PEUPLES (bilan d'une jurisprudence)

par

Habib GHERARI
Professeur à l'Université Paul Cézanne Aix-Marseille III

Tout préoccupés par la décolonisation et la consolidation de leur indépendance politique et économique fraîchement recouvrée, les Etats africains ont mis du temps pour se doter d'un instrument spécifiquement continental de protection des droits de l'Homme. Ainsi, la Charte de l'Organisation de l'unité africaine (OUA ci-après), adoptée le 25 mars 1963 à Addis-Abeba, ne fait qu'une brève et timide référence aux droits de l'Homme (sont visées la Charte de l'ONU et la Déclaration universelle des droits de l'Homme) comme étant l'un des éléments devant inspirer leur coopération [article II, 1 (e)]. En revanche, les droits de l'Homme ne figurent ni parmi les principes devant guider les Etats membres, ni parmi les politiques que les Etats se doivent de coordonner et d'harmoniser, et ce à l'inverse du principe de non-ingérence et de celui du respect de la souveraineté (article III). Que de chemin parcouru peut-on penser en comparant avec l'Union Africaine (UA) ayant succédé à l'OUA, dont l'Acte constitutif, adopté le 11 juillet 2000 à Lomé, reprend cette même référence mais la développe et l'enrichit, et ce tant dans son préambule qu'à titre d'objectif et de principe auxquels le fonctionnement de l'Organisation doit se conformer[1]. Il faut dire qu'entre-temps se sont multipliées les violations des droits de l'Homme dont certaines ont frappé par leur caractère grave et massif allant parfois jusqu'au génocide.

C'est dire si cette situation a rendu impérieuse l'adoption de normes et de mécanismes de protection. Pourtant, les Etats africains vont multiplier les engagements conventionnels universels (notamment les deux pactes internationaux portant respectivement sur les droits civils et politiques, et les droits économiques, sociaux et culturels, à la Convention sur l'élimination de toutes les formes de discrimination raciale) et même interrégionaux (voir le volet droits de l'Homme des conventions de Lomé et de la Convention de Cotonou qui leur a succédé). Ces deux types d'engagements ne sont toutefois pas spécifiquement africains[2], et de ce point de vue il faudra attendre la Charte africaine des droits de l'Homme et des peuples adoptée à Nairobi (mais appelée Charte de Banjul) le 27 juin 1981 et entrée en vigueur le 21 octobre 1986 (le 21 octobre est ainsi célébré comme journée des droits de l'Homme en Afrique) pour voir apparaître une protection proprement régionale des droits de l'Homme. Ce texte (ci-après la Charte) se présente comme l'instrument essentiel en la matière: il lie aujourd'hui les 53 Etats membres de l'OUA/UA (le Maroc n'étant pas concerné puisqu'il s'est retiré de l'OUA en 1984) et il a été complété, le 9 juin 1998, par le Protocole de Ouagadougou créant la Cour africaine des droits de l'Homme et des peuples, lequel vient d'entrer en vigueur le 25 janvier 2004, ainsi que par le récent Protocole relatif aux droits des femmes adopté le 11 juillet 2003 et en vigueur depuis le 25 novembre 2005. Il faut également mentionner deux accords plus anciens: la Convention de l'OUA régissant les aspects propres aux problèmes des réfugiés adoptée le 10 septembre 1969 (ratifiée par la quasi-totalité des Etats africains) à Addis-Abeba et en vigueur à compter du 20 juin 1974, ainsi que la Charte africaine des droits et

---

[1] Voir le préambule, alinéa 9; articles 3 –e), g), h), et 4-1 (m) de l'acte constitutif de l'Union Africaine.

[2] Pour l'ensemble de ces questions, voir P. TAVERNIER (dir.), *Recueil juridique des droits de l'Homme en Afrique*, Bruxelles : Bruylant, collection du CREDHO n° 2, 2002 et K. MBAYE, *Les droits de l'Homme en Afrique*, Paris : Pedone, 2002.

du bien-être de l'enfant adoptée le 11 juillet 1990 et obligatoire pour les Etats parties depuis le 29 novembre 1999.

À maints égards, la Charte se veut un texte original en ce qu'elle déclare décliner une conception spécifiquement africaine des droits de l'Homme[3]. Sur le plan des droits proclamés, elle consacre autant les droits civils et politiques (non-discrimination, droit à la vie et interdiction de la torture, inviolabilité de la personne, égalité devant la loi, droit à ce que sa cause soit entendue, différentes libertés...) que les droits économiques, sociaux et culturels (droit de propriété, conditions de travail équitables, droit à l'éducation, à la santé...). Ensuite, elle fait cohabiter les droits de différentes générations (outre les deux catégories précitées, citons le droit à un environnement satisfaisant, à la paix et à la sécurité ou encore au développement). Enfin, aux droits individuels, elle ajoute les droits collectifs (droit des peuples) mais aussi les devoirs de l'individu (envers la famille, l'Etat et la Communauté internationale notamment). Après avoir exposé les droits et devoirs reconnus par les membres de l'OUA, la Charte revient à une démarche plus classique en ce domaine puisqu'elle organise ce qu'elle appelle la sauvegarde des droits qu'elle entend protéger[4].

La Charte a en effet prévu la création d'une Commission africaine des droits de l'Homme et des peuples, Commission mise sur pied peu après l'entrée en vigueur de la Charte et entrée en fonction le 2 novembre 1987, date de sa première session. Récemment, elle a été complétée par la création de la Cour africaine des droits de l'Homme (Protocole de Ouagadougou précité).

Sur ce point, il convient de préciser que la Convention africaine sur les réfugiés déjà citée n'a pas prévu de mécanisme propre, alors que le Protocole relatif aux droits des femmes renvoie à la Cour africaine des droits de l'Homme la résolution de toute question découlant de sa mise en œuvre, mais à la Commission en attendant la mise en place de la Cour (article 32). Quant à la Charte africaine des droits et du bien-être de l'enfant, elle confie la surveillance et la promotion de son application à un Comité de onze experts élus

---

3 Préambule, alinéa 5.

4 Article 30 et suivants.

par la Conférence des chefs d'Etat et de gouvernement de l'OUA sur proposition des Etats particuliers. Ce Comité est chargé, entre autres, de l'examen confidentiel de communications soumises par tout individu, groupe, ONG reconnue par l'OUA (aujourd'hui l'UA), Etat membre ou encore l'ONU (article 44). Cet organe vient d'être mis sur pied par la Conférence des chefs d'Etat et de gouvernement de l'UA[5]. Cela dit, la Cour africaine des droits de l'Homme et des peuples est compétente pour appliquer tout instrument ratifié par l'Etat en cause et donc possiblement la Charte africaine des droits et du bien-être de l'enfant, pourvu bien sûr que les conditions de sa compétence soient réunies[6].

S'agissant de jurisprudence, comme la Cour africaine ne fonctionne pas encore, on comprendra tout l'intérêt des positions et analyses de la Commission africaine des droits de l'Homme et des peuples. Toutes ces raisons conduisent donc à focaliser notre attention sur l'organisation (I) puis les lignes de force de la protection exercée par cette Commission (II).

I. – Cadre

A. – Une institution aux multiples missions

1. – La Commission *se compose* de onze membres, répondant à des conditions de compétence, d'intégrité, d'impartialité et de moralité et élus, sur une liste arrêtée par les Etats parties à la Charte, par la Conférence des chefs d'Etat et de gouvernement de l'OUA, pour un mandat de six ans renouvelable. Ces membres siègent à titre personnel, jouissent de privilèges et immunités et ne peuvent être démis de leurs fonctions que sur vote unanime de la Commission. La Commission élit son Président et Vice-président, elle dispose d'un secrétariat dont le chef est nommé par le Secrétaire de l'OUA (UA). Elle tient deux sessions par an, en principe de deux semaines chacune, et selon la pratique suivie jusqu'ici, l'une au siège (Banjul - Gambie), l'autre dans un autre pays africain. A ce jour (fin 2006) 40 sessions ordinaires, dont certaines écourtées notamment pour raison budgétaire, et 2

---

[5] Communiqué de presse de l'UA n° 071/ 2002 du 27 décembre 2002.

6 Article 7 du Protocole de Ouagadougou.

extraordinaires ont été tenues. Plus généralement, c'est l'OUA/UA qui prend en charge le fonctionnement et le financement de la Commission, ce qui ne va sans soulever de nombreuses difficultés se traduisant par un manque cruel et récurrent de moyens financiers, humains et administratifs. Il n'est pas rare que la Commission n'arrive à faire face à ses différentes missions que grâce à l'aide d'institutions non africaines (organisations intergouvernementales, ONG, Institutions nationales de promotion des droits de l'Homme...). C'est dans ces conditions pour le moins difficiles que la Commission doit donc s'acquitter de ses missions.

2. – Plusieurs *fonctions* ont été assignées à la Commission qui doit assurer en substance la promotion et la protection des droits de l'Homme et des peuples. Au titre de la promotion, la Commission doit rassembler la documentation, faire des études, organiser colloques et séminaires, formuler des textes législatifs à destination des gouvernements africains, coopérer avec les autres institutions compétentes en matière de droits de l'Homme... C'est là une activité importante à laquelle la Commission consacre beaucoup de temps, ce qui se comprend au vu des nombreuses violations dont font l'objet les droits protégés et la méconnaissance des garanties qui les entourent. En pratique, chaque commissaire a en charge un certain nombre d'Etats africains dans lesquels il mène cette activité. La Commission examine aussi les rapports que les Etats parties se sont engagés à déposer tous les deux ans; il est à noter que la Charte n'a pas précisé qui devait prendre en charge cet examen, mais la Commission a, dès 1988, demandé et obtenu que cette tâche lui soit confiée. Il reste que cet exercice s'est heurté à bien des obstacles dus principalement, mais non exclusivement, aux retards et à l'absentéisme des Etats, à la mauvaise qualité des rapports que la Commission déplore mais contre lesquels elle semble bien désarmée. Il faut ajouter, sans pouvoir être exhaustif, le recours à la technique des rapporteurs spéciaux désignés jusqu'ici sur des questions telles que les exécutions sommaires et extrajudiciaires, les prisons et conditions de détention, les droits des femmes en Afrique, etc. Ensuite, la Commission a reçu le mandat d'interpréter la Charte. Enfin, et c'est la fonction qui nous intéresse particulièrement ici, la Commission doit assurer la protection des droits de l'Homme et des peuples. La Commission peut en effet être saisie de « communications ».

B. – La fonction de protection

Cette protection se fait au moyen de communications de deux types.

1. – Les communications étatiques

A cet égard, la Charte distingue entre les communications interétatiques et ce que la Charte appelle les « autres communications ». Deux sortes de communications sont à la disposition des Etats pour mettre en cause la responsabilité des autres Etats parties pour manquement à la Charte africaine et au-delà pour manquement non seulement aux droits garantis par la Charte, mais aussi aux droits découlant d'autres sources conventionnelles ou non et s'imposant à l'Etat concerné[7]. Il s'agit respectivement des « communications-négociations »[8] et des « communications-plaintes »[9]. Les « communications-négociations » permettent à un Etat qui a des raisons de croire qu'un autre Etat a failli à ses engagements d'appeler l'attention de ce dernier, copie de cette communication étant adressée au Secrétaire général de l'OUA et au Président de la Commission (dont le secrétaire tient un registre des communications reçues). L'Etat visé doit alors répondre de façon motivée dans un délai de trois mois, en indiquant les mesures éventuellement prises, la procédure et les recours internes applicables. Ce processus constitue une incitation à la négociation qu'il organise. Mais au cas où l'Etat pressenti ne répond pas dans le délai de trois mois, ou que la réponse est considérée comme non satisfaisante ou encore que la question n'est toujours pas réglée à la satisfaction des deux parties, la Commission peut alors être saisie par l'une ou l'autre des parties. S'ouvre la procédure de la communication – plainte (un registre est également prévu à cette fin).

---

[7] Articles 60 et 61 de la Charte; voir communications 223/98, *Forum of conscience c. Sierra Leone;* 218/98, *Civil Liberties Organisation, Legal Defence Centre, Legal Defence and Assistance Project c. Nigeria.*

[8] Articles 47 de la Charte et 88-92 du règlement intérieur.

[9] Article 48-49 de la Charte et 93-101 du règlement intérieur.

Il faut préciser dès l'abord que la procédure des « communications-plaintes » peut être engagée de deux façons: soit comme prolongement d'une « procédure-négociation » infructueuse, soit directement sans passer par cette étape. L'affaire sera alors examinée en séance privée par la Commission qui encouragera la recherche d'un règlement amiable fondé sur le respect des droits de l'Homme et des libertés fondamentales. A défaut, la Commission dispose d'un délai de douze mois pour adopter un rapport où elle relate les faits et les conclusions auxquelles elle est parvenue. Ce document est adressé aux Etats concernés et à la Conférence des chefs d'Etat et de gouvernement de l'OUA accompagné des recommandations que la Commission jugera les plus appropriées.

Comme on le voit, ce mécanisme est essentiellement conciliatoire. Le rapport de la Commission n'est pas obligatoire et seule l'Organisation continentale peut, si elle le juge utile, lui conférer une valeur plus solennelle. C'est de toute manière une procédure qui n'a jamais fait ses preuves faute d'avoir servi. Quasiment aucune procédure de ce type n'a en effet été utilisée, ce qui n'est pas véritablement surprenant au vu de l'expérience enregistrée par d'autres instances internationales comportant une procédure analogue. A signaler toutefois que le Rapport d'activité de la 30e session de la Commission (13-27 octobre 2001) fait état d'une communication (n° 227/99) introduite par la République démocratique du Congo contre le Burundi, le Rwanda et l'Ouganda[10]. La Commission a semble-t-il décidé de tenir une session extraordinaire pour l'examen de cette communication, mais les rapports sur les sessions ultérieures n'évoquent ni cette communication ni la session qui devait lui être consacrée. Quoiqu'il en soit, cette affaire rappelle la requête opposant les mêmes Etats déposée, le 23 juin 1999, devant la CIJ[11].

---

[10] 15e Rapport d'activités, 2001-2002, point 42; voir aussi le Communiqué final de la 30e session, point 20; Il semble également que la Libye ait déposé une plainte contre les … Etats-Unis.

[11] Voir CIJ, ordonnance du 30 janvier 2001 en l'affaire *Activités militaires sur le territoire du Congo.*

2. – Les communications non étatiques

L'article 55 de la Charte, en visant les « communications autres que celles des Etats parties », ouvre la voie des communications aux entités non étatiques, qu'il s'agisse de personnes privées, physiques ou morales, d'ONG, de groupes plus ou moins formels etc. Ce sont les communications individuelles qui alimentent aujourd'hui l'activité de protection de la Commission alors que le texte de la Charte semble avoir voulu restreindre leur examen aux cas les plus graves. Première condition révélatrice de cette restriction et qui plus est que l'on ne retrouve pas dans les autres instruments et mécanismes de garantie, celle selon laquelle la Commission ne peut être saisie automatiquement par le seul dépôt de la communication. Il faut en effet qu'une majorité de commissaires se prononce en faveur de la saisine, et ce après avoir pris connaissance de la liste des communications établie par le Secrétaire de la Commission qui en fait également un résumé. Les commissaires peuvent dès ce stade demander à prendre connaissance de l'intégralité de la communication. Sur ce point, la Commission africaine parle de « recevabilité » de la communication alors qu'il s'agit de « saisine » conformément à l'article 55 de la Charte africaine, ce flottement terminologique étant bien entendu nuisible à la compréhension de la procédure. Quoi qu'il en soit, il s'agit d'une étape procédurale inconnue des autres systèmes de protection et qui peut le cas échéant se transformer en obstacle infranchissable pour le requérant puisque rien n'est dit sur les critères de sélection des communications qui s'opère à ce stade.

Second obstacle, et de taille: l'article 58 semble ne permettre l'analyse au fond des communications que lorsque « elles révèlent l'existence d'un ensemble de violations graves ou massives des droits de l'Homme et des peuples ». Si cette condition est remplie, la Commission attire l'attention de la Conférence des chefs d'Etat et de gouvernement sur la situation en cause, laquelle Conférence peut alors demander à la Commission de procéder à une étude approfondie et lui faire un rapport accompagné de ses conclusions et de ses recommandations. En cas d'urgence, c'est le Président de la Conférence qui doit être saisi et qui doit décider des suites à donner. Ce sont les résolutions du Conseil économique et social

1235 (XLII) du 6 juin 1967 et 1503 (XLVIII) du 27 mai 1970 qui ont inspiré cette procédure que, fort heureusement, la Commission est parvenue à dépasser. Dès 1988 en effet, la Commission a réussi à faire admettre, en adoptant un règlement intérieur qui va bien au-delà de la Charte sur ce point, qu'elle entendait examiner les communications individuelles indépendamment du fait qu'elles révèlent ou non un ensemble de violations graves ou massives des droits de l'Homme[12].

Suivant les termes de l'article 59 de la Charte, toutes les mesures prises dans le cadre de la fonction de protection de la Commission resteront confidentielles jusqu'à la décision contraire de la Conférence des Chefs d'Etat et de gouvernement. Après avoir suivi à la lettre cette prescription, la Commission s'en est écartée à partir de 1994 joignant à ses rapports d'activité, sous la forme d'une annexe, l'examen des communications. En effet, ce rapport d'activités est publié par le Président de la Commission, une fois examiné par l'organe suprême de l'OUA/UA. Comme on le voit, la pratique de la Commission sur certains points a contribué à desserrer les carcans que lui a imposés la Charte. Et le mouvement de protection a aujourd'hui progressé avec la création de la Cour africaine des droits de l'Homme et des peuples.

Cela étant, la faiblesse structurelle du rôle de la Commission tient à la portée de ses constats de violation des droits protégés par le ou les Etat(s) mis en cause. En effet, la Commission ne peut que recommander les mesures de redressement que, selon son analyse, la situation appelle. Ces recommandations sont dénuées de toute force obligatoire, même si parfois la Commission se laisse aller à dire que « son avis oblige l'Etat » conformément à l'article 1er de la Charte selon lequel les Etats parties reconnaissent les droits, devoirs et libertés énoncés par la Charte et s'engagent à adopter des mesures législatives ou autres pour les appliquer[13]. C'est peut-être l'une des raisons qui explique la propension de la Commission à privilégier autant que faire se peut la recherche du « dialogue constructif » entre le requérant et l'Etat visé en vue de parvenir à

---

[12] Articles 102 et suivants du Règlement intérieur, *Fiche d'information* n° 2 de la Commission sur les « Lignes directrices pour la présentation des communications » et communication 147/95 et 149/96, *Sir Dawda K. Jiwara c. Gambie.*

[13] Com. 211/98 *Legal Resources Foundation / Zambie*, § 68.

une solution amiable[14]. Récemment encore, La Commission a adopté une résolution sur l'importance de la mise en œuvre par les Etats de ses recommandations. En particulier, elle a demandé aux Etats une exécution sous un délai de 90 jours avec indication des mesures prises et décidé de soumettre à chaque session du Conseil exécutif de l'UA un rapport sur l'état de conformité à ses recommandations qui serait annexé à son rapport d'activités[15]. Cette limitation intrinsèque de la protection a d'ailleurs joué et incité les Etats africains à sauter le pas et accepter le principe d'une protection juridictionnelle des droits de l'Homme.

II. – Lignes de force

Il convient de voir à présent comment s'exercent les recours précités, quelles conditions doivent être réunies pour ce faire, quelles sont les lignes de force de la jurisprudence sur le fond et quelle est l'issue de la procédure.

Avant d'aborder la teneur de ces conditions, un mot doit toutefois être dit sur *la procédure d'examen*. D'abord, il faut préciser que la Communication ne sera même pas inscrite sur la liste établie par le Secrétaire si elle concerne un Etat tiers. Précision utile, car sous l'empire de l'ancienne version du règlement intérieur (adopté en 1988 et modifié en 1995), cela constituait un motif d'irrecevabilité assez fréquent d'ailleurs puisque nombreuses étaient les communications qui visaient des Etats africains non encore liés par la Charte, des Etats africains non membres de l'OUA (le Maroc en fait) ou même des Etats non africains. Ensuite lors de cet examen, et en vue d'éviter un préjudice irréparable à la victime de la violation alléguée, la Commission peut adopter des mesures provisoires[16]. Ce qu'elle a

---

[14] Communications jointes 16/88, 17/88 *Comité culturel pour la démocratie au Bénin, Hilaire Badjogoume, El Hadj Boubacare Diwara c. Bénin*; 25/89, 47/90, 56/91 et 100/93, *World Against Torture, Lawyers' Committee for Human Rights, Union Africaine des droits de l'Homme, Les Témoins de Jéhovah c. Zaïre.*

15 ACHPR/Rés.97(XXXX)06, 29 novembre 2006 (40e session, Banjul 15-29 novembre 2006).

[16] Article 111 du règlement intérieur; même pouvoir reconnu à la Cour, article 27 § 2 du Protocole de Ouagadougou.

parfois fait avec un résultat peu probant puisque les Etats concernés n'en ont tenu aucun compte[17]. Une fois inscrite, la communication va être examinée sous cet angle soit par un commissaire, soit par un groupe de travail de trois commissaires chargé de lui présenter des recommandations sur cette question. La Commission peut solliciter un supplément d'informations et/ou les observations du plaignant, ou de l'Etat concerné qui disposent alors d'un délai déterminé (trois mois) pour répondre. Et tout défaut de réponse de l'un ou de l'autre peut être lourd de conséquences[18]. De façon générale, la recevabilité ne peut être acquise que si l'Etat a été mis en mesure dans le délai imparti de soumettre les informations qui lui ont été éventuellement demandées ou ses observations. A noter qu'une décision d'irrecevabilité ou même de recevabilité n'est pas définitive dans la mesure où la Commission peut ultérieurement la reconsidérer en particulier si un motif d'irrecevabilité disparaît ou, à l'inverse, un motif d'irrecevabilité est porté à sa connaissance[19].

A. – La recevabilité

Les conditions de recevabilité sont exposées à l'article 50 pour les communications interétatiques (une seule condition en fait, à savoir l'épuisement des recours internes quand ils existent et quand ils ne se prolongent pas de façon anormale) et à l'article 56 de la Charte pour les « autres communications ». Celles-ci sont au nombre de sept et peut-être même huit si on ajoute la façon dont la Commission les interprète[20].

La première condition impose au requérant de *dévoiler son identité* même si celui-ci peut demander à garder l'anonymat. Cette

---

[17] Communications 137/94, 139/94, 154/96 et 161/97, *International Pen, Constitutional Rights Project, Interights au nom de Ken Saro-Wiwa Jr., Civil Liberties Organisation / Nigeria*; communication 212/98, *Amnesty international / Zambie.*

[18] Voir par exemple les décisions d'irrecevabilité des communications 198/97, *SOS Esclaves c. Mauritanie* et 252/2002, *Stephen O. Aigbe c. Nigeria.*

[19] Quoique cet exemple ne soit pas des plus clairs, voir com. 73/92 *Mohamed Lamine Diakité /Gabon.*

[20] Article 104 du règlement intérieur et Fiche d'information n° 3.

possibilité n'est pas superflue dans un continent où comme on le sait les transgressions des droits de l'Homme peuvent aller jusqu'à l'irréparable. Naturellement, cette condition n'est pas requise en cas de violation massive des droits de l'Homme. Il est cependant remarquable que, après une certaine hésitation[21], la qualité de victime ne soit pas requise, ce qui ouvre la voie aux ONG, et même à d'autres tiers, pour dénoncer des manquements subis par d'autres. En pratique, ce sont semble-t-il les communications introduites par les ONG et les tiers au nom des victimes qui sont les plus nombreuses. Ici, le modèle africain est proche du système interaméricain et se distingue du modèle européen qui, en dépit des assouplissements introduits par la jurisprudence, repose sur l'idée que le requérant individuel doit être victime de la violation objet de la requête[22]. La Commission va sur ce point jusqu'à évoquer le mécanisme de l'*actio popularis*[23]. Lorsque le fait illicite est constitué par l'édiction d'une loi contraire à la Charte, cette loi pourrait, si l'on poursuivait ce raisonnement, être contestée *in abstracto*[24].

La communication doit être compatible avec la Charte de l'OUA (aujourd'hui UA) et bien entendu avec celle de Banjul. Cette exigence conduit à un premier examen *prima facie* de la communication et à vérifier que la Commission est bien compétente. Cela signifie que le droit prétendument violé doit être énoncé par l'un des deux textes précités, ce qui ne va pas sans soulever de redoutables problèmes concernant une éventuelle incompatibilité entre l'un et l'autre. Le cas s'est posé dans l'affaire 75/92, *Congrès du Peuple Katangais c. Zaïre*. La Commission rejette la requête et observe que devant l'absence de preuve de toute violation des droits de l'Homme susceptible de mettre en cause l'intégrité territoriale du Zaïre et démontrant que le peuple

---

21 Voir article 114 de la première version du règlement intérieur de la Commission.

22 Article 34 de la Convention européenne des droits de l'Homme; voir aussi dans le même sens article 1er du Protocole facultatif au Pacte sur les droits civils et politiques.

23 Com. 155/96 *Social and Economic Rights Action Center, Center for Economic and Social Rights/Nigeria*, § 49.

24 Voir com. 211/98, *Legal Resources Foundation / Zambie* relative à un amendement à la Constitution.

du Katanga se voit dénier le droit de participer au gouvernement tel que garanti par l'article 13 § 1, elle est conduite à conclure que le Katanga doit exercer une variante de l'autodétermination compatible avec l'intégrité territoriale du Zaïre.

La violation doit être postérieure à l'entrée en vigueur de la Charte à l'égard de l'Etat visé ou alors constituer une violation continue ayant commencé avant que l'Etat ne devienne partie et s'étant poursuivie depuis lors.

Cette même violation doit en principe avoir été commise sur le territoire de l'Etat recherché ou alors en un lieu extérieur qu'il contrôle ou par ses agents. A la différence de la jurisprudence européenne, celle de la Commission est pauvre sinon inexistante sur ce point. Quant au fait que l'Etat défendeur doive être partie, on rappellera que depuis 1995 la communication n'est même pas inscrite si cette condition n'est pas respectée alors qu'auparavant elle était jugée irrecevable (*supra*).

La communication ne doit pas contenir de termes outrageants ou insultants à l'égard de l'Etat mis en cause ou des ses institutions ou de l'OUA (aujourd'hui Union Africaine). Inconnue des autres systèmes régionaux de protection, cette condition peut avoir des incidences restrictives sur les communications. C'est évidemment la Commission qui apprécie et en pratique les requérants ont tout intérêt à solliciter l'assistance d'un Homme de l'art ou d'une ONG pour la rédaction de la requête. Cela étant, les cas d'irrecevabilité fondés sur ce motif sont rares. On citera la communication 65/92 *Ligue camerounaise des droits de l'Homme/Cameroun* jugeant irrecevable la requête pour l'emploi d'expressions du genre « Paul Biya doit répondre des crimes contre l'humanité », « régime de tortionnaires », etc.

Même crainte pour la condition suivante selon laquelle la communication ne doit pas se limiter à rassembler exclusivement des nouvelles diffusées par les moyens de communication de masse. La Commission a, à juste titre, relativisé cette exigence en insistant sur le fait que de telles nouvelles pouvaient fonder une action sauf si celle-ci repose « exclusivement » sur elles car il ne serait pas logique qu'une communication soit rejetée parce que fondée en particulier sur des informations émanant des médias. De plus l'expérience apprend que parfois ce sont justement les médias qui ont révélé les pires atteintes aux droits de l'Homme[25]. La Commission précise que le problème est plutôt de savoir si l'information est correcte et si le requérant a procédé aux vérifications compte tenu de la situation où il se trouve. Mais, parfois, la conciliation avec le fait que le pétitionnaire n'est pas forcément la victime peut s'avérer délicate.

Les communications ne doivent pas concerner des cas réglés conformément soit aux principes de la Charte des Nations Unies, soit de la Charte de l'OUA, soit encore de la Charte de Banjul. Il s'agit de la reprise d'un principe bien connu (*non bis in idem*) que l'on rencontre dans les autres systèmes régionaux[26]. Compte tenu de l'absence de détails des communications s'étant référé à ce motif d'irrecevabilité, on peut se demander si la litispendance est également prohibée. L'ancienne version du règlement intérieur (article 114 § 3 f) faisait apparaître que l'absence de litispendance était érigée en condition de recevabilité, ajoutant donc au texte de la Charte, alors que la nouvelle version (article 104 § 1 g) ne le fait plus mais comporte une ambiguïté dans la mesure où ce point peut faire l'objet d'une demande d'éclaircissements de la part de la Commission. Quoi qu'il en soit, le texte de la Charte africaine semble viser uniquement le principe *non bis in idem*. On signalera une communication récente dans laquelle la question de la « litispendance » s'est posée. Arguant du fait que les demandes en cause avaient déjà été soumises par les Etats concernés à une Commission des plaintes créée par accord bilatéral (Accord d'Alger conclu le 12 décembre 2000 entre l'Erythrée et l'Ethiopie) et que cette instance jouissait de pouvoirs plus appropriés que les siens pour connaître utilement des questions en débat, la Commission a décidé de surseoir à statuer jusqu'au rendu de la décision de l'instance bilatérale[27].

Reste enfin la condition portant sur l'épuisement des recours internes s'ils existent et si, de l'avis de la Commission, ils ne se prolongent pas de façon anormale, exigence complétée par la précision selon laquelle la communication doit être introduite dans

---

[25] Communications 147 et 149/96 précitées.

[26] Article 35 § 2 de la Convention européenne des droits de l'Homme et 47 d) de la Convention interaméricaine des droits de l'Homme.

[27] Communication 234/99, *Interrights (pour le compte de Pan African Movement et Inter Africa Group) c. Erythrée.*

un délai raisonnable à particulier de la fin de la procédure interne ou à telle date retenue par la Commission. Sur le délai, on signalera simplement le libéralisme de la Charte (que partage la procédure devant le Comité des droits de l'Homme) par rapport aux autres mécanismes de protection régionaux qui retiennent un délai maximum de six mois.

Quant à la règle de l'épuisement des voies de recours internes, son classicisme[28] n'a pas empêché la Commission de développer une jurisprudence intéressante par son pragmatisme et son réalisme. Et cela est d'autant plus important que cette condition de recevabilité est commune aux communications étatiques (et la seule pour celles-ci) et non étatiques et, s'agissant de ces dernières, elle constitue de loin la cause d'irrecevabilité la plus fréquente. En effet, la Commission en souligne volontiers l'importance en rappelant le caractère subsidiaire de son intervention et l'impossibilité pour elle de se transformer en « Tribunal de première instance ». Dans le même temps, elle retient une analyse qui repose sur une appréciation concrète des conditions de mise en œuvre des recours au plan interne. Premier élément en ce sens: la conception de la Commission selon laquelle les recours internes en question doivent répondre à trois critères: la disponibilité, l'efficacité et la satisfaction. Pour la Commission, « une voie de recours est considérée comme existante lorsqu'elle peut être utilisée sans obstacle par le requérant, elle est efficace si elle offre des perspectives de réussite et elle est satisfaisante lorsqu'elle est à même de donner satisfaction au plaignant »[29].

La Commission entend apprécier *in concreto* ces exigences, ce qui la conduit par exemple à accepter des communications dont le défaut sur ce point est à ses yeux imputable à l'absence d'aide juridique organisée par l'Etat au profit des malades mentaux. Elle a en effet jugé que:

« Les dispositions générales prévues par la loi pourraient offrir un recours à toute personne lésée par la faute d'autrui, recours qui sont accessibles aux riches et à ceux qui peuvent se payer les services d'un avocat privé (sic). L'on ne peut toutefois pas affirmer

---

[28] Article 44 b des articles adoptés par la CDI sur la responsabilité de l'Etat pour fait internationalement illicite, A.G.N.U./Rés. 56/83 du 12 décembre 2001.

[29] Communications 147/96 et 149/96 précitées.

comme une vérité générale qu'il n'existe pas dans le pays de voies de recours internes mais elles existent pour ceux qui ont les moyens de les utiliser »[30].

Voilà qui ouvre des perspectives non négligeables pour les requérants dans des pays qui, souvent faute de moyens, ne connaissent pas de système d'aide juridictionnelle. Pour ce qui est de l'accès à la Commission elle-même, il faut noter l'intervention - au demeurant limitée - du Fonds d'aide juridique géré par l'Institut pour les droits humains et le développement en Afrique.

Second élément à relever: dans toute une série de situations, l'épuisement des recours internes n'entraîne pas l'irrecevabilité. Ainsi en est-il lorsque la violation des droits de l'Homme est massive ou sérieuse, les juridictions habituellement compétentes sont dépouillées de leurs prérogatives (cf. la jurisprudence fournie relative au Nigeria), les recours à épuiser ne sont pas de nature juridictionnelle[31], ou encore lorsque les personnes concernées sont décédées, irrégulièrement détenues, expulsées dans des conditions les empêchant d'exercer tout recours ou en fuite et craignant pour leur vie, encore que pour ce dernier cas la jurisprudence de la Commission paraît d'une subtilité excessive[32].

Comme on le voit, la souplesse qui se dégage de l'approche de la Commission n'est pas vraiment inédite, mais force est de constater qu'elle est particulièrement adaptée aux conditions concrètes dans lesquelles se débattent ceux qui, en Afrique, entendent se plaindre de la méconnaissance de leurs droits. Pour

---

[30] Com. 241/01, *Purohit et Moore c. Gambie.*

[31] Communication 221/98 *Alfred B. Cudjoe c. Ghana.*

[32] Comparer les solutions contraires des communications 219/98 *Legal Defence Center* c. *Gambie:* irrecevabilité d'une requête introduite par un expulsé dont l'expulsion était encore en vigueur au moment de la saisine, et 232/99 *John D. Ouko c. Kenya*: concluant à la recevabilité d'une requête d'une personne en fuite à l'étranger car craignant pour sa vie et ayant obtenu le statut de réfugié. Pour plus de détails sur toutes ces questions, voir N. J. UDOMBANA, « So Far, So Fair: Remedies Rule in The Jurisprudence of the African Commission on Human and People' Rights », *A.J.I.L.*, vol 97, 2003, pp.1-37 et F. VILJOEN, « Admissibility under the African Charter », in: M. D. EVANS, R. MURRAY (ed.), *The African Charter on Human and Peoples' Rights*, Cambridge: C. University Press, 2000, pp. 61-99.

apprécier la portée de cette étape procédurale, il convient d'indiquer qu'à la fin mai 2002, la Commission a reçu 251 communications (non étatiques), soit une moyenne de 16 communications par an, dont 80 ont été déclarées recevables[33].

Ce sont ces mêmes conditions de recevabilité dont la Cour africaine des droits de l'Homme et des peuples devra « tenir compte » étant précisé qu'il lui est loisible de statuer elle-même ou de solliciter l'avis de la Commission, ceci à supposer que la Cour soit saisie directement et même alors il lui est possible de renvoyer l'ensemble de la requête devant la Commission. Sans pouvoir entrer dans le détail de cette question, signalons que le Protocole de Ouagadougou est laconique quant au détail des relations entre les deux institutions de sorte que le règlement intérieur sera sur tous ces points du plus haut intérêt[34].

B. – La substance des droits

1. – Méthode suivie pour l'examen du fond

Dans son examen du fond, la Commission respecte le principe du contradictoire et de l'égalité des parties, ce qui confère une allure juridictionnelle à la procédure. Une fois la recevabilité acquise, les parties en sont informées et l'Etat doit répondre sur le fond. D'une façon générale, les parties disposent d'un délai (en principe de 3 mois) pour s'expliquer et leur silence conduit la Commission à statuer sur la base des seuls éléments en sa possession. Cette règle a été fatale à plusieurs Etats qui pensaient sans doute pouvoir bloquer la procédure.

S'agissant du droit applicable, la Commission s'inspire du droit international relatif aux droits de l'Homme. Il ne s'agit pas uniquement de la Charte mais également de divers instruments

---

[33] Ces chiffres sont de N.J. UBDOMBANA, *op. cit.,* p. 14 qui estime le taux de recevabilité à 32 %, soit semble-t-il à mi-chemin entre celui du Comité des droits de l'Homme et celui de la Cour européenne des droits de l'Homme

34 Voir Habib GHÉRARI, « La Cour africaine des droits de l'Homme et des peules », in: G. LEBRETON (dir.), *Valeurs républicaines et droits fondamentaux de la personne humaine en 2003 et 2004*, Paris: L'Harmattan, 2006, pp. 169-183.

africains relatifs aux droits de l'Homme, de la Charte de l'OUA et aujourd'hui peut-on penser de l'Acte constitutif de l'UA La liste déborde le cadre africain pour englober, suivant les termes de l'article 61 de la Charte africaine, la Charte de l'ONU, la Déclaration Universelle des droits de l'Homme, les instruments des Nations Unies et de leurs institutions spécialisées qui lient les parties à la Charte africaine. En réalité ce cadre de référence est plus large encore puisqu'à titre de moyens auxiliaires de détermination des règles de droit est pris en compte tout le droit international pertinent (conventions, pratiques africaines conformes aux normes internationales, les principes généraux de droit reconnus par les nations africaines, la jurisprudence et la doctrine, voir article 62).

De façon générale, la Commission utilise intensivement le droit international des droits de l'Homme extérieur à l'Afrique et en particulier la jurisprudence de la Cour EDH, de la Commission et de la Cour interaméricaines des droits de l'Homme et, au plan universel, celle du Comité des droits de l'Homme et divers textes adoptés par les Nations Unies (notamment les observations générales du Comité des droits de l'Homme et du Comité des droits économiques, sociaux et culturels) sans qu'il s'agisse nécessairement de conventions au sens propre du terme.

Avant de trancher, la Commission tente souvent d'aboutir à un arrangement amiable[35]. Il faut relever qu'à plusieurs reprises, la Commission a déclaré que l'objectif principal de la procédure est d'initier un dialogue positif[36]. Mais cette propension de la Commission ne va pas sans soulever différents problèmes.

---

[35] Exemple de libération des victimes, communications 16/88, *Comité culturel pour la démocratie au Bénin c. Bénin*; 67/92, *Civil Liberties Organisation* c. *Nigeria*; 133/94, *Association pour la défense des droits de l'Homme et des libertés c. Djibouti* où – fait notable – la Commission vérifie les termes de l'arrangement convenu.

[36] Communications 25/89, *Free Legal Assistance Group* c. *Zaïre*, 47/90 *Lawyer's Committee for Human Rights c. Zaïre*, 56/91 *Union interafricaine des droits de l'Homme c. Zaïre*, 100/93 *Les témoins de Jéhovah c. Zaïre*, 27/89 *Organisation Mondiale contre la torture et Association internationale des juristes démocrates c. Rwanda*, 46/90 *Commission internationale des Juristes c. Rwanda*, 99/93 *Union interafricaine des droits de l'Homme c. Rwanda.*

D'abord, le fondement textuel de cette recherche de solution amiable est des moins clairs encore qu'il puisse se comprendre. Ensuite, il ne semble pas que la Commission vérifie systématiquement auprès de la victime la réalité de l'accord amiable et encore moins la compatibilité de celui-ci avec les droits protégés par la Charte. Autre témoignage de l'importance attachée par la Commission à cette mission, il lui est même arrivé de rechercher ce rapprochement des parties ... après avoir conclu à la violation par l'Etat de la Charte[37]. N'est-ce pas là de la part de la Commission révéler la conception qui est la sienne de ce que devrait être son véritable rôle, c'est-à-dire concilier les parties ?

Dans le cadre de l'examen des requêtes il faut signaler qu'il arrive que la Commission dépêche une mission dans le pays en cause pour enquêter mais aussi rapprocher les parties, mais ceci avec l'accord du pays considéré qui n'est d'ailleurs pas toujours acquis. Ainsi, plusieurs missions dont on pouvait attendre beaucoup ne purent avoir lieu (au Rwanda ou dans l'ex-Zaïre par exemple). Ces missions présentent un intérêt tout spécialement en cas d'allégations de violations massives des droits de l'Homme. Mais le consentement des Etats concernés, le manque de moyens, l'absence de volonté politique de l'Organisation continentale se sont avérés autant d'obstacles parfois infranchissables. Les rapporteurs spéciaux peuvent également être mis à contribution pour permettre un meilleur examen des communications.

2. – Développements jurisprudentiels

Les observations qui suivent n'ont à l'évidence aucune prétention à l'exhaustivité et de toute manière la jurisprudence de la Commission est riche et suffisamment nuancée pour ne pas aisément se prêter à une rapide systématisation. Il faut encore signaler que les communications ne sont que l'un des moyens permettant à la Commission d'enrichir le texte de la Charte; la Commission adopte aussi de nombreuses résolutions sur des droits particuliers dans lesquelles elle développe la signification et les implications des droits protégés (résolutions sur le droit au procès

---

[37] Communication 71/92 *Rencontre africaine pour la défense des droits de l'Homme c. Zambie.*

équitable, la liberté d'association, la liberté d'expression, la torture...). Ces textes ne sont pas sans rappeler les observations générales des comités onusiens (Comité des droits de l'Homme et Comité des droits économiques, sociaux et culturels).

a. – La conception de la Commission en matière de caractéristiques générales des droits de l'Homme

1. On sait que la Charte est l'un des rares instruments internationaux mêlant droits civils et politiques et droits économiques, sociaux et culturels. S'inspirant de courants doctrinaux, la Commission croit que l'une et l'autre de ces catégories imposent fondamentalement les mêmes obligations aux Etats, à savoir respecter (l'Etat ne doit pas s'ingérer dans l'exercice du droit), protéger (contre l'ingérence des tiers), promouvoir (faire en sorte que les individus puissent effectivement exercer leurs droits) et réaliser (satisfaire les conditions d'exercice des droits par exemple en fournissant des prestations directes)[38].

2. La Commission fait sienne la théorie des « obligations positives » et les Etats africains ne peuvent échapper à leurs engagements en se cantonnant dans une attitude passive, de pure abstention. Selon son analyse, l'article 1er de la Charte fait peser sur les Etats des obligations positives: non seulement les Etats se sont engagés à reconnaître mais aussi à prendre les mesures de nature législative ou autre pour les appliquer[39].

3. Cet article 1er de la Charte ne dit pas plus sur les contours exacts de la responsabilité de ces mêmes Etats, par exemple en cas d'atteinte à ces droits par d'autres que les organes étatiques. Suivant l'article 27 § 2 « Les droits et libertés de chaque personne s'exercent dans le respect du droit d'autrui, de la sécurité collective, de la morale et de l'intérêt commun. » Mais cela ne résout toujours pas la question posée de l'effet horizontal de la Charte. Selon la Commission, même si l'Etat ou ses agents ne sont pas directement en cause dans la violation des droits protégés, la responsabilité de l'Etat peut être engagée spécialement lorsque

---

[38] Voir com. 155/96 *Social and Economic Rights Action Center, Center for Economic and Social Rights c. Nigeria*, § 44 et s.

[39] Com. 218/98 *Legal Resources Foundation c. Zambie*, § 62.

celui-ci néglige d'assurer le respect des droits en cause[40]. En l'occurrence étaient visés des assassinats et des disparitions commis par des inconnus sans que des investigations aient été diligentées par l'Etat. D'où la conclusion que lorsque l'Etat faillit à son devoir de protection des personnes sous sa juridiction, il transgresse l'article 4 de la Charte relatif à l'inviolabilité et au respect du droit à la vie à l'intégrité physique de la personne. Il faut ajouter que l'article 27 de la Charte met à la charge des Etats la mission d'assurer la promotion et le respect des droits de l'Homme par l'enseignement, la culture et la diffusion.

4. La Charte africaine est connue pour ne pas comporter de clause de dérogation générale, contrairement à d'autres grands textes de protection des droits de l'Homme. Il est vrai que, autre spécificité, des devoirs sont imposés aux individus et donc par la force des choses ces devoirs jouent à la manière d'une limitation des droits (article 27 § 2). Le risque est cependant que ces devoirs soient utilisés par les Etats comme autant de justifications des restrictions qu'ils imposent. Un risque analogue résulte de ce que les dérogations n'étant pas prévues et donc pas encadrées, les Etats puissent y recourir de manière abusive et non susceptible de contrôle. Dans ce même esprit, la Commission a été amenée à tracer les contours exacts des limitations prévues par les dispositions relatives à un droit particulier. Certaines dispositions prévoient que le droit énoncé s'exerce dans le cadre des lois et règlements (par exemple, article 9 § 2: droit à l'information, article 10 § 1: droit de constituer des associations, article 12: droit de circuler librement). Le danger est bien entendu que le droit soit enserré dans des conditions telles par le droit interne que sa substance en est remise en cause. Consciente de cette dérive possible, la Commission a interprété le terme de « loi » comme visant autant le statut interne qu'international du droit ou de la liberté en cause. Comme l'a précisé la Commission, à propos de l'article 9 § 2 et du droit à l'information, les standards internationaux en matière de droit de l'Homme doivent toujours prévaloir sur le droit national contraire[41]. Et la Commission de

---

[40] Communication 71/92 *Rencontre africaine pour la défense des droits de l'Homme c. Zambie.*

[41] Com. 105/93, 130/94, 152/96 *Medias Rights Agenda and Constitutional Rights Projects c. Nigeria.*

justifier cette démarche apparemment *contra legem* par les articles 60 et 61 qui lui permettent de s'inspirer du droit international des droits de l'Homme[42]. Plus précisément, les raisons de la limitation doivent reposer sur un intérêt légitime, les inconvénients être proportionnels au regard des avantages escomptés et absolument nécessaires, et le droit ne pas devenir illusoire. Tout ceci n'est pas sans rappeler la jurisprudence de la Cour européenne des droits de l'Homme à propos des restrictions frappant certains des droits proclamés par la Convention européenne des droits de l'Homme.

b. – Les droits civils et politiques

Au gré des saisines dont elle été l'objet, la Commission a été amenée à compléter certaines dispositions de la Charte qui demandaient à l'être.

1. Ainsi de l'article 6 qui consacre de façon très ramassée le droit à la sécurité et celui de ne pas être privé de sa liberté arbitrairement ou d'être détenu arbitrairement. Il semblerait que cette disposition ait été inspirée de l'article 9 du Protocole international des droits civils et politiques, sauf que ce dernier est bien plus complet (il comporte cinq paragraphes). Dès lors et de façon prétorienne, la Commission a enrichi cet article 6 par diverses précisions telles que: un emprisonnement de 12 ans, 3 ans ou même trois mois sans possibilité de contestation judiciaire est une violation de l'article 6[43]. En droite ligne de cette jurisprudence, il a été décidé que ne pas libérer un détenu alors que celui-ci a purgé sa peine constitue aussi une violation de l'article 6[44]. Les arrestations et détentions discriminatoires, motivées par l'appartenance politique ou ethnique des victimes, méconnaissent

---

[42] Com. 105/93, 130/94, 152/96 *Medias Rights Agenda and Constitutional Rights Projects c. Nigeria.*

[43] Com. 64/92, 68/92, 78/92 *Krishna Achuthan, Amnesty International c. Malawi;* com. 102/93 *Constitutional Rights Project c. Nigeria;* com. 137/94, 139/94, 154/96, 161/97 *International Pen, Constitutional Rights Projects, Interights on behalf of Ken Saro-Wiwa c. Nigeria.*

[44] Com. 39/90 *Annette Pagnoulle (pour le compte d'Abdoulaye Mazou) c. Cameroun.*

aussi cette disposition[45]. Il en va de même lorsque les juridictions sont empêchées de statuer sur la légalité de ces détentions douteuses ainsi qu'il a été plusieurs fois jugé à propos du Nigeria[46].

2. Le *droit au procès équitable* est consacré à l'article 7; mais celui-ci laisse dans l'ombre des points importants (audiences publiques, double peine, droit de ne pas s'incriminer, etc.). Grâce à sa jurisprudence et à ses résolutions, la Commission a là aussi enrichi ce droit.

Ainsi, le droit de saisir les juridictions nationales compétentes a été sanctionné à propos des expulsions massives de réfugiés à qui aucune possibilité n'a été laissée de se tourner vers les instances juridictionnelles pour l'examen de leur situation[47]. De même, le Nigeria a été condamné à de nombreuse reprises pour violation du droit au procès équitable notamment parce qu'il avait fait perdre à ses juridictions le droit de statuer sur les décisions administratives prises au cours des dix années précédentes[48]. Cette disposition a également été interprétée comme incluant le droit d'appel.

Le droit à la défense consacré par l'article 7 § 1 c) a amené la Commission à condamner le harcèlement ou les menaces dont peuvent faire l'objet les conseils des victimes pendant le procès[49]. Bien entendu, il y a également violation de ce droit lorsque l'on est détenu sans procès. Ce droit emporte celui de comprendre les charges retenues à son encontre, ce qui implique dans certains cas le recours à un interprète[50].

---

[45] Com. 74/92 *Commission nationale des droits de l'Homme et des libertés c. Tchad; com. 27/89, 49/91, 99/93 Organisation Mondiale contre la Torture et Association internationale des juristes démocrates, Commission internationale des juristes, Union interafricaine des droits de l'Homme c. Rwanda.*

[46] Com. 137/94, 139/94, 161/97 *International Pen, Constitutional Rights Projects, Interights on behalf of Ken Saro-Wiwa Jr c. Nigeria.*

[47] Com. 71/92 *Rencontre africaine pour la défense des droits de l'Homme c. Zambie.*

[48] Com. 129/94 *Civil Liberties Organisations c. Nigeria.*

[49] Com. 87/93 *Constitutional Rights Projets c. Nigeria.*

[50] Com. 54/91, 61/91, 98/93, 164/97, 196/97, 210/98 *Malawi African Association, Amnesty International, Ms Sarr Diop, Union Interafricaine des droits de l'Homme, Collectif des veuves et ayants droit, Association mauritanienne des droits de l'Homme c. Mauritanie.*

La notion de « juridiction impartiale » visée à l'article 7 § 1 d) a été développée par la Commission qui, à l'occasion des cas concernant des tribunaux militaires ou d'exception, a fait ressortir l'idée que l'impartialité exigée s'appréciait d'un double point de vue, tout aussi important l'un que l'autre: la réalité et l'apparence[51].

Dans sa résolution sur le procès équitable (Rés. 4(XI)92), la Commission a affiné les exigences de l'article 7:

« a) Toute personne a droit à ce que sa cause soit entendue et tous les individus sont égaux devant les juridictions pour la détermination de leurs droits et obligations;

b) Les personnes arrêtées seront informées lors de leur arrestation, et dans une langue qu'elles comprennent, des motifs de leur arrestation; elles devront également être rapidement informées de toute retenue contre elles;

c) Les personnes arrêtées ou détenues comparaîtront rapidement devant un juge ou tout autre responsable légalement investi d'un pouvoir judiciaire; soit elles auront droit à un procès équitable dans un délai raisonnable, soit elles seront relaxées;

d) Les personnes accusées d'un délit pénal sont présumées innocentes jusqu'à l'établissement de la preuve du contraire par un Tribunal compétent; ».

Ce même texte recommande le recours à l'aide judiciaire pour ceux qui le nécessitent. Les personnes arrêtées doivent pouvoir être informées rapidement et dans un langage qui leur est accessible des raisons de leur arrestation. De même, les tribunaux militaires sont invités à respecter les canons du procès équitable et à s'abstenir de juger des civils. La Commission a déclaré que quelles que soient les qualités de leurs membres, leur simple existence pour juger des civils est contraire au principe d'impartialité (article 7 § 1 d précité)[52.]

---

[51] Com. 97/93 *Constitutional Rights Project (in respect of Zamani Lakwot and 6 others) c. Nigeria.*

[52] Com. 48/90 *Amnesty international, Comité loosli Bachelard, Lawyers Committee for Human Rights c. Soudan.*

c. – Les droits économiques, sociaux et culturels

S'agissant de cette catégorie de droits, il semblerait qu'au départ la Commission ait craint d'être submergée par des plaintes les concernant vu les difficultés économiques réelles, profondes et persistantes du continent africain. Aussi bien, une certaine priorité a paru être accordée aux droits civils et politiques[53].

Comme on l'a déjà mentionné, la Charte mentionne plusieurs droits de ce type tels que le droit d'user des biens et services publics (article 13 § 3), le droit de travailler dans des conditions équitables et satisfaisantes (article. 16 § 1), le droit à la santé (article 16 § 2), le droit à l'éducation (article. 17), le droit des peuples au développement économique social et culturel (article 22 § 1), à la libre disposition de leurs richesses nationales (article 21 § 1), à un environnement satisfaisant et global, propice à leur développement (article 24)...

On ajoutera une disposition potentiellement très intéressante, l'article 5 sur le droit au respect de la dignité humaine avec des prolongements possibles sur le droit à l'alimentation, le droit au logement, le droit au travail etc.

On relèvera que contrairement au Pacte des Nations Unies relatif aux droits économiques, sociaux et culturels, la Charte n'indique pas que la réalisation de ces droits doit être progressive. Sauf exception (article 16 § 1), ces droits semblent dès lors immédiatement exigibles. Comme la Commission a été amenée à le souligner « il n'y pas de droit dans la Charte que l'on ne puisse mettre en œuvre »[54].

De nombreuses affaires mêlent droits civils et politiques et droits économiques, sociaux et culturels. Ainsi, dans plusieurs communications portant sur des expulsions massives ou des déportations politiques, la Commission a conclu à l'atteinte combinée à l'article 5 sur le respect à la dignité humaine et à la

---

[53] C. A. ODINKALU, « Implementing economic, social and cultural rights », in: M. D. EVANS and R. MURRAY (ed.), *The African Charter on Human and Peoples' Rights: The System in Practice*, 1986-2000, Cambridge: Cambridge University Press, 2002, pp. 217-218.

[54] Voir com. 155/96 *Social and Economic Rights Action Center, Center for Economic and Social Rights c. Nigeria*, § 68.

protection et l'assistance dues par l'Etat à la famille[55]. Pour la Commission, ces expulsions en masse remettent en cause tout un ensemble de droits tels que le droit de propriété, le droit de travailler, le droit à l'éducation, l'obligation de l'Etat de protéger la famille...[56].

Dans une autre affaire, la Commission a considéré qu'affamer des prisonniers et ne pas leur fournir de soins équivalait à violer l'article 16 sur le droit à la santé[57]. Dans cette affaire portant sur l'esclavage, la Commission a condamné une telle pratique, considérant que le travail non rémunéré portait atteinte à la dignité de l'être humain. Pour ce faire, elle s'est basée sur, outre l'article 5 interdisant l'esclavage, la Déclaration universelle des droits de l'Homme (article 23 § 3 droit à une juste rémunération) et le Pacte international relatif aux droits économiques, sociaux et culturels (article 7).

Les dysfonctionnements et la paralysie de l'Etat, ponctuels ou persistants, se répercutent souvent sur le respect dû aux droits économiques, sociaux et culturels. Ainsi, un prisonnier non libéré à l'issue de l'exécution de sa peine voit nié son droit au travail, sans compter qu'il s'agit d'une détention arbitraire[58]. La corruption de l'Etat, la gestion déficiente des deniers publics et le défaut de fourniture des médicaments et d'eau potable à la population sont autant de transgressions du droit à la santé[59]. Dans ce même esprit, le non-paiement des enseignants avec comme conséquence

---

[55] Com. 212/98 *Amnesty International c. Zambie.*

[56] Com. 159/96 *Union interafricaine des droits de l'Homme, FIDH, Rencontre africaine des droits de l'Homme, Organisation nationale des droits de l'Homme au Sénégal et Association malienne des droits de l'Homme c. Angola.*

[57] Com. 54/91, 61/91, 98/93, 164/97, 210/98 *Amnesty International, Malawi African association, Me Sarr Diopp, Union interafricaine des droits de l'Homme, RADDHO, Collectif des veuves et ayants droit, Association mauritanienne des droits de l'Homme c. Mauritanie.*

[58] Com 39/90 *Annette Pagnoulle (pour le compte de Abdoulaye Mazou) c. Cameroun.*

[59] Article 18; com. 25/89, 47/90, 56/91, 100/93, *Free Legal Assistance Group, Lawyers Committee for Human Rights, Union interafricaine des droits de l'Homme, Les Témoins de Jéhovah c. Zaïre.*

l'impossibilité pour les étudiants de suivre leurs cours est contraire au droit à l'éducation[60].

La communication 155/96 *Social and Economic Rights Action Center, Center for Economic and Social Rights c. Nigeria* mérite une mention spéciale en raison de son très grand intérêt. En effet, le raisonnement de la Commission est particulièrement digne d'attention s'agissant du droit à l'alimentation et de celui au logement alors que ni l'un ni l'autre ne figurent expressément dans la Charte. Pour elle, le second est logiquement impliqué par le droit de propriété (article 14), le droit à la santé (article 16 § 1) et la protection due à la famille (article 18 § 1). Le premier est quant à lui rattaché à l'article 5 relatif à la dignité humaine alors que les auteurs de la plainte le voyaient lié au droit à la vie (article 4), au droit à la santé (article 18) et au droit au développement économique, social et culturel (article 22). Cela étant, le dispositif ne reprend pas ces constatations, sauf à mentionner la violation des dispositions d'où la Commission les fait dériver.

d. – Les droits dits de la troisième génération

On sait avec Kéba Mbaye que les droits de l'Homme dits de la troisième génération trouvent leur fondement dans la solidarité entre les Hommes et les Etats et exigent davantage que l'abstention (cas des droits de la première génération) ou la prestation (cas des droits de seconde génération). La Charte africaine en consacre deux: le droit au développement et à la paix et le droit à l'environnement[61].

Très éclairante est à cet égard la communication 155/96 (précitée) *Social and Economic Rights Action Center, Center for Economic and Social Rights c. Nigeria*. Dans cette affaire, la responsabilité du Nigeria a été recherchée pour avoir autorisé et participé à l'exploitation de puits de pétrole d'une manière telle

---

[60] Com. 104/94, 141/94, 145/95 *Constitutional Rights Project, Civil Liberties Organisation and Media Rights Agenda c. Nigeria.*

[61] « Les droits de l'Homme et des peuples. Introduction », in: Mohamed BEDJAOUI (dir.), *Droit international. Bilan et perspectives*, Paris, Pedone, 1991, vol. 2, p. 1125.

qu'atteinte a été portée à l'environnement et à la santé du peuple ogoni, ceci sans parler des exactions dont ce dernier fut victime.

Sans méconnaître le droit de l'Etat de mener des activités économiques, la Commission précise que le droit à un environnement satisfaisant impose des obligations claires au gouvernement en ce sens que celui-ci doit prendre les mesures raisonnables pour prévenir la pollution et garantir un développement écologiquement durable. Par la pollution commise en l'espèce, le droit à un environnement sain et celui à la santé ont été tous deux ignorés.

La Commission rappelle à cet égard que les gouvernements ont le devoir de protéger leurs citoyens non seulement en adoptant des législations appropriées et en les appliquant effectivement, mais également en les préservant d'activités préjudiciables émanant de personnes privées (§ 57). De ce fait, la Commission conclut que le droit des peuples à la libre disposition de leurs ressources naturelles a lui aussi été méconnu.

e. – Issue de la procédure

En cas de non-respect de la Charte, la Commission s'inspire volontiers de la démarche du Comité des droits de l'Homme. Face à des violations massives ou sérieuses des droits de l'Homme, la Commission attire l'attention de la plus haute instance de l'Organisation continentale, sans d'ailleurs que cet organe donne systématiquement suite à cette saisine[62]. Mais la Commission peut aussi faire dans la même situation des recommandations à l'Etat en cause[63]. S'agissant des autres communications révélant une transgression aux droits protégés, en premier lieu et généralement la Commission « déclare » ou « constate », « retient » (le cas échéant « réitère ») la violation de la ou des disposition(s) de la Charte applicable(s).

Ensuite elle adresse des recommandations à l'Etat: en substance l'Etat est invité à cesser son comportement illicite mais en plus à entreprendre diverses actions correctives. Ainsi, et selon le cas

[62] Exemple: communication 64/92, 68/92, 78/92, précitée.

[63] Voir communications jointes 27/89, 46/90, 49/91, 99/93, *Organisation mondiale contre la torture et autres c. Rwanda.*

considéré, peut-elle inviter l'Etat à prendre les mesures appropriées, l'« exhorter à abroger » ou amender telle loi et la remplacer par une nouvelle conforme à la Charte, fournir tels services, créer telle institution pour examiner les cas similaires à ceux objet de la communication[64], poursuivre en justice les responsables des violations dénoncées[65], faciliter le retour en toute sécurité du requérant en fuite car craignant pour sa vie[66], prendre les mesures appropriées pour reconnaître la citoyenneté au pétitionnaire[67], libérer les requérants[68], rejuger les plaignants, leur permettre de choisir les défenseurs de leur choix et améliorer leurs conditions de détention[69]. Dans l'affaire précitée 155/96 *Social and Economic Rights Action Center, Center for Economic and Social Rights c. Nigeria*, la Commission répertorie les différentes actions qu'elle attend de l'Etat nigérian: arrêter les attaques contre les populations victimes, enquêter sur les violations des droits de l'Homme commises, poursuivre en justice les coupables, compenser les préjudices subis, s'assurer dans le futur qu'une évaluation de l'impact social et environnemental soit faite pour tout projet d'exploitation pétrolière, informer sur les risques encourus par ces projets, permettre aux citoyens l'accès aux organes de régulation et de décision....

Dans ce même esprit, la Commission est allée jusqu'à préciser qu'un décret non conforme « puisse être annulé »[70]. Lorsque cela est justifié, elle demande aussi l'indemnisation du préjudice subi[71], sans cependant fixer le quantum de cette réparation laissant ce soin aux autorités nationales (« indemniser les victimes comme il se doit », communication 218/98 précitée). Il arrive aussi que le

---

[64] Communication 241/01 précitée; 228/99, *Law Office Ghazi Suleiman c. Soudan.*

[65] Communication 204/97, *Mouvement burkinabé des droits de l'Homme et des peuples c. Burkina Faso.*

[66] Communication 232/99, *John D. Ouko c. Kenya.*

[67] Communication 97/93, *John K. Modise c. Botswana.*

[68] Communication 87/93, *Constitutional Rights Project (pour le compte de Lekwot et autres) c. Nigeria.*

[69] Communication 151/96, *Civil Liberties Organisation c. Nigeria.*

[70] Communication 101/93, *Civil Liberties Organisation (pour le compte de l'association des barreaux) c. Nigeria.*

[71] Communications 103/93, *Abudakar c. Ghana*; 218/98, *Civil Liberties Organisation, Legal Defence, Assistant Project c. Nigeria...*

manquement au droit de propriété soit retenu mais que la Commission n'en tire aucune conséquence particulière dans le dispositif[72]. Généralement, le dispositif des communications frappe par son caractère précis et n'est pas sans rappeler celui d'une décision juridictionnelle comportant même des sortes d'injonctions, impression renforcée par le fait que la procédure suivie présente nombre de traits communs avec une procédure judiciaire (respect de l'égalité des armes notamment, charge de la preuve etc.). Pourtant, comme on le sait ces constatations de violation et ces recommandations de cessation de l'illicite[73] sont dénuées de tout caractère obligatoire. Et les Etats ne s'y trompent pas, eux qui ne semblent pas beaucoup enclins à exécuter les constatations de la Commission. On peut d'ailleurs se demander si cette dernière n'est pas d'autant plus poussée à entrer dans le détail des modalités d'exécution qu'elle sait que celles-ci ne sont pas contraignantes. Consciente donc de cette limite, la Commission recourt à des techniques de suivi et pour cela fait désormais siens les procédés expérimentés dans d'autres instances de protection internationale des droits de l'Homme (surtout le Comité des droits de l'Homme). Ainsi, demande-t-elle à l'Etat en faute de lui rendre compte des mesures prises lors de son prochain rapport[74] ou de la tenir informée des mesures prises[75]. Parfois, la Commission recourt à la mission prévue dans le pays concerné pour vérifier si les mesures correctives préconisées ont été mises en œuvre[76]. On a vu que lors de sa quarantième session, la Commission a décidé de passer à la publication des écarts relevés, et donc à la menace de rendre publique la persistance de la transgression constatée. En réalité, la Commission fait sienne une technique prévue pour la Cour africaine des droits de l'Homme et des peuples.

En effet, cette juridiction rend des arrêts définitifs (susceptibles toutefois, sous certaines conditions, de révision et d'interprétation)

---

[72] cf. communications 140/96, 141/94 et 145/95, *Constitutional Rights Poject, Civil Liberties Organisation et Media Rights Agenda c. Nigeria.*

[73] Voir en ce sens l'article 30 des articles de la CDI sur la responsabilité de l'Etat pour fait internationalement illicite

[74] Communications précitées 211/98 et 241/01.

[75] Com. 155/96, *Social and Economic Rights Action Center, Center for Economic Rights c. Nigeria.*

[76] Exemple du Nigeria à la suite de la communication 87/96 précitée.

et obligatoires, les Etats s'étant engagés à en assurer l'exécution dans le délai fixé par la Cour. L'arrêt est signifié aux parties et transmis aux Etats membres de l'UA ainsi qu'à la Commission. Il est également notifié au Conseil des ministres (Conseil exécutif de l'UA) qui veille à son exécution. Le Protocole de Ouagadougou n'indique cependant pas selon quelles modalités cette surveillance sera opérée. Quoi qu'il en soit, la Cour rédige un rapport annuel sur ses activités à l'intention de la Conférence (Conférence de l'UA) dans lequel elle mentionne les cas d'inexécution. Reste à savoir si cette publication-sanction suffira à inciter les Etats récalcitrants à se mettre en règle avec la décision rendue. L'expérience de la Cour européenne des droits de l'Homme et du Comité des ministres du Conseil de l'Europe devrait aider à trouver des solutions susceptibles de transposition.

Bibliographie

Ouvrages

- ANKRUMAH E., *The African Commission on Human Rights and Peoples' Rights, Practice and Procedure*, The Hague: Martinus Nijhoff, 1996.
- BURGORGUE-LARSEN L., *Libertés fondamentales*, Paris: Montchrestien, 2003.
- CRAWFORD J., *Les articles de la CDI sur la responsabilité de l'Etat, introduction, texte et commentaires,* Paris : Pedone, 2003.
- EVANS M.D. and MURRAY R. (ed.), *The African Charter on Human and Peoples' Rights: The System in Practice, 1986-2000*, Cambridge: Cambridge University Press, 2002.
- HANNUM H. (ed.), *Guide to International Human Rights Practice*, New York: Transnational Publishers Inc., 2000.
- MATRINGE J., *Tradition et modernité dans la Charte africaine des droits de l'Homme et des peuples*, Bruxelles: Bruylant, 1996.
- MBAYE M., *Les droits de l'Homme en Afrique*, Paris : Pedone, 2002.
- MURRAY R., *The African Commission on Human and Peoples' Rights and International Law*, Oxford: Hart Publishing, 2000.
- OUGUERGOUZ F., *La Charte africaine de droits de l'Homme et des peuples*, Paris: PUF, 1993 et *The African Charter on Human and Peoples' Rights*, The Hague: Martinus Nijhoff Publishers, 2003.
- ROUGET D., *Le guide de la protection internationale des droits de l'Homme*, Paris: La Pensée sauvage, 2000.
- SUDRE F., *Droit européen et international des droits de l'Homme*, Paris: PUF, 2006.
- TAVERNIER P. (dir.), *Recueil juridique des droits de l'Homme en Afrique 1996-2000*, Bruxelles: Bruylant, collection du CREDHO n° 2, 2002.
- YEMA E., *La Charte africaine des droits de l'Homme et des peuples*, Paris: L'Harmattan, 1996.

Articles et autres études
- BELLO J.G., « The African Charter on Human and Peoples' Rights: A Legal Analysis », *RCADI*, 1985-V, pp. 9-268.
- BOUKRIF H., « La Cour africaine des droits de l'Homme et des peuples: un organe judiciaire au service des droits de l'Homme et des peuples en Afrique », *RACDI*, 1998, vol. 10, pp. 61-87.
- CHAOUACHI N., « La Cour africaine des droits de l'Homme et des peuples », in R. BEN ACHOUR et H. LAGHMANI (dir.), *Justice et juridictions internationales*, Paris, Pedone, 2000, pp. 271-290.
- GHÉRARI H., « La Cour africaine des droits de l'Homme et des peuples », in G. LEBRETON (dir.), *Valeurs républicaines et droits fondamentaux de la personne humaine en 2003 et 2004*, Paris: L'Harmattan, 2006, pp. 169-183.
- MBAYE K., « Les droits de l'Homme et des peuples. Introduction », in Mohamed BEDJAOUI (dir.), *Droit international. Bilan et perspectives*, Paris: Pedone, 1991, vol. 2, pp. 1125.
- MUBIALA M., « La Cour africaine des droits de l'Homme et des peuples: mimétisme institutionnel ou avancée judiciaire ? », *RGDIP*, 1998, pp. 768-780.
- MUTUA M., « The African Human Rights Court: A Two-Legged Stool ? », *HRO*, 1999, vol. 21, pp. 342-363.
- OUGUERGOUZ F., « La Commission africaine des droits de l'Homme et des peuples: présentation et bilan d'activités (1988-1989) », *AFDI*, 1989, pp. 557-571.
- QUILLERÉ-MAJZOUB F., « L'option juridictionnelle de la protection des droits de l'Homme en Afrique », *RTDH*, 2000, pp. 729-784.
- SOW A.I., « Les juges de la Cour africaine des droits de l'Homme et des peuples », *RJPIC*, 2001, n° 1, pp. 38-54.
- UDOMBANA N.J., « So Far, So Fair: Remedies Rule in The Jurisprudence of The African Commission on Human and People' Rights », *A.J.I.L.*, vol. 97, 2003, pp. 1-37.
- VILJOEN F., « The Relevance of The Inter-American Human Rights System For Africa », *RADIC*, 1999, vol. 11, pp. 659-670.

Site Internet de la Commission africaine des droits de l'Homme et des peuples: www.achpr.org

Stéphane DOUMBÉ-BILLÉ

Je remercie très sincèrement le professeur Gherari pour cette présentation claire et compréhensive du cadre normatif de la Commission africaine, particulièrement en ce qui concerne sa mission de protection des droits consacrés par la Charte. Il en est de même des lignes de force de l'activité de cet organe central dans le mécanisme de garantie des droits, tracées avec son brio habituel par notre collègue. Le bilan d'une telle « jurisprudence » apparaît loin d'être négatif, bien entendu dans les limites juridiques et techniques qui tendent cependant à « corseter » l'activité de la Commission. Il ne serait pas inconcevable de considérer que l'activité future de la Cour africaine désormais installée y puise un ensemble de solutions tant de constance que de rupture. Je donne maintenant la parole à Roland Adjovi, Juriste à la CPI, pour évoquer la question du transfert d'affaire sous l'article 11*bis* du règlement de procédure et de preuve du TPIR à la lumière de l'affaire Bagaragaza.

LE TRANSFERT D'AFFAIRE SOUS L'ARTICLE 11*BIS* DU REGLEMENT DE PROCEDURE ET DE PREUVE DU TRIBUNAL PENAL INTERNATIONAL POUR LE RWANDA: L'AFFAIRE *MICHEL BAGARAGAZA*

par

Roland ADJOVI*
Juriste au Bureau du Conseil public pour les victimes,
Cour pénale internationale

Introduction

En novembre 2006, l'article 11*bis* du règlement de procédure et de preuve se lit comme suit:

Article 11*bis*: Renvoi de l'Acte d'accusation devant une autre juridiction

A) Après la confirmation d'un acte d'accusation, que l'accusé soit placé ou non sous la garde du Tribunal, le Président peut désigner une Chambre de première instance qui détermine s'il y a lieu de renvoyer l'affaire aux autorités de l'Etat:

i) sur le territoire duquel le crime a été commis,

ii) dans lequel l'accusé a été arrêté, ou

iii) ayant compétence et étant disposé et tout à fait prêt à accepter une telle affaire,

afin qu'elles saisissent sans délai la juridiction appropriée pour en juger.

---

* *Les opinions exprimées dans cet article me sont propres et ne sauraient être rattachées ni à la Cour pénale internationale, ni aux Nations Unies où j'ai travaillé antérieurement.*

B) La Chambre de première instance peut ordonner ce renvoi d'office ou sur la demande du Procureur, après avoir donné au Procureur et, lorsqu'il est placé sous la garde du Tribunal, à l'accusé, la possibilité d'être entendu.

C) Lorsqu'elle examine s'il convient de renvoyer l'affaire selon les termes du paragraphe A), la Chambre de première instance doit être convaincue que l'accusé recevra un procès équitable devant les juridictions de l'Etat concerné, et qu'il ne sera pas condamné à la peine capitale ni exécuté.

D) Lorsqu'une ordonnance est rendue en application du présent article:

i) L'accusé, s'il a été placé sous la garde du Tribunal, est remis aux autorités de l'Etat concerné;

ii) La Chambre de première instance peut ordonner que des mesures de protection prises pour certains témoins ou victimes demeurent en vigueur;

iii) Le Procureur doit communiquer aux autorités de l'Etat concerné toutes les informations relatives à l'affaire et qu'il juge appropriées et, notamment, les pièces jointes à l'acte d'accusation;

iv) Le Procureur peut envoyer des observateurs qui suivront, en son nom, l'action devant les juridictions de l'Etat concerné.

E) La Chambre de première instance peut délivrer à l'encontre de l'accusé un mandat d'arrêt, lequel doit spécifier l'Etat vers lequel il sera transféré pour être jugé.

F) A tout moment après qu'une ordonnance soit rendue en application du présent article et avant que l'accusé ne soit déclaré coupable ou acquitté par une juridiction interne, la Chambre de première instance peut, à la demande du Procureur et après avoir donné aux autorités de l'Etat concerné la possibilité d'être entendues, annuler l'ordonnance et demander officiellement le dessaisissement aux termes de l'article 10.

G) Si une ordonnance rendue en vertu du présent article est annulée par la Chambre, celle-ci peut demander officiellement à l'Etat concerné de transférer l'accusé au siège du Tribunal et l'Etat accède à cette demande sans retard, conformément à l'article 28 du Statut. La Chambre de première instance ou un juge peut également émettre un mandat d'arrêt contre l'accusé.

H) L'accusé ou le Procureur peut en droit interjeter appel de la décision de renvoyer ou non une affaire, rendue par la Chambre de première instance. L'acte d'appel doit être déposé dans les quinze jours de la décision à moins que l'accusé n'ait pas été présent ou représenté lors du prononcé de la décision, auquel cas le délai de dépôt court à compter de la notification de ladite décision à l'accusé.

L'essence de cet article est d'organiser la procédure selon laquelle le Tribunal peut renvoyer une affaire devant une juridiction nationale pour qu'elle y soit jugée. Cette procédure est particulièrement originale parce qu'elle n'existait pas à l'origine où la primauté des juridictions pénales internationales *ad hoc* était mise en avant. Elle est aussi originale en raison des conditions de sa mise en œuvre, et l'étude de l'affaire *Bagaragaza* nous semble en offrir une bonne illustration. Pour démontrer ces deux pans de son originalité, nous nous intéresserons successivement à l'histoire de l'article 11*bis*, puis à sa mise en œuvre dans l'affaire *Le Procureur c. Michel Bagaragaza.*

I. – Histoire de l'article 11*bis* du règlement de procédure et de preuve

De façon générale, dans les textes déterminant le droit applicable devant le Tribunal, les articles portant un indice *bis*, *ter*, *quater* ou autres n'existaient pas dans le texte initial. Ainsi lorsque les premiers juges se sont réunis à Arusha (Tanzanie) et ont adopté le règlement de procédure et de preuve le 29 juin 1995, il n'existait pas d'article 11*bis*. Un premier article 11*bis* apparaît dans le règlement à la douzième session plénière en juillet 2002. Ce nouvel article inspiré du règlement de procédure et de preuve du Tribunal pénal international pour l'ex-Yougoslavie (TPIY)[1] se lit comme suit:

Article 11*bis* – Suspension de l'acte d'accusation en cas de poursuites devant les juridictions internes

A) Lorsque, d'office ou sur la demande du Procureur, la Chambre de première instance estime:

i) Que les autorités de l'État dans lequel l'accusé a été arrêté (l'État ayant procédé à l'arrestation) sont disposées à le poursuivre devant leurs propres juridictions; ou

---

[1] Il faut souligner qu'au TPIY, cet article n'est né qu'en 1997 lors des amendements des 20 octobre et 12 novembre (IT/32/REV.12).

ii) Que les autorités d'un autre État (l'État de réception) sont disposées à faire et que les autorités de l'État ayant procédé à l'arrestation n'émettent pas d'objection; et

iii) Qu'il serait bon, compte tenu des circonstances, que les juridictions de l'État, de l'arrestation ou de la réception selon le cas, se saisissent de l'affaire.

La Chambre de première instance peut, après avoir donné à un accusé déjà placé sous la garde du Tribunal la possibilité d'être entendu, ordonner que l'acte d'accusation établi contre l'accusé soit suspendu, en attendant l'aboutissement de l'action engagée devant les juridictions internes.

B) Si une ordonnance est rendue en application du présent article:

i) L'accusé, s'il a été placé sous la garde du Tribunal, est remis aux autorités de l'État concerné;

ii) Le Procureur peut communiquer aux autorités de l'État concerné toutes les informations relatives à l'affaire qu'il juge appropriées;

iii) Le Procureur peut envoyer des observateurs qui suivront en son nom l'action devant les juridictions internes.

C) À tout moment après qu'une ordonnance a été rendue en application du présent article et avant que l'accusé soit déclaré coupable ou acquitté par une juridiction interne, la Chambre de première instance peut, à la demande du Procureur et après avoir donné aux autorités de l'État concerné la possibilité d'être entendues, annuler l'ordonnance et demander officiellement le dessaisissement aux termes de l'article 10.

D) Si une ordonnance rendue en vertu du présent article est annulée par la Chambre de première instance, celle-ci peut demander officiellement à l'État concerné de transférer l'accusé au siège du Tribunal et l'État accède à cette demande sans retard, conformément à l'article 28 du Statut. La Chambre de première instance ou un juge peut également émettre un mandat d'arrêt contre l'accusé.

D'abord il faut noter que cet article n'est intégré au règlement du TPIR que cinq ans après son adoption au TPIY. Ensuite il faut souligner que cette version de l'article 11*bis* organise déjà une autre forme de coopération que la primauté de la juridiction *ad hoc:* le Tribunal peut laisser une juridiction nationale connaître du procès d'une personne accusée devant lui. En l'espèce, il ne s'agit que d'une suspension de l'acte d'accusation en attendant l'aboutissement de la procédure interne. Mais ce n'était pas encore l'article 11*bis* actuel. Il faudra l'idée de la stratégie d'achèvement du mandat du Tribunal, dite *completion strategy*,[2] pour donner une nouvelle vie à l'article 11*bis*.

En effet, en juin 2002, le TPIY a fait le constat de l'impossibilité de juger toutes les personnes impliquées dans les événements survenus dans l'ex-Yougoslavie, et a soumis au Conseil de sécurité la nécessité de délocaliser certains procès[3]. A la suite de la présentation de ce rapport, une déclaration du président du Conseil de sécurité est adoptée où le Conseil « approuve [...] la stratégie générale énoncée » et prend note du projet de modification du règlement de procédure et de preuve pour « faciliter le renvoi des affaires aux juridictions nationales compétentes »[4]. C'est ainsi qu'à la fin de l'année 2002[5], l'article 11*bis* du règlement du TPIY est modifié pour organiser cette procédure de renvoi devant les juridictions nationales d'un acte d'accusation déjà confirmé, ceci étant une mesure pour accélérer l'achèvement du mandat du Tribunal. Il faut encore attendre avril 2004, pour qu'il soit adopté

---

[2] Sur la *completion strategy* du TPIR, voir: Jean-Pelé FOMETE, « Countdown to 2010: A Critical Overview of the Completion Strategy of the International Criminal Tribunal for Rwanda (ICTR) », in: E. DECAUX & M. SOW (eds.), *From Human Rights to International Criminal Law: Studies in Honour of an African Jurist, the Late Judge Laïty Kama/Des droits de l'Homme au droit international pénal: études en l'honneur d'un juriste africain, feu le juge Laïty Kama*, Leiden: Martinus Nijhoff Publishers, 2007, pp. 345-400.

[3] Document S/2002/678 intitulé Rapport sur la situation judiciaire du Tribunal pénal international pour l'ex-Yougoslavie et sur les perspectives de déférer certaines affaires devant les juridictions nationales, juin 2002. Il faut souligner que la stratégie d'achèvement du mandat du Tribunal a commencé dès 2000 avec l'institution des juges *ad litem* (voir le para. 5 du Rapport, ainsi que la résolution 1329 du 30 novembre 2000, Document S/RES/1329 (2000)). L'article 11*bis* n'est donc qu'une nouvelle mesure qui s'inscrit dans ce cadre.

[4] Document S/PRST/2002/21, 23 juillet 2002.

[5] Amendements des 10 octobre et 12 décembre 2002 (IT/32/REV.26).

au TPIR[6]. Le texte est resté depuis lors quasiment stable et s'articule autour des axes décrits ci-après.

i) D'abord la procédure de renvoi ne concerne que les actes d'accusation confirmés[7], de sorte que le procureur garde toute discrétion lorsque l'acte d'accusation n'a pas été confirmé[8].

ii) Ensuite, il faut noter le rôle du président à qui est accordé un pouvoir discrétionnaire de désigner la Chambre de première instance devant décider s'il y a lieu ou non de renvoyer une affaire. Il n'est pas inutile de souligner que l'exercice de ce pouvoir est indépendant de l'initiative qui est partagée: soit c'est le procureur qui demande le renvoi, soit c'est la Chambre de première instance qui, de sa propre initiative, décide du renvoi. Cette seconde possibilité est tout de même difficile d'application, car il est difficile d'apprécier l'enchaînement des faits. Il n'est qu'à considérer la série de questions suivantes: Quelle Chambre de première instance peut prendre une telle initiative ? Est-ce toute Chambre de première instance ? Ou seulement la Chambre désignée par le Président ? Dans le premier cas, une fois que la Chambre prend l'initiative, la prérogative du président de désigner la Chambre qui devra décider du renvoi, ou le refuser, s'applique-t-elle encore ? Si oui, comment ? Dans le second cas, à quel moment l'initiative intervient-elle ? Faute de pratique, cette imprécision demeure entière. Pourtant on peut bien imaginer que l'accusé qui n'a pas le droit d'initiative en l'espèce puisse susciter l'initiative de la Chambre de première instance: il est deux cas où des accusés ont demandé leur transfert, mais les Chambres ont rejeté en arguant que les accusés n'avaient pas le pouvoir de faire une telle demande[9].

---

[6] 14ème Session plénière des juges (http://69.94.11.53/ENGLISH/rules/040423/ICTR-Rules-Amendments-2004-May-EN-FR.pdf).

[7] Ceci paraît logique puisque la confirmation de l'acte d'accusation fait que le Tribunal est saisi, et le procureur n'a plus la maîtrise de l'évolution du dossier sanctionné par une décision de procédure.

[8] C'est ainsi que le procureur a annoncé avoir transmis des dossiers de suspects au Rwanda (voir *Hirondelle*, 24 mai 2005). Il peut d'autant plus agir de la sorte qu'aucun acte d'accusation n'avait été confirmé contre ces personnes.

[9] Voir *Le Procureur c. Augustin Ndindiliyimana et consorts*, affaire n° ICTR-2000-56-T, Décision relative aux requêtes de la défense tendant à la

iii) Une fois l'initiative prise, les Etats vers lesquels le renvoi peut se faire sont déterminés de façon limitative par le paragraphe 2 de l'article 11*bis*: soit l'Etat dans lequel les crimes ont été commis, soit l'Etat où l'accusé a été arrêté, soit un Etat qui, ayant compétence, serait disposé et prêt à juger l'accusé. S'agissant du TPIR et plus particulièrement de l'affaire *Bagaragaza*, les crimes ont été commis au Rwanda, et l'accusé s'est rendu de lui-même de sorte que son lieu d'arrestation, c'est la Tanzanie. La troisième catégorie d'Etat est plus ouverte, et pourrait permettre par exemple que l'accusé soit jugé dans n'importe quel autre pays pourvu que

---

suspension de l'instance et au report de la date d'ouverture du procès, assortie de l'exposé des motifs de la décision orale rendue par la Chambre le lundi 20 septembre 2004 (Chambre de première instance), 24 septembre 2004, paras. 9, 11 et 32. D'abord il faut souligner que le 20 septembre 2004, la Chambre avait oralement rejeté les requêtes de la défense sans donner sa motivation (http://69.94.11.53/ENGLISH/cases/Ndindiliyimana/minutes/2004/01-040920.pdf). Cette décision du 24 septembre vient donc motiver le rejet. Ensuite, il faut noter que, dans cette décision du 24 septembre 2004, la Chambre n'offre toutefois aucun raisonnement spécifique sur l'article 11*bis* du Règlement. La défense a voulu contester la décision devant la Chambre d'appel, arguant que les juges n'ont pas motivé le rejet, mais la Chambre n'a pas accordé l'autorisation de faire appel. Voir dans la même affaire, la décision relative à la requête de Ndindiliyimana en certification de l'appel de la décision datée du 24 septembre 2004 qui rejetait sa requête demandant le renvoi de son procès devant une juridiction nationale (Chambre de première instance), 6 avril 2005. La Chambre rejette la requête parce qu'elle aurait été déposée de façon tardive, la certification d'appel devant être demandée dans les 7 jours suivants la décision à contester.

Une autre décision a été plus explicite sur le rejet de la requête de l'accusé pour un renvoi, au motif que l'accusé n'avait pas le droit d'initiative. Voir *Le Procureur c. Emmanuel Rukundo*, affaire n°. TPIR-2001-70-PT, Décision relative à la requête de la défense aux fins de fixation de la date d'ouverture du procès ou, à défaut, du transfert de l'affaire devant une juridiction nationale (Chambre de première instance), 1er juin 2005, paras. 1, 7, 11, 20 et 21. Dans cette affaire, la Chambre rappelle son droit d'initiative, mais rejette cependant la requête en renvoi devant les juridictions suisses en affirmant que les autorités de la Confédération Helvétique avaient fait état de « la non disponibilité des juridictions suisses à recevoir l'affaire » (para. 21).

les deux conditions de la compétence et de la volonté de l'Etat soient remplies.

iv) Enfin, et ce n'est pas la moindre des conditions, la Chambre en examinant la question du renvoi, doit s'assurer que l'accusé bénéficiera d'un procès équitable dans le pays de renvoi.

En comparant le texte de l'article 11*bis* tel qu'il existe au TPIR avec le texte du même article 11*bis* dans le règlement de procédure et de preuve du TPIY, on notera deux différences relativement importantes. D'abord au TPIY, c'est une formation de renvoi qui est saisie dans le cadre de l'article 11*bis*, et non une Chambre de première instance[10]. Ensuite il est expressément fait mention de la résolution 1534 pour que, dans l'examen du renvoi, la formation spéciale tienne compte de la gravité des crimes allégués et du degré de responsabilité de l'accusé. Une telle référence avec la condition explicite de la gravité des crimes combinée avec le degré de responsabilité de l'accusé n'est pas inscrite au règlement du TPIR, même si cela n'entraîne pas qu'il ne puisse pas en être tenu compte dans une décision de renvoi.

L'histoire de l'article 11*bis* du règlement ainsi retracée brièvement, il nous faut maintenant nous intéresser à sa mise en œuvre dans l'affaire *Bagaragaza*.

II. – L'affaire *Le Procureur c. Michel Bagaragaza*

Michel Bagaragaza était le directeur des usines de thé en 1994. Selon le procureur, Michel Bagaragaza aurait permis et encouragé que des personnes sous son autorité prennent une part active au

---

[10] La question de la formation devant examiner la requête en renvoi n'est pas anodine. Le statut respectif des deux tribunaux pénaux internationaux créé trois organes, le procureur, le greffier et les Chambres, et divise les chambres en Chambres de première instance et en Chambre d'appel avec des indications plus ou moins précises sur leur composition. Or les juges du TPIY en assemblée plénière ont créé une formation spéciale qui est celle de renvoi, avec une composition similaire à celle des Chambres de première instance, mais non identique. Ainsi la formation de renvoi comprend trois juges mais ils sont tous trois des juges permanents. L'interrogation spontanée est alors celle de la compétence de l'assemblée plénière d'opérer une telle création.

génocide survenu au Rwanda entre avril et juillet 1994. Concrètement, Bagaragaza aurait ordonné à certains des employés de l'usine de thé de conduire des miliciens et des membres de la garde présidentielle sur des lieux de massacre. Il aurait aussi financé les *interahamwe*, tout en participant à la collecte de fonds à leur profit. Pour ces faits, le procureur a obtenu la confirmation de trois chefs d'accusation: entente en vue de commettre le génocide, génocide et alternativement complicité dans le génocide.

2.1. Les circonstances propres à l'affaire *Bagaragaza*

Avant même que le procureur ne soumette un acte d'accusation à son encontre, Michel Bagaragaza a rencontré le procureur à plusieurs reprises pour rapporter sa version des faits, et indiquer les responsabilités des uns et des autres, y compris la sienne propre. Au terme de ces rencontres, il a signé un accord avec le procureur pour sa protection en tant que repenti, et la protection de ses proches. Ainsi par exemple, l'accord prévoit la prise en charge de sa famille[11]. En relation avec la mise en œuvre de l'article 11*bis*, le procureur s'est engagé dans cet accord à ne pas poursuivre Bagaragaza devant le TPIR mais à requérir la coopération d'un Etat dont les juridictions nationales auront à connaître son procès[12]. C'est dans ces conditions que le procureur a sollicité et obtenu la confirmation d'un acte d'accusation contre Michel Bagaragaza le 28 juillet 2005. L'accusé s'est ensuite rendu volontairement le 16 août 2005 et a comparu devant la juge Ramaroson, pour plaider non coupable des trois chefs d'accusation. Sur la demande confidentielle du procureur avant même que l'accusé ne se rende, le président du Tribunal avait ordonné le 13 août 2005, une mesure de protection spéciale, à savoir la détention à La Haye (Pays-Bas),

---

[11] Voir: *Le Procureur c. Protais Zigiranyirazo*, affaire n° ICTR-2001-73-T, Decision on Defence and Prosecution Motions Related to Witness ADE (Chambre de première instance), 31 janvier 2006, paras. 9-24.

[12] Voir: *Le Procureur c. Michel Bagaragaza*, affaire n° ICTR-2005-86-R11*bis*, Decision on Prosecution Motion for Referral to the Kingdom of Norway (Chambre de première instance), 19 mai 2006, para. 2. Voir aussi: *Le Procureur c. Michel Bagaragaza*, affaire n° ICTR-2005-86-AR11*bis*, Decision on Rule 11*bis* Appeal, para. 3.

au lieu d'Arusha[13]. Cette mesure valait pour une période de 6 mois qui devait expirer à la mi-février 2006. Le procureur en déposant sa requête pour le transfert devant le président du Tribunal a, parallèlement, sollicité et obtenu le renouvellement de la mesure de protection[14]. Il a ainsi exprimé l'espoir qu'une décision serait prise avant le terme de cette nouvelle période de 6 mois. Conformément à l'article 11*bis* du règlement, le président a désigné la Chambre de première instance III composée des juges Byron, Reddy et de Silva pour examiner la requête du procureur[15]. Il faut souligner ici que ces trois juges sont des juges permanents affectés séparément aux trois Chambres de première instance: le juge Byron est affecté à la Chambre de première instance III, le juge de Silva à la Chambre II, et le juge Reddy à la Chambre I. Il faut aussi noter que dans sa décision, le président a indiqué que c'est le juge Byron qui préside la Chambre, bien que, selon le règlement de procédure et de preuve, les juges d'une Chambre de première instance doivent élire le président de la Chambre.

C'est donc à la Chambre de première instance III ainsi composée d'un juge permanent de chacune des trois chambres, que les parties ont présenté leurs arguments.

2.2. Les prétentions autour du transfert

Pour le **procureur**, la demande de transfert du dossier *Bagaragaza* au Royaume de la Norvège s'est fondée sur l'article 11*bis*. Le procureur a procédé par élimination, en excluant tout transfert vers le Rwanda et la Tanzanie. S'agissant du Rwanda, le procureur affirme, à mots couverts, son doute que les conditions liées à la peine de mort et aux droits de l'accusé puissent être respectées, et se dit disposé à reconsidérer sa position pour d'autres

---

[13] Voir: *Le Procureur c. Michel Bagaragaza*, affaire n° ICTR-2005-86-I, Order for Special Detention Measures (Président), 13 août 2005.

[14] Voir: *Le Procureur c. Michel Bagaragaza*, affaire n° ICTR-2005-86-I, Order for the Continued Detention of Michel Bagaragaza at the ICTY Detention Unit in The Hague, The Netherlands (Président), 17 février 2006.

[15] Voir: *Le Procureur c. Michel Bagaragaza*, affaire n° ICTR-2005-86-PT, Designation of Trial Chamber Under Rule 11*bis* (Président), 21 février 2006.

dossiers si la communauté internationale apportait l'assistance nécessaire pour que le Rwanda puisse remplir ces conditions[16]. Au surplus, le procureur a indiqué que, même si toutes les conditions étaient remplies, il y a une forte motivation politique que la responsabilité de poursuivre les responsables des crimes survenus au Rwanda en 1994 soit partagée par tous les Etats du monde.

Quant à la République unie de Tanzanie, le procureur a exclu tout transfert en se fondant sur l'accord de siège qui exclut toute compétence de l'Etat d'accueil sur les personnes poursuivies par le Tribunal[17].

Ayant ainsi écarté l'éventualité d'un transfert vers le Rwanda ou la Tanzanie, le procureur rapporte la disponibilité du Royaume de Norvège pour juger Michel Bagaragaza. Le procureur a produit à cet effet un échange de correspondances avec les autorités norvégiennes compétentes, certaines de ces correspondances datent d'avant la confirmation de l'acte d'accusation. Pour se conformer à la lettre de l'article 11*bis* A) iii) qui veut que l'Etat « ait compétence » et « soit disposé et tout à fait prêt à accepter une telle affaire », le procureur a soutenu à la suite des affirmations des autorités norvégiennes, que la Norvège se fonderait sur la compétence universelle pour asseoir la compétence des ses juridictions *ratione loci*. Sur le fond de la qualification des faits, le procureur reconnaît que le droit pénal norvégien ne connaît pas le crime de génocide dans aucune de ses formes (entente, complicité, etc.), et que, conformément à la prétention norvégienne, Michel

---

[16] Prosecutor's Request for Referral of the Indictment to Another Court, 15 février 2006, Document TRIM n° ICTR-05-86-0007 (http://trim.unictr.org/webdrawer/rec/73526/), para. 12. « The Prosecutor remains committed to request transfers of cases to Rwanda once he can satisfy the requirements of Rule 11*bis*, particularly as these have now been defined in litigation on a similar rule before the ICTY Referral Bench and Appeals Chamber. » Le procureur a aussi mentionné expressément les conditions de non application d'une peine de mort, et du droit de l'accusé à un procès équitable. Voir aussi: Prosecutor's Submissions Pursuant to Order for Further Submissions Concerning the Motion for Referral of Indictment to the Kingdom of Norway", 6 avril 2006, Document TRIM n° ICTR-05-86-0018/0 (http://trim.unictr.org/webdrawer/rec/76255/).

[17] *Idem*, para. 14.

Bagaragaza serait poursuivi pour un crime associé à un assassinat et encourrait une peine de 21 ans d'emprisonnement[18].

Enfin, le procureur ajoute d'une part que le critère du degré de gravité des crimes allégués et de la responsabilité de l'accusé ne devrait pas s'appliquer en arguant que le Conseil de sécurité n'en avait pas fait une obligation pour le Tribunal[19]. D'autre part, le procureur a informé la Chambre que la Norvège n'a pas consenti à accorder un titre de séjour à l'accusé après l'exécution d'une peine éventuelle d'emprisonnement.

L'**accusé**, pour sa part, soutient entièrement la requête de l'accusation. Il avait déjà donné son accord de principe au procureur qui a joint sa lettre en annexe à sa requête. Dans sa réponse à la requête, l'accusé a toutefois fait deux demandes additionnelles[20]. La première est triviale et a trait à une assistance juridique internationale: Bagaragaza demande, en cas de transfert, à pouvoir continuer à bénéficier des services de l'avocat qui lui a été commis d'office, pour s'assurer qu'il aura un avis approprié en droit international pénal et en droit international des droits de l'Homme, en ce qui concerne son droit à un procès équitable. Une telle demande n'exclut pas l'assistance juridique d'un avocat spécialiste de droit pénal norvégien. La seconde consiste à l'obligation pour le Tribunal pour prendre des mesures pour sa relocalisation au terme d'une peine éventuelle ailleurs qu'en Afrique. Cela semble s'inscrire dans la ligne des mesures de protection dont sa famille a déjà bénéficié. Et il faut noter que le procureur soutenait cette demande en concluant qu'il y avait une obligation pour les Etats membres des Nations Unies de coopérer avec le Tribunal, y compris en ce sens. Or c'est un secret de

---

[18] *Idem*, paras. 16-21.

[19] *Idem*, paras. 24-25.

[20] Voir la note de bas de page 6 de la décision du 19 mai 2006. Voir aussi: Defence Response to "Prosecutor's Request for Referral of the Indictment to Another Court", 20 février 2006, Document TRIM n° ICTR-05-86-0010 (**http://trim.unictr.org/webdrawer/rec/73540/**); Defence Submissions Purs-uant to Trial Chamber "Order for Further Submissions Concerning the Motion for Referral of the Indictment to the Kingdom of Norway" of 23 March 2006, 30 mars 2006, Document TRIM n° ICTR-05-86-0016 (http://trim.unictr.org/webdrawer/rec/75731/).

polichinelle que même des personnes acquittées ont eu beaucoup de mal à trouver une terre d'accueil[21].

Quant à la **Norvège**, elle a exposé son droit pénal qui n'inclut pas le crime de génocide, bien que la Convention soit partie à la Convention de 1948 depuis 1949[22]. Selon la Norvège, sa compétence pour connaître des crimes commis au Rwanda contre des non-Norvégiens serait fondée sur la compétence universelle dans sa dimension territoriale et non dans sa dimension substantielle de l'incrimination[23]. Dans ses échanges avec le procureur, la Norvège avait toutefois posé une condition: que le renvoi devant les juridictions norvégiennes n'implique pas une obligation pour la Norvège d'accorder un titre de séjour quelconque après le procès, ou l'exécution d'une peine éventuelle.

Enfin, le **greffier** a déposé des observations sur la base de l'article 33 B) du règlement[24], mais sous le sceau de la

[21] Le premier acquitté du Tribunal, Ignace Bagilishema, a certainement été le plus chanceux, en ayant obtenu une résidence en France dès le jugement, en attendant l'arrêt de la Chambre d'appel. Lorsque André Ntagerura et Emmanuel Bagambiki seront acquittés le 25 février 2004, par la Chambre de première instance III, ils ne pourront pas bénéficier effectivement de leur liberté recouvrée, faute de pays d'accueil. Même après la confirmation de l'acquittement par une décision exceptionnelle du 8 février 2006, la motivation n'ayant été rendue qu'en juillet 2006, et l'ordonnance spécifique de la Chambre d'appel pour que le greffier prenne « sans aucun délai toute mesure nécessaire afin de donner plein effet à la confirmation de l'acquittement », Ntagerura et Bagambiki resteront encore en résidence surveillée quelques mois. Voir: *Le Procureur c. André Ntagerura, Emmanuel Bagambiki, Samuel Imanishimwe*, affaire n° ICTR-99-46-A, Dispositif de l'arrêt concernant l'appel du procureur s'agissant de l'acquittement d'André Ntagerura et Emmanuel Bagambiki (Chambre d'appel), 8 février 2006, et arrêt (Chambre d'appel), 7 juillet 2006.

[22] Dans la décision du 19 mai 2006, il apparaît à la note de page 11 que la Norvège était partie depuis le 22 juillet 1994. Il s'agit certainement d'une erreur par inversion des deux derniers chiffres de l'année.

[23] Voir la décision du 19 mai 2006, à la note de bas de page 11.

[24] L'article 33 du règlement relatif aux fonctions du greffier, énonce dans son paragraphe B): « Le Greffier peut, dans l'exécution de ses fonctions, informer les Chambres oralement ou par écrit de toute question relative à une affaire particulière qui affecte ou risque d'affecter l'exécution de ses fonctions, y compris l'exécution des décisions judiciaires, en informant les parties lorsque cela est nécessaire. »

confidentialité. On peut toutefois imaginer que le greffier en tant qu'exécutant des mesures judiciaires ne serait pas favorable aux demandes de l'accusé qui ont une implication financière pour le Tribunal. D'ailleurs en réponse au mémoire du greffier, la défense a présenté des arguments supplémentaires sur l'obligation du Tribunal de s'assurer de sa relocalisation après le procès ou l'exécution de toute peine éventuelle[25]. Ceci conforte notre prospective sur le contenu des observations du greffier. Dans la décision, il n'est toutefois fait qu'une mention rapide de ces observations, sans aucune discussion autour de son objet; ce qui nous amène à penser que la Chambre n'a pas eu à débattre dans la décision des questions qui y étaient abordées.

Aucune autre personne publique ou privée n'a fait de soumission bien que la Chambre ait émis une ordonnance le 23 mars 2006 où elle rappelait l'article 74 relatif à l'*amicus curiae.* Ce n'est que le 19 mai, le jour même où la décision de la Chambre est rendue, qu'une note verbale du Rwanda a été transmise à la Chambre par le président du Tribunal. Le Rwanda demandait alors à être invité à faire des observations avant que la Chambre ne statue sur la requête. Il faut s'interroger à la fois sur le délai que le Rwanda a mis à réagir de la sorte face à une requête datant de la mi-février 2006, et sur la procédure car le Rwanda aurait pu soumettre ses observations directement sur la base de l'article 74 ou sur la base de l'ordonnance du 23 mars 2006. La Chambre a rejeté la demande en arguant que la solution à laquelle elle a abouti au terme de l'examen de la requête n'affecterait pas les intérêts rwandais[26].

Ce sont donc là les arguments qui, dans un concert harmonieux, soutenaient la demande de transfert. L'harmonie démontre bien une concertation préalable entre les parties, chacune ayant exprimé exactement la position que le procureur lui prêtait dans sa requête initiale. Pourtant la Chambre n'en sera pas pour autant convaincue.

---

[25] Voir: Defence Clarification of Defence Submissions Filed on 30 March 2006, and Defence Response to "The Registrar's Submissions in Respect of 'The Prosecutor's Request for Referral of the Indictment to Another Court'", 26 avril 2006, Document TRIM n° ICTR-05-86-0021/01 (http://trim.unictr.org/webdrawer/rec/77337/).

[26] Le paragraphe 4 de la décision du 19 mai 2006 est consacré à cet incident de procédure.

2.3. Le rejet de la demande de transfert vers la Norvège

En effet, dans sa décision du 19 mai 2006, la Chambre de première instance s'est opposée au renvoi en raison de l'absence de compétence *ratione materiae* du Royaume de Norvège où le crime de génocide n'est pas légalement établi.

D'abord dans son analyse, la Chambre a identifié trois conditions qui doivent être réunies pour un renvoi: d'abord la compétence de l'Etat de renvoi, le fait que l'accusé y connaîtrait un procès équitable et le fait qu'une peine de mort ne serait pas appliquée à son encontre. Ces trois conditions découlent de la lettre de l'article 11*bis* du règlement. Il faut seulement souligner que la question de la compétence se déroule en trois alternatives:

(i) soit il s'agit de l'Etat où les crimes ont été commis, et il s'agit là d'une compétence pénale classique qu'on retrouve dans tous les systèmes juridiques du monde;

(ii) soit il s'agit de l'Etat où l'accusé a été arrêté, et, indirectement, il est déjà question de compétence universelle car le lieu de résidence ou d'arrestation n'est pas un critère commun à tous les systèmes du monde de rattachement en matière pénale;

(iii) soit il s'agit d'un tout autre Etat qui a compétence et qui a la volonté et les moyens de connaître du procès; dans ce cas la compétence universelle est encore plus étendue, dans le respect de la souveraineté nationale toutefois puisque le consentement de l'Etat de renvoi est requis.

Le raisonnement de la Chambre était simple: il faut vérifier si chacune des trois conditions est remplie s'agissant d'une demande de renvoi vers la Norvège, en commençant par la question de la compétence.

L'article 11*bis* du règlement, lorsqu'il énonce que l'Etat doit avoir la *compétence*, ne spécifie rien de plus. L'originalité du raisonnement de la Chambre aura été de rappeler que cet article ne saurait être lu de façon détachée du statut où la compétence est définie dans quatre dimensions: compétence matérielle, compétence personnelle, compétence temporelle et compétence territoriale. De l'avis de la Chambre, il faut donc rechercher si l'Etat de renvoi qui n'est ni l'Etat où les crimes ont été commis ni l'Etat où l'accusé a été arrêté, a compétence sur ces quatre plans[27]. Or le raisonnement des parties et de la Norvège a été de s'en tenir à la compétence territoriale en entretenant un flou sur les autres formes de compétence, et surtout la compétence matérielle. Pour la Chambre, c'est d'ailleurs le seul aspect non couvert par les arguments avancés par les parties et la Norvège.

De l'avis de la Chambre, il est évident que la Norvège n'a pas compétence pour les crimes inscrits à l'acte d'accusation contre Michel Bagaragaza, et elle se fonde pour cela sur les propos même des autorités norvégiennes, propos tenus d'abord dans les échanges avec le procureur, puis en réponse à l'ordonnance du 23 mars 2006. La Norvège bien qu'ayant ratifié la convention sur la prévention et la répression du crime de génocide ne l'a jamais intégrée dans son droit national, opération nécessaire dans le système dualiste qui est le sien.

L'opposition de la Chambre est toutefois nuancée par des éléments additionnels qu'elle apporte à son raisonnement. De l'avis de la Chambre, les crimes allégués dans l'acte d'accusation sont différents dans leurs éléments et dans leur gravité du crime pour lequel Michel Bagaragaza serait poursuivi en Norvège si le renvoi était autorisé[28]. Autrement dit, si le crime pour lequel la Norvège serait compétente était proche du crime allégué dans l'acte d'accusation, la discussion sur la compétence norvégienne aurait peut-être pris une autre tournure. A l'appui du raisonnement de la Chambre, il faut rappeler que Michel Bagaragaza était

[27] Voir le paragraphe 13 de la décision du 19 mai 2006.

[28] Para. 16 de la décision du 19 mai 2006: « In addition, the Chamber recalls that the crimes alleged – genocide, conspiracy to commit genocide and complicity in genocide – are significantly different in term of their elements and their gravity from the crime of homicide, the basis upon which the Kingdom of Norway states that the charges may be laid against the Accused under its domestic law. The Chamber notes that the crime of genocide is distinct in that it requires the "intent to destroy, in whole or in part, a national, ethnical, racial or religious group, as such". This specific intent is not required for the crime of homicide under Norwegian criminal law. Therefore, in the Chamber's view, the *ratione materiae* jurisdiction, or subject matter jurisdiction, for the acts alleged in the confirmed Indictment does not exist under Norwegian law. Consequently, Michel Bagaragaza's alleged criminal acts cannot be given their full legal qualification under Norwegian criminal law ».

poursuivi pour génocide, crime comportant l'élément intentionnel propre d'une volonté de détruire en tout ou en partie le groupe victime, élément spécial qui ne se retrouverait dans aucun autre crime. Une telle précision dans l'analyse de la Chambre constitue un indice certain dont le procureur devra tenir compte à l'avenir, si tant est que l'analyse de la Chambre acquiert la force juridique nécessaire avec une sanction de la Chambre d'appel ou du temps combinée avec d'autres décisions dans le même sens.

Face à une telle position des juges de première instance, il y avait peu de doute que le procureur n'use pas de son droit d'appel. Conformément à l'article 11*bis* H) du règlement l'accusé et le procureur disposaient de quinze jours pour faire appel. C'est le procureur qui réagira le premier en déposant le 1er juin 2006, non un mémoire d'appel, mais une notification de son intention de faire appel où il mentionne les points de droit qu'il compte soulever[29]. Il demandait en même temps à la Chambre d'appel d'émettre un calendrier pour les conclusions des parties. Il faut noter que c'est une approche subtile pour ne pas être forclos, tout en ne respectant pas les délais tels qu'établis par l'article 11*bis* H) du règlement. Ceci n'a certainement pas échappé aux juges de la Chambre d'appel puisque, en répondant avec diligence à cette requête de procédure, le 8 juin 2006, la Chambre rappelle que la procédure de l'article 11*bis* H) est claire et que les parties avaient quinze jours pour la saisir. Toutefois, dans la mesure où c'est la première fois que la procédure de renvoi est engagée devant le TPIR, la Chambre d'appel ordonne que le délai de quinze jours ne coure qu'à compter de son ordonnance[30].

Pour le **procureur**, la Chambre de première instance a commis une erreur de droit en recherchant si les crimes poursuivis dans l'acte d'accusation constituaient des crimes en droit pénal norvégien, alors qu'il aurait dû se contenter de vérifier si l'Etat de renvoi avait compétence sur les faits, et avait exprimé la volonté et

---

[29] Voir: Prosecutor's Notice of Appeal [Rule 11*bis*(H)], 1er juin 2006, Document TRIM n° ICTR-05-86-0023 (http://trim.unictr.org/webdrawer/rec/78724/).

[30] Voir: *Le Procureur c. Michel Bagaragaza*, affaire n° ICTR-05-86-AR11*bis*, Decision on the Prosecution's Request for a Scheduling Order (Chambre d'appel), 8 juin 2006, paras. 3-4.

les moyens de poursuivre la personne accusée ou pas[31]. Le procureur demandait à la Chambre d'appel de casser la décision du 19 mai 2006, mais aussi de trancher au fond, en autorisant le renvoi de l'accusé devant les juridictions norvégiennes.

Comme en première instance, la **défense** a suivi l'argumentaire du procureur, sans coup férir[32]. La défense a aussi ajouté de nouveaux motifs que la Chambre d'appel n'a toutefois pas considérés, dans la mesure où la défense n'avait pas fait appel de la décision du 19 mai 2006[33].

Le **Royaume de Norvège** subtilement a déposé une requête en *amicus curiae* incluant des arguments en droit qu'il souhaite porter à la connaissance de la Chambre d'appel[34]. Ces arguments en droit tendent à démontrer que le génocide peut bien être poursuivi en droit pénal norvégien, sur la base de la convention de 1948 combinée avec une certaine pratique norvégienne de textes généraux en matière pénale que les juges interprètent généreusement. Toutefois quand on lit bien ce mémoire de la Norvège, tout semble identique: la Norvège poursuivrait Bagaragaza pour un homicide, tout autre élément propre aux crimes allégués devant le TPIR ne serait pris en compte qu'au titre des circonstances aggravantes. Par ailleurs, en insistant qu'elle a compétence, la Norvège n'a pas pu citer dans son analyse un seul cas de jurisprudence condamnant le crime de génocide, mais

---

[31] Voir: Prosecutor's Appeal Brief (Rule 11*bis* (H)), 23 juin 2006; et Prosecutor's Motion for Clarification on the Length of a Brief on Appeal Pursuant to Rule 11*bis* OR Permission to File a Brief of a Certain Length, 23 juin 2006, Document TRIM n° ICTR-05-86-0029/01 (http://trim.unictr.org/webdrawer/rec/79437/). Là encore il faut noter que le procureur a fait preuve de « ruse », en déposant des conclusions en appel qui ne respectent pas la forme, et en déposant une requête pour clarification de la procédure en appel combinée avec une requête en autorisant de dépasser la limite du volume du mémoire.

[32] Voir: Defence Response to Prosecutor's Appeal Brief [Rule 11*bis*(H)], 28 juin 2006, Document TRIM n° ICTR-05-86-0032 (http://trim.unictr.org/webdrawer/rec/79544/).

[33] Voir la décision du 30 août 2006, para. 6.

[34] Voir: *Amicus Curiae* Brief Filed by the Kingdom of Norway, 26 juin 2006.

seulement un cas de crime de guerre après la second guerre mondiale[35]. Ce mémoire en *amicus curiae* appelle deux remarques.

i) D'abord on ne peut pas ne pas relever la contradiction entre la position que la Norvège soutient devant la Chambre d'appel sur sa compétence, et celle qu'elle a soutenue en première instance: devant cette dernière Chambre, elle a dit et répété que le crime de génocide n'existait pas en droit pénal norvégien; tandis qu'en appel elle vient dire que, sans que le crime de génocide n'existe formellement dans son droit, le juge peut toujours condamner pour ce crime; *quid* du principe de légalité propre à tout système pénal ? Peut-être que ce principe n'est pas, en droit norvégien ! En lisant attentivement le mémoire norvégien en *amicus curiae*, il apparaît toutefois clairement que le propos est intentionnellement confus, pour mieux cacher le fond, car en concluant favorablement sur sa compétence *ratione materiae* contrairement à ce qu'en dit la décision du 19 mai 2006, la Norvège maintient bien que le crime pour lequel Bagaragaza serait poursuivi, serait l'homicide et non le génocide[36].

ii) Ensuite, on peut s'interroger sur le recours même à l'article 74 relatif à l'*amicus curiae* en l'espèce. La Norvège n'est certes pas partie à l'instance, mais elle reste intéressée par l'aboutissement de la procédure, de sorte qu'elle nous semble avoir un droit à être entendue. Ce d'autant plus que le procureur demande à la Chambre d'appel de substituer sa décision à celle de la Chambre de première instance en ordonnant le renvoi: l'article 11*bis* ne prévoit pas expressément que l'Etat de renvoi soit entendu au cours de l'examen de la demande, mais c'est une pratique établie d'entendre cet Etat[37]. Toutefois la Chambre d'appel est restée succincte en se

---

35 *Idem*, paras. 16-17.

36 *Idem*, paras. 28-32.

37 Dans le cadre du TPIR, il est difficile de parler d'une pratique alors qu'il n'y a eu qu'un seul précédent (ordonnance du 23 mars 2006). L'affirmation de l'existence d'une pratique résulte de la jurisprudence et des nombreux précédents devant la formation de renvoi du TPIY. Voir dans les affaires *Rahim Ademi and Mirko Norac* (décision du 20 janvier 2005), *Radovan Stankovic* (décision du 9 février 2005), *Dragomir Milosevic* (décision du 9 février 2005), *Zelko Majakic, Momcilo Gruban, Dusan Fustar, Dusko Knezevic* (décision du 9 février 2005), *Mitar Rasevic & Savo Todovic* (décision du 14 avril 2005), *Gojko Jankovic* (décision du

contentant d'accéder à la demande de participation de la Norvège (para. 7).

Mais aucun de ces arguments n'a prospéré devant la Chambre d'appel qui, bien que semblant mal à l'aise, confirme la position de la Chambre de première instance, en constatant que la Norvège n'a pas compétence sur le crime de génocide. La Chambre d'appel ne s'embarrasse pas de raisonnement substantiel, elle adhère à la motivation des juges de première instance. Elle ajoute rapidement que d'une part, si Michel Bagaragaza était acquitté au terme d'une procédure pénale en Norvège, ce serait sur la base d'un crime ordinaire (homicide) qui ne saurait empêcher la compétence du Tribunal au titre du génocide, le principe de *ne bis in idem* ne pouvant pas s'appliquer; et d'autre part que les valeurs protégées par l'incrimination de l'homicide et celle du génocide sont différentes, de sorte qu'on ne saurait se contenter d'une compétence pour la première[38]. Ainsi succinctement, la Chambre d'appel rejette l'appel du procureur et confirme que l'acte d'accusation contre Michel Bagaragaza ne saurait être transféré en Norvège. Vu la conclusion catégorique de la Chambre d'appel, il faut croire que, même les nouveaux motifs soulevés par la défense s'ils avaient été pris en compte, ils n'auraient pas pu modifier le sens de la décision. Comme la Chambre de première instance, la Chambre d'appel n'a pas jugé utile de les analyser.

2.4. Des considérations incidentes à la question du renvoi

Ces deux décisions dans l'affaire *Bagaragaza* appellent quelques commentaires en marge de la question même du renvoi et qui ne sont pas sans intérêt pour une meilleure compréhension du fonctionnement de la justice pénale internationale vu à travers le prisme du TPIR.

D'abord, il faut souligner que l'accord entre le procureur et Michel Bagaragaza est confidentiel, mais que les deux décisions

15 avril 2005) et *Ivica Rajic* (décision du 8 septembre 2005). Dans sa décision du 30 août 2006, la Chambre d'appel a affirmé que cette jurisprudence du TPIY est largement applicable aux affaires devant le TPIR (para. 9).

[38] Voir le paragraphe 17 de la décision du 30 août 2006.

des Chambres en cette affaire, ont révélé des éléments non négligeables de l'accord, levant ainsi partiellement la confidentialité. On se souviendra que dans l'affaire *Zigiranyirazo*, la Chambre de première instance avait aussi levé le voile sur une autre dimension de la coopération avec Michel Bagaragaza, rendant public le coût que le procureur a payé pour les mesures de protection accordées au suspect y compris la relocalisation de ses proches, soit 200.000 dollars américains[39]. Il convient certainement de s'interroger sur cette pratique de la justice pénale internationale qui tend à monnayer, au sens propre, la collecte des éléments de preuve. Or il est évident que des moyens de preuve recueillis de façon aussi intéressée verraient très vite leur crédibilité discutée et contestée[40].

Ensuite, il faut noter que la Chambre d'appel exprime explicitement son désaveu du fait que le procureur ait pu conclure un accord où il s'engageait à ne pas poursuivre l'accusé devant le Tribunal international, en rappelant au procureur que le transfert ne pouvait résulter que d'une décision des juges, laquelle décision ne saurait être présumée[41]. Mais il faut se souvenir que l'accord

---

[39] Voir: *Le Procureur c. Protais Zigiranyirazo*, affaire n° ICTR-2001-73-T, Decision on Defence and Prosecution Motions Related to Witness ADE (TC), 31 janvier 2006, para. 23. Initialement il n'était pas possible de savoir que le témoin portant le pseudonyme ADE était Michel Bagaragaza. Mais ultérieurement, cela a cessé d'être un secret, puisque l'accusé a lui-même renoncé à la protection résultant de l'anonymat dans les documents publics. Il a en conséquence témoigné à visage découvert et en audience publique dans cette affaire, en juin 2006.

[40] Dans l'affaire *Karemera et consorts*, c'est là une des stratégies de la défense de Joseph Nzirorera, y compris en relation avec le même Michel Bagaragaza. Voir: *Le Procureur c. Edouard Karemera, Mathieu Ngirumpatse, Joseph Nzirorera*, affaire n° ICTR-98-44, Decision on Defence Motion for Full Disclosure of Payments to Witnesses and to Exclude Testimony from Paid Witnesses (TC), 23 août 2005; Décision orale sur la requête de la défense en vue de la communication de l'ensemble des paiements et avantages reçus par les témoins G et T (TC), 23 mai 2006; Decision on Prosecution's Motion to Permit Limited Disclosure of Information Regarding Payments and Benefits Provided to Witness ADE and His Family (TC), 21 juin 2006.

[41] Décision du 30 août 2006, para. 10: « In these circumstances and without prejudice to the independence of the Prosecutor as a separate body

n'étant pas entre un accusé et le procureur mais entre un suspect et le procureur: c'est seulement en faisant de ce suspect un accusé, que le procureur a perdu toute latitude dans la mise en œuvre de l'accord. L'article 11*bis* ne s'applique qu'à un acte d'accusation confirmé. Avant le 28 juillet 2005, le procureur pouvait à son gré négocier à l'Etat de son choix pour transférer le dossier de Michel Bagaragaza. En soumettant un acte d'accusation devant le TPIR pour sa confirmation, le procureur s'est privé de cette discrétion. Même l'existence de cet accord pourrait susciter quelques interrogations éthiques, c'est en demandant la confirmation que le procureur a rendu sa mise en œuvre impossible.

Enfin, à la lecture du mémoire norvégien en *amicus curiae* et de la décision du 30 août 2006, on peut aussi se demander pourquoi la Chambre d'appel fait preuve de tant de déférence à l'égard d'une analyse « tarabiscotée »[42]. On peut s'interroger sur les motivations d'une telle prudence, alors même que les Chambres ne s'embarrassent pas pour dire si les arguments des parties sont pertinents ou non, surtout lorsqu'il y a des contradictions internes.

---

of the Tribunal, the Appeals Chamber emphasizes that the Prosecution can hardly anticipate on the certainty of such transfer prior to applying for it ». Toutefois, dans la même affaire, il y a un autre élément de l'accord avec Michel Bagaragaza où manifestement le procureur a outrepassé ses prérogatives. Le procureur se serait engagé à ne faire témoigner Michel Bagaragaza que par vidéoconférence dans les affaires devant le TPIR, or un tel mode d'audition constitue une mesure de protection qui ne peut être ordonnée que par une Chambre. C'est d'ailleurs ce que la défense a argué dans l'affaire *Karemera et consorts* (voir la décision de la Chambre de première instance du 3 mai 2006 intitulée Decision on Prosecutor's Confidential Motion for Special Protective Measures for Witness ADE, para. 3).

[42] Voir les paragraphes 12 à 14 de la décision du 30 août 2006 où la Chambre d'appel résume les arguments du Royaume de Norvège. Voir aussi le paragraphe 17 de la même décision: « the Appeals Chamber appreciates fully that Norway's proposed prosecution of M. Bagaragaza, even under the general provisions of its criminal code, intends to take due account of and treat with due gravity the alleged genocidal nature of the acts underlying his present indictment. »

Peut-être que la stature d'Etat, qui plus est la Norvège[43], a pu influer sur le propos de la justice.

Conclusion

Ce revers pour les parties et surtout pour le procureur dans la mise en œuvre de l'article 11*bis* ne marque pas pour autant la fin de cette procédure, ni l'impossibilité de trouver une solution au dossier Bagaragaza. Il reste quelques alternatives au procureur. Soit il modifie l'acte d'accusation mais il aura besoin d'une autorisation de la Chambre de première instance à cet effet. Soit il trouve un autre pays de renvoi, en tenant compte de l'interprétation que la jurisprudence a donné des conditions de renvoi. Il peut encore négocier avec l'accusé pour obtenir un plaidoyer de culpabilité: d'ailleurs dans sa déclaration extensive au procureur, l'accusé reconnaissait déjà sa responsabilité.

Les développements récents dans cette affaire montrent que le procureur a fait son choix. D'abord il a demandé, avec succès, à modifier l'acte d'accusation en ajoutant un chef d'accusation de crimes de guerre qui est plaidé en alternative aux trois chefs d'accusation précédents[44]. Ensuite il a soumis une nouvelle demande en renvoi, cette fois-ci vers les Pays-Bas qui acceptent de poursuivre l'accusé pour les crimes de guerre[45]. De l'avis du

---

[43] C'est le lieu de rappeler que la Norvège apporte un soutien notoire au TPIR, et que le président actuel du TPIR, le juge Erik Møse, est lui-même Norvégien.

[44] Voir: *Le Procureur c. Michel Bagaragaza*, affaire n° ICTR-2005-86-I, Decision on the Prosecutor's Application for Leave to Amend the Indictment (chamber de première instance), 30 novembre 2006. Pour la requête du procureur, voir: The Prosecutor's Application for Leave to Amend the Indictment, 1er novembre 2006, Document TRIM n° ICTR-05-86-0044 (http://trim.unictr.org/webdrawer/rec/84537/).

[45] Voir: Prosecutor's Request for Referral of the Indictment to Another Court Filed Pursuant to Rule 11*bis* of the Rules of Procedure and Evidence, 12 décembre 2006, Document TRIM n° ICTR-05-86-0047 (http://trim.unictr.org/webdrawer/rec/85637/). Voir aussi: Defence Response to "Prosecutor's Request for Referral of the Indictment to Another Court", 18 décembre 2006, Document TRIM n° ICTR-05-86-0048 (http://trim.unictr.org/webdrawer/rec/85926/); et Prosecutor's Reply

procureur, les conditions sont remplies pour un renvoi. Le président de son côté a soumis la requête toujours à la Chambre de première instance III mais composée différemment[46]. Désormais sont saisis du renvoi de l'acte d'accusation contre Michel Bagaragaza aux Pays-Bas, les juges Khan, Egorov et Weinberg de Roca. On notera d'une part que la Chambre de première instance II n'est plus représentée, et que deux des trois juges avaient déjà été impliqués indirectement dans les questions relatives à Michel Bagaragaza[47]. Mais cela ne préjuge en rien de leur délibération au fond, et il faut attendre de voir quelle sera leur décision. En tout cas, une chose est certaine, l'accusé pourra garder son avocat commis d'office par le TPIR, puisque celui-ci est Néerlandais, et pourra bien être commis d'office à nouveau dans le cadre d'une procédure pénale aux Pays-Bas, si le renvoi est autorisé.

Stéphane DOUMBÉ-BILLÉ

Je remercie à nouveau Roland Adjovi pour son propos éclairant, en ce qui concerne l'historique de cette clause initialement en vigueur dans le cadre du TPIY mais également dans l'analyse de

---

to the Defence Response to the Prosecutor's Request for Referral of the Indictment to Another Court, 21 décembre 2006, Document TRIM n° ICTR-05-86-0049 (http://trim.unictr.org/webdrawer/rec/86003/).

[46] Voir: *Le Procureur c. Michel Bagaragaza*, affaire n° ICTR-2005-86-PT, Designation of Trial Chamber Under Rule 11*bis* (Président), 13 décembre 2006.

[47] Les juges Khan et Weinberg de Roca siègent dans l'affaire *Zigiranyirazo* où il a été révélé que la protection offerte à Michel Bagaragaza aurait coûté la bagatelle de 200.000$. Elles ont aussi siégé pour l'audition du même Michel Bagaragaza à La Haye, toujours au titre de sa protection, en l'absence de l'accusé. La Chambre d'appel a annulé cette procédure au motif de violation du droit de l'accusé à être présent à son procès. Voir: *Le Procureur c. Protais Zigiranyirazo*, affaire n° ICTR-2001-73-AR73, Decision on Interlocutory Appeal (Chambre d'appel), 30 octobre 2006. Il faut aussi souligner que ces deux mêmes juges ont siégé pour la requête en amendement de l'acte d'accusation contre Michel Bagaragaza.

cette affaire dont les « circonstances propres » pour reprendre son expression mettent en lumière les conditions particulières de la protection judiciaire des droits de l'Homme en Afrique, notamment par le biais de cette procédure de renvoi à une juridiction nationale étrangère. Aboutira-t-elle ? La question reste posée, même en face d'un « plaider-coupable » de l'accusé.

Il revient maintenant à mon ami Eloi Diarra à qui je cède volontiers la parole, de nous entretenir du juge des droits de l'Homme en Afrique, en Afrique noire francophone en particulier.

Annexe 1

Les articles 11*bis* des règlements de procédure et de preuve des deux Tribunaux pénaux internationaux (tableau comparatif)

TPIR (texte valable au 10 novembre 2006)	TPIY (texte valable au 6 avril 2006) (Document No. IT/32/Rev. 37)
A) Après la confirmation d'un acte d'accusation, que l'accusé soit placé ou non sous la garde du Tribunal, le Président peut désigner une Chambre de première instance qui détermine s'il y a lieu de renvoyer l'affaire aux autorités de l'Etat: i) sur le territoire duquel le crime a été commis, ii) dans lequel l'accusé a été arrêté, ou iii) ayant compétence et étant disposé et tout à fait prêt à accepter une telle affaire, afin qu'elles saisissent sans délai la juridiction appropriée pour en juger.	A) Après la confirmation d'un acte d'accusation et avant le début du procès, que l'accusé soit placé ou non sous la garde du Tribunal, le Président peut désigner un collège de trois juges permanents parmi les juges des Chambres de première instance (la « Formation de renvoi ») qui détermine uniquement et exclusivement s'il y a lieu de renvoyer l'affaire aux autorités de l'État: i) sur le territoire duquel le crime a été commis, ii) dans lequel l'accusé a été arrêté, ou (Amendé le 10 juin 2004) iii) ayant compétence et étant disposé et tout à fait prêt à accepter une telle affaire, (Amendé le 10 juin 2004) afin qu'elles saisissent sans délai la juridiction appropriée pour en juger. (Amendé le 10 juillet 1998, amendé le 30 septembre 2002, amendé le 11 février 2005)
B) La Chambre de première instance peut ordonner ce renvoi d'office ou sur la demande du Procureur, après avoir donné au Procureur et, lorsqu'il est placé sous la garde du Tribunal, à l'accusé, la possibilité d'être entendu.	B) La Formation de renvoi peut ordonner ce renvoi d'office ou sur demande du Procureur, après avoir donné la possibilité au Procureur, et le cas échéant à l'accusé, d'être entendu, et après s'être assurée que l'accusé bénéficiera d'un procès équitable et qu'il ne sera pas condamné à la peine capitale ni exécuté. (Amendé le 30 septembre 2002, amendé le 10 juin 2004, amendé le 11 février 2005)

C) Lorsqu'elle examine s'il convient de renvoyer l'affaire selon les termes du paragraphe A), la Chambre de première instance doit être convaincue que l'accusé recevra un procès équitable devant les juridictions de l'Etat concerné, et qu'il ne sera pas condamné à la peine capitale ni exécuté.	C) Lorsqu'elle examine s'il convient de renvoyer l'affaire selon les termes du paragraphe A), la Formation de renvoi tient compte en conformité avec la–résolution 1534 (2004) du Conseil de sécurité[1] de la gravité des crimes reprochés et de la position hiérarchique de l'accusé. (Amendé le 30 septembre 2002, amendé le 28 juillet 2004, amendé le 11 février 2005)
D) Lorsqu'une ordonnance est rendue en application du présent article: i) L'accusé, s'il a été placé sous la garde du Tribunal, est remis aux autorités de l'Etat concerné; ii) La Chambre de première instance peut ordonner que des mesures de protection prises pour certains témoins ou victimes demeurent en vigueur; iii) Le Procureur doit communiquer aux autorités de l'Etat concerné toutes les informations relatives à l'affaire et qu'il juge appropriées et, notamment, les pièces jointes à l'acte d'accusation; iv) Le Procureur peut envoyer des observateurs qui suivront, en son nom, l'action devant les juridictions de l'Etat concerné.	D) Si une ordonnance est rendue en application du présent article: i) l'accusé, s'il a été placé sous la garde du Tribunal, est remis aux autorités de l'Etat concerné; ii) la Formation de renvoi peut ordonner que des mesures de protection prises à l'égard de certains témoins ou victimes demeurent en vigueur; (Amendé le 30 sep 2002, amendé le 11 février 2005) iii) le Procureur doit communiquer aux autorités de l'Etat concerné toutes les informations relatives à l'affaire et qu'il juge appropriées, notamment les pièces jointes à l'acte d'accusation; (Amendé le 30 septembre 2002) iv) le Procureur peut envoyer des observateurs qui suivront en son nom l'action devant les juridictions internes.
E) La Chambre de première instance peut délivrer à l'encontre de l'accusé un mandat d'arrêt, lequel doit spécifier l'Etat vers lequel il sera transféré pour être jugé.	E) La Formation de renvoi peut décerner à l'encontre de l'accusé un mandat d'arrêt spécifiant l'État vers lequel il sera transféré pour être jugé. (Amendé le 30 septembre 2002, amendé le 11 février 2005)

[1] Document de l'ONU S/RES/1534 (2004).

F) A tout moment après qu'une ordonnance soit rendue en application du présent article et avant que l'accusé ne soit déclaré coupable ou acquitté par une juridiction interne, la Chambre de première instance peut, à la demande du Procureur et après avoir donné aux autorités de l'Etat concerné la possibilité d'être entendues, annuler l'ordonnance et demander officiellement le dessaisissement aux termes de l'article 10.

G) Si une ordonnance rendue en vertu du présent article est annulée par la Chambre, celle-ci peut demander officiellement à l'Etat concerné de transférer l'accusé au siège du Tribunal et l'Etat accède à cette demande sans retard, conformément à l'article 28 du Statut. La Chambre de première instance ou un juge peut également émettre un mandat d'arrêt contre l'accusé.

H) L'accusé ou le Procureur peut en droit interjeter appel de la décision de renvoyer ou non une affaire, rendue par la Chambre de première instance. L'acte d'appel doit être déposé dans les quinze jours de la décision à

F) À tout moment après qu'une ordonnance a été rendue en application du présent article et avant que l'accusé soit déclaré coupable ou acquitté par une juridiction interne, la Formation de renvoi peut, à la demande du Procureur et après avoir donné aux autorités de l'Etat concernées la possibilité d'être entendues, annuler l'ordonnance et demander officiellement le dessaisissement aux termes de l'article 10. (Amendé le 30 septembre 2002, amendé le 11 février 2005)

G) Si une ordonnance rendue en vertu du présent article est annulée par la Formation de renvoi, celle-ci peut demander officiellement à l'Etat concerné de transférer l'accusé au siège du Tribunal et l'Etat accède à cette demande sans retard, conformément à l'article 29 du Statut. La Formation de renvoi ou un juge peut également émettre un mandat d'arrêt contre l'accusé. (Amendé le 11 février 2005)

H) Une Formation de renvoi a les mêmes compétences et suit, dans la mesure où elles sont applicables, les mêmes procédures que celles qui sont prévues par le Règlement pour les Chambres de première instance. (Amendé le 11 février 2005)

I) L'accusé ou le Procureur peut en droit interjeter appel de la décision de renvoyer ou non une affaire, rendue par la Formation de renvoi. L'acte d'appel doit être déposé dans les quinze jours de la décision à moins

moins que l'accusé n'ait pas été présent ou représenté lors du prononcé de la décision, auquel cas le délai de dépôt court à compter de la notification de ladite décision à l'accusé.	que l'accusé n'ait pas été présent ou représenté lors du prononcé de la décision, auquel cas le délai de dépôt court à compter de la notification de ladite décision à l'accusé. (Amendé le 11 février 2005)

Annexe 2

La contribution ci-dessus a porté notamment sur les quatre décisions suivantes:

1. - 30 août 2006 Decision on Rule 11bis Appeal **(http://www.unictr.org/ENGLISH/cases/Bagaragaza/decisions/300806.htm).**
Cette décision (rendue également en français) est centrale dans notre analyse en complément de la décision du 19 mai 2006.

2. - 8 juin 2006 Decision on the Prosecution's Request for a SchedulingOrder **(http://www.unictr.org/ENGLISH/cases/Bagaragaza/decisions/080606.htm).**
Cette décision (rendue également en français) porte sur une pure question de procédure et ne fera l'objet que d'une mention.

3. - 19 mai 2006 Decision on the Prosecution Motion for Referral to the Kingdom of Norway **(http://www.unictr.org/ENGLISH/cases/Bagaragaza/decisions/190506.htm).**
C'est la décision centrale de la discussion (uniquement en anglais). Elle sera confirmée et complétée par la décision de la Chambre d'appel du 30 août 2006.

4. - 23 mars 2006 Order for Further Submissions Concerning the Motion for Referral of the Indictment to the Kingdom of Norway **(http://www.unictr.org/ENGLISH/cases/Bagaragaza/decisions/230306.htm).**
Il s'agit certes d'une décision de procédure (uniquement en anglais), mais elle peut être perçue comme un appel du pied aux parties, à la Norvège et même au Rwanda.

United Nations
Nations Unies

International Criminal Tribunal for Rwanda
Tribunal pénal international pour le Rwanda

COMMUNIQUÉ DE PRESSE *(non-officiel – réservé aux média seulement)*

ICTR/INFO-9-2-443.fr
Arusha le 16 août 2005

Bagaragaza s'est volontairement présenté

Michel Bagaragaza, accusé de génocide, s'est volontairement rendu aujourd'hui au siège du Tribunal pénal international pour le Rwanda (TPIR) à Arusha (Tanzanie), où il doit comparaître ce jour même devant le Juge Arlette Ramaroson afin de répondre des chefs d'accusation retenus contre lui. Bagaragaza, ancien Directeur général de l'OCIR-thé, organisme de contrôle de l'industrie de café et du thé au Rwanda, est accusé d'entente en vue de commettre le génocide, de génocide et de complicité dans le génocide.

Selon les allégations portées dans l'acte d'accusation du 28 juillet 2005, Bagaragaza a comploté, entre le 1er janvier et le 17 juillet 1994, avec des employés de l'usine de thé placés sous sa responsabilité et d'autres personnes, en vue de tuer des Tutsis au Rwanda, plus particulièrement dans la préfecture de Gisenyi.

Bagaragaza est accusé d'avoir ordonné à des personnes placées sous son autorité et d'avoir incité, aidé et encouragé celles sur lesquelles il n'exerçait aucune autorité, à tuer des centaines de civils tutsis qui s'étaient réfugiés sur la colline de Kesho près d'une usine de thé située à Rubaya et à la cathédrale de Nyundo, dans la préfecture de Gisenyi.

Bagaragaza est accusé d'avoir contribué à créer, financer, entraîner et armer la milice *Interahamwe* pour qu'elle lance des attaques contre les civils tutsis. Selon les allégations du Procureur, Bagaragaza était également président d'honneur d'une unité locale des *Interahamwe.* Il est accusé d'avoir ordonné aux employés de l'usine de thé d'approvisionner les *Interahamwe* en carburant nécessaire pour leurs véhicules. Il aurait demandé de leur fournir les armes et les munitions à partir d'une réserve de l'usine de thé et aurait ordonné au personnel de l'usine d'aider la milice dans le massacre de centaines de Tutsis.

Le Procureur du TPIR, M. Hassan Bubacar Jallow, a apprécié à sa juste valeur la reddition de Bagaragaza et a affirmé que «*l'acte d'accusation de Michel Bagaragaza résulte de nos investigations sur l'Akazu, un groupe composé des proches de l'ancien Président rwandais qui exerçait une grande influence dans les affaires et au sein du Gouvernement jusqu'en 1994. Son acte d'accusation est un des huit derniers que le Bureau du Procureur a dressé contre des personnes suspectées de génocide. Sa reddition aujourd'hui marque ainsi une étape importante dans la réalisation de la Stratégie d'achèvement des travaux du Tribunal*».

Bagaragaza est né en 1945 dans la commune de Giciye, préfecture de Gisenyi

LE JUGE DES DROITS DE L'HOMME EN AFRIQUE NOIRE FRANCOPHONE

par

Eloi DIARRA
Agrégé du CAMES, Maître de Conférences
à l'Université de Rouen

Tout le monde s'accorde pour dire que, sans le juge, la protection et la garantie des droits de l'Homme seraient bien illusoires[1]. Si cette assertion est vraie de manière générale[2], elle est également applicable aux droits de l'Homme en Afrique[3].

---

[1] Emmanuel DECAUX s'exprime ainsi: « C'est assez dire que la justice est la première garantie des droits de l'Homme », in: *Justice et droits de l'Homme*, XXVIIIe Congrès de l'Institut international de droit d'expression et d'inspiration françaises, 6-8 mars 2003; Actes édités sous le patronage de l'Organisation internationale de la Francophonie, de l'Agence intergouvernementale de la Francophonie, du Sénat français, de la République française, dans la collection Droit d'expression et d'inspiration françaises, p. 38.

[2] Selon John RAWLS, « chaque personne possède une inviolabilité fondée sur la justice qui, même au nom du bien-être de l'ensemble de la société, ne peut être transgressée. Pour cette raison, la justice interdit que la perte de liberté de certains puisse être justifiée par l'obtention, par d'autres, d'un plus grand bien », in: *Théorie de la justice*, Paris: Seuil, Nouveaux Horizons, 1987, pp. 29-30. Voir les développements de Patrick WACHSMANN, in: *Libertés publiques*, Paris: Dalloz, 3e édition, 2000, sur la protection juridictionnelle des libertés, pp. 113-193; ou de Gilles LEBRETON, in: *Libertés publiques et droits de l'Homme*, Paris: Armand

Pour illustrer cette réalité, on pourrait aligner de nombreuses citations des textes fondamentaux auxquels les Etats africains ont adhéré. Ainsi de l'article 8 de la Déclaration universelle des droits de l'Homme du 10 décembre 1945, à laquelle un certain nombre d'Etats[4] ont souscrit: « Toute personne a droit à un recours effectif devant les juridictions nationales compétentes contre les actes violant les droits fondamentaux qui lui sont reconnus par la constitution ou par la loi »; ou encore de l'article 7 de la Charte africaine des droits de l'Homme et des peuples du 27 juin 1981: « Toute personne a droit à ce que sa cause soit entendue. Ce droit comprend le droit de saisir les juridictions nationales compétentes de tout acte violant les droits fondamentaux qui lui sont reconnus et garantis par les conventions, les lois, règlements et coutumes en vigueur »; ou enfin, l'article 2-3 du Pacte international relatif aux droits civils et politiques du 16 décembre 1966: « Les Etats parties au présent Pacte s'engagent à ... (b) garantir que l'autorité compétente, judiciaire, administrative ou législative, ou toute autre autorité compétente selon la législation de l'Etat, statuera sur les droits de la personne qui forme le recours et développer les possibilités de recours juridictionnel »[5].

Mais, malgré leur adhésion à ces normes juridiques, les Etats africains[6] semblent incapables d'offrir à leurs ressortissants un

---

Colin, 7e édition, 2005, sur « l'exaltation du rôle du juge », pp. 36-37 et sur « les garanties juridictionnelles », pp. 211-236.

[3] Kourita SANWIDI, *La protection des droits de l'Homme au Burkina Faso,* en particulier les pp. 81 à 107 sur les garanties juridictionnelles et leurs limites, dans l'ouvrage publié par l'Institut des droits de l'Homme et de la paix: *Les droits de l'Homme en Afrique*, Université Cheikh Anta Diop, Dakar: Imprimerie Saint-Paul, 1991, pp. 19 à 133.

[4] C'est le cas du Mali, *préambule de la Constitution du 25 février 1992*: « Le peuple souverain du Mali souscrit à la Déclaration universelle des droits de l'Homme du 10 décembre 1945 et à la Charte africaine des droits de l'Homme du 27 juin 1981», in: *Les constitutions africaines*, publiées en langue française, tome 2, textes rassemblés et présentés par Jean DU BOIS DE GAUDUSSON, Gérard CONAC et Christine DESOUCHES, Bruxelles: Bruylant, La Documentation française, 1998, p. 31.

[5] Le Mali a adhéré à ce Pacte le 16 juillet 1974. Voici donc un Etat africain auquel ce texte est opposable.

[6] Evidemment, nous convenons avec Claude WAUTHIER qu'il existe *50 Afriques* (titre de son ouvrage aux Editions du Seuil, 1979) et que les

accès régulier à la justice pour défendre leurs droits et libertés, que ce soit devant un juge judiciaire, un juge administratif ou même un juge communautaire[7].

Les juristes et enseignants des universités francophones d'Afrique se sont penchés depuis longtemps sur les raisons de cette carence. Qu'il s'agisse du juge sénégalais Kéba Mbaye[8], du directeur de la Chaire Unesco de Cotonou, le professeur Théodore Holo[9], du professeur Alain Bockel[10] qui exerça de nombreuses

situations ne sont pas identiques d'un Etat à l'autre et que, par conséquent, ce qui est valable pour certains pays ne l'est pas pour d'autres. Il reste que si des nuances doivent être apportées selon les cas, dans l'ensemble, surtout dans l'espace francophone, le constat est assez convergent d'un Etat à l'autre.

[7] Depuis quelques années, on assiste à la floraison de cours de justice communautaires. Ainsi, l'Union Africaine dispose d'une Cour de justice de l'Union, la Communauté économique des Etats de l'Afrique de l'Ouest, d'une Cour de justice de la Communauté, l'Union économique et monétaire ouest-africaine, d'une Cour de justice de l'Union, la Communauté économique et monétaire d'Afrique centrale, d'une Cour de justice de la Communauté; mieux, la Charte africaine des droits de l'Homme a été modifiée pour introduire dans ses modalités de protection des droits et libertés une Cour africaine des droits de l'Homme et des peuples (Doc. CM/2051 (LXVII), approuvée par la Conférence des chefs d'Etat et de gouvernement de l'OUA le 9 juin 1998 à Ouagadougou; le Protocole de création et des modalités de fonctionnement, signé le même jour par 30 Etats est entré en vigueur, après ratification par au moins 15 Etats, le 25 janvier 2004; les onze juges qui la composent ont tenu leur première réunion le lundi 2 juillet 2006, à Banjul, son siège, en Gambie); enfin, le traité pour l'harmonisation du droit des affaires en Afrique dispose d'une juridiction; sur la coexistence de toutes ces juridictions, voir Luc Marius IBRIGA, « La cohabitation des différentes juridictions des systèmes d'intégration en Afrique de l'Ouest », in: *Justice et droits de l'Homme*, *op. cit.*, pp. 533-558.

[8] Voir Kéba MBAYE: « Les mécanismes de protection des droits de la personne au Sénégal », in: *Revue juridique, indépendance et coopération*, n° 1, pp. 236 et s.

[9] Voir Théodore HOLO, « Contribution à l'étude des Chambres administratives, cas de la Chambre administrative de la Cour populaire centrale du Bénin », in: G. CONAC, J. DU BOIS DE GAUDUSSON (sous la direction de), *Les Cours suprêmes en Afrique*, Paris: Economica, 1988, pp. 26 et s.

années à Dakar, du professeur ivoirien René Degni-Segui[11] ou enfin du congolais Mutoy Mubiala[12]. Tous, magistrats, enseignants et chercheurs, conviennent que l'accès à la justice pour faire valoir ses droits relève d'un véritable parcours du combattant. Selon eux, les difficultés qui s'élèvent devant le justiciable africain francophone[13] dans la défense de ses droits et libertés sont nombreuses et paraissent invincibles. Elles sont telles qu'elles tendent à priver d'effectivité ces prérogatives reconnues tant à l'égard des autres individus qu'à l'égard de l'administration.

On doit donc se poser la question de savoir ce qui explique toutes ces difficultés, tous ces obstacles pour « se faire rendre justice », quelle est la nature de ces difficultés ? Sont-elles propres à la justice classique et habituelle ou également à d'autres formes de juridictions ? Si ces difficultés concernent les droits en général, des mécanismes ont-ils été mis en place pour pallier les lacunes constatées ?

Il nous semble ainsi que deux voies s'ouvrent pour explorer cette question cruciale de l'accès au juge dans la défense et la protection des droits de l'Homme: l'inventaire des obstacles à l'accès à la justice usuelle dans la perspective de la défense des droits et libertés (I) et le recours à des formes nouvelles pour protéger les droits des personnes (II).

---

[10] Alain BOCKEL, « Le contrôle juridictionnel de l'administration », in: *Les institutions administratives des Etats francophones d'Afrique noire,* Paris: Economica, pp. 209 et ss.

[11] René DEGNI-SEGUI, « L'accès à la justice et ses obstacles », in: l'ouvrage collectif sur *L'effectivité des droits fondamentaux dans les pays de la communauté francophone*, Paris: Aupelf-Uref, ministère français de l'Enseignement supérieur et de la recherche, 1994, pp. 241 et s.

[12] Mutoy MUBIALA, « L'individu devant la justice au Zaïre, de l'arbre à palabre aux cours et tribunaux », *Penant*, 1992, pp. 192 et s.

[13] On aura remarqué que notre propos est axé essentiellement sur les Etats africains francophones, à l'exclusion des Etats anglophones, hispanophones ou lusophones pour lesquels nous ne disposons guère d'indications ou de données.

I. – Les difficultés d'accès à la justice pour défendre ses droits et libertés.

L'ensemble des auteurs que nous avons évoqués traite de façon générale des obstacles concernant l'accès à la justice. Ou plus exactement, il s'agit pour eux des difficultés que l'on rencontre pour se faire rendre justice quelle que soit l'affaire en cause. Or les droits et libertés constituent des affaires d'une autre nature. Certes, le droit de propriété se traduit dans un contrat qui a été mal exécuté ou qui n'est pas honoré. Mais est d'une toute autre nature le fait d'être accusé à tort d'assassinat et de ce chef, emprisonné et donc privé de sa liberté et de sa sécurité. Le procès pour assassinat va complètement occulter le droit de la présomption d'innocence et de la sûreté de soi. Dans cette hypothèse, le lien étroit établi entre liberté et sûreté de soi et l'assassinat prive totalement la liberté de son autonomie. Dans d'autres cas, il n'en n'est pas ainsi. Prenons l'exemple de la réunion. Ce droit est exercé sans contrôle ni autorisation préalable. En principe, une simple déclaration suffit. Si la réunion est dispersée, on est bien dans l'hypothèse où la liberté n'est liée à aucune autre situation. On pourrait donc distinguer des juridictions spéciales des libertés à côté des juridictions habituelles. Cependant, force est de reconnaître que ces dernières ont une compétence qui recouvre la plupart des différends: en effet, les droits dont il s'agit sont souvent connexes ou intimement liés aux droits et libertés.

Sous réserve de cette observation, on peut procéder à l'inventaire des obstacles à l'accès aux juridictions en Afrique noire francophone (A). Ces difficultés sont variées et tiennent à l'organisation et à la distribution de la justice elle-même; elles tiennent aussi à la méconnaissance et à la complexité du procès devant le juge moderne et au coût de la justice (B).

A. – Les obstacles relatifs à l'organisation de la justice.

Avant la justice moderne, la justice traditionnelle africaine se remarquait par sa proximité. C'était la justice de « l'arbre à palabre »[14], arbre à palabre que l'on avait au centre de tous les villages. Les conseils des Anciens se retrouvaient à son ombre pour trancher les différends qui pouvaient opposer les membres de la collectivité villageoise. Et quand ces différends concernaient plusieurs villages, les Conseils des Anciens des villages en cause se retrouvaient dans l'un des villages pour chercher ensemble une solution. Il s'agissait d'une justice de proximité, proximité que Norbert Rouland explique par l'oralité qui la caractérise: « L'oralité implique une double proximité: géographique et sociale (la relation inter-individuelle doit être assez étroite pour que la parole puisse être reçue) »[15]. Le même auteur note d'ailleurs que la justice ainsi rendue relève tantôt de la négociation entre protagonistes sous le regard des Anciens qui constatent l'accord pacifique conclu, tantôt de l'arbitrage et enfin d'un véritable jugement[16]. Quoi qu'il en soit, l'essentiel à retenir, c'est que la justice traditionnelle était proche des justiciables.

Or, précisément, le premier reproche qui est fait à la justice moderne en Afrique noire francophone, c'est son éloignement géographique et culturel du justiciable.

1. – L'éloignement géographique

L'ensemble des auteurs qui abordent la question de la justice moderne en Afrique relève, dans un bel unanimisme, le fait que cette justice est peu accessible à la majorité des Africains noirs francophones parce qu'elle est très éloignée d'eux. De nombreux exemples peuvent en être donnés.

Ainsi, selon R. Degni-Segui[17], en 1993, la situation des juridictions se présentait ainsi dans de nombreux pays. En Côte d'Ivoire: 3 cours d'appel; sept tribunaux d'instance disposant de 39 sections détachées; quand l'on pense que le pays a plus de 330 000 km2, cela signifie qu'une cour d'appel a compétence sur une

---

[14] Qui n'est pas sans rappeler un certain roi Louis IX (dit Saint-Louis) qui rendait la justice sous un chêne, au Bois de Vincennes !

[15] Norbert ROULAND, *Anthropologie juridique*, Paris: PUF, 1988, coll. Droit fondamental, p. 203.

[16] Norbert ROULAND, *op. cit.*, pp. 308-312.

[17] René DEGNI-SEGUI, *op. cit.*, pp. 243-244.

superficie de plus de 100 000 km2 et une section d'instance sur près de 8 500 km2 en moyenne. C'est beaucoup. En Guinée, la situation était encore plus déplorable: 2 cours d'appel et 6 tribunaux pour plus de 230 000 km2; au Tchad: une cour d'appel et 30 justices de base pour un pays deux fois et demi plus grand que la France. La faiblesse du nombre de juridictions se traduit, pour les habitants, par l'éloignement et le fait qu'ils doivent parcourir des distances incroyables pour porter un différend devant le juge.

Par rapport à ces trois situations, celles du Mali, du Sénégal et du Rwanda semblent plus favorables. Ainsi, en 1999, on trouve dans le premier pays 42 justices de paix à compétence étendue, 16 tribunaux de première instance au sein desquels sont hébergés les tribunaux du travail, trois tribunaux du commerce, trois tribunaux administratifs dont l'un n'est toujours pas fonctionnel, deux cours d'appel et une cour suprême et ses quatre sections (civile, commerciale, administrative et financière), sans oublier le juge constitutionnel[18]. Les juridictions à compétence étendue et les tribunaux de première instance sont compétentes en matière pénale. Enfin, des cours d'assises sont instituées. Mais rapporté à la dimension et à la population du pays, ce nombre de juridictions s'avère insuffisant et on est obligé de convenir que leur accès, du simple fait de la distance, est difficile. Ainsi, au Mali, on a, en moyenne un tribunal pour 33 000 km2 (soit la taille de la Picardie et de toute la Normandie réunies !).

Pour le Sénégal, la réforme de 1984 établit dans chaque département un tribunal départemental, soit trente tribunaux départementaux, dans chaque région, un tribunal régional, soit dix tribunaux régionaux, trois cours d'appel (il en est prévu à Saint-Louis, Ziguinchor et Dakar, mais une seule a été installée et fonctionne effectivement à Dakar), une Cour de cassation (compétence en matière civile et commerciale), un Conseil d'Etat et une cour des comptes. Le tribunal régional joue également le rôle de juridiction pénale; des cours d'assises peuvent être créées dans les villes de Dakar, Kaolack, Saint-Louis et Ziguinchor, mais ce ne sont pas des juridictions permanentes. Il existe enfin des

---

18 Abraham GENGALY, *L'accès à la justice au Mali, problèmes et perspectives*, Mémoire de DESS, sous la direction du professeur Hervé Ascensio, Université de Paris X-Nanterre, Paris: Aupelf-Uref, 1999-2000, pp. 13-14.

juridictions spécialisées pour enfants, des tribunaux du travail, une cour de répression de l'enrichissement illicite, une Haute cour de justice et un tribunal militaire[19]. Quand l'on rapporte le nombre des juridictions ordinaires ou habituelles susceptibles d'intervenir plus communément en matière de droits de l'Homme, on peut dire que la situation du justiciable sénégalais est bien enviable par rapport à bien d'autres Africains.

Le Rwanda est encore mieux pourvu puisqu'il a institué sur son territoire près de 120 tribunaux de base pour une superficie inférieure à 27 000 km2. La situation de ce pays se rapproche des standards internationaux. Le juge y est plus facilement accessible que dans de nombreux autres pays africains.

Sans risque d'être contredit, on peut affirmer que le premier obstacle à l'accès à la justice en Afrique noire francophone est donc celui de l'éloignement géographique. Cependant, il faut relever une deuxième forme d'éloignement non moins redoutable, l'éloignement culturel.

2. – L'éloignement culturel et sociologique

L'éloignement culturel et social comporte plusieurs dimensions. Celles-ci sont soulignées par plusieurs auteurs.

Ainsi, l'une des dimensions de l'éloignement culturel et sociologique concerne l'analphabétisme. Dans de nombreux pays africains noirs francophones, l'analphabétisme frappe encore des pourcentages élevés de la population: 50 %, 70 à 80 % dans des pays tels que le Burkina Faso, la Guinée, le Mali, le Niger ou le Tchad; des pourcentages compris entre 40 et 60 % pour d'autres, tels que le Bénin, le Cameroun, la Côte d'Ivoire ou le Gabon[20]. Or précisément la langue d'expression et de travail de la justice moderne est le français, langue non maîtrisée par de larges couches de la population. Cet éloignement linguistique conduit à une

---

[19] Sous la direction de El Hadj MBODJ, *Manuel pratique des droits de l'Homme au Sénégal*, Editions de l'Institut des droits de l'Homme et de la paix, 1996, pp. 86-103.

[20] *Atlas de l'Afrique*, Editions du Jaguar, 2000, pp. 58-59, confirmé par *Jeune Afrique l'Intelligent, L'état de l'Afrique en 2005*, pp.170-214.

méconnaissance des règles et procédures si ce n'est tout simplement de l'utilité de cette justice. Certains n'hésitent pas à dire que l'analphabétisme « constitue pour cette masse de justiciables un handicap si sérieux qu'on est en droit de se demander si la présomption de connaissance de la loi, qui est une condition de son opposabilité, leur est applicable »[21]. Pour notre part, nous estimons qu'il ne s'agit pas de l'opposabilité de la loi, mais tout simplement de la possibilité d'invoquer la loi à son profit. L'ignorance de ses droits par une grande partie de la population noire africaine francophone tient à cet analphabétisme. On doit y ajouter le manque d'information des citoyens sur leurs droits et prérogatives, tant de la part des autorités politiques ou administratives que de la part des cadres intellectuels, même si dans certains cas, des associations d'assistance juridique se sont créées; on en trouve, par exemple, aussi bien au Mali qu'au Sénégal[22].

D'autres éléments de nature sociologique ont contribué à créer, vis-à-vis de la justice, une méfiance certaine. C'est la corruption. L'argent sale que d'aucuns ont dénommé « l'argent noir »[23] a pénétré le milieu de la justice africaine. L'aphorisme du fabuliste Jean de la Fontaine s'y applique pleinement: « selon que vous serez puissant ou misérable, les jugements de cour vous rendront blanc ou noir »[24]. Aussi de nombreuses personnes, ruraux, paysans, fonctionnaires et ouvriers ne saisissent pas le juge, car ils se disent: « A quoi bon ! Il va suffire à mon contradicteur de payer le juge et quand bien même j'aurais raison, je perdrai d'office ! ». Evidemment, cette corruption donne de la justice une très mauvaise image[25]. On ne croit plus à son impartialité; on ne nourrit

---

[21] René DEGNI-SEGUI, *op. cit.*, pp. 252-253.

[22] Voir sous la direction de Paul TAVERNIER, *Recueil juridique des droits de l'Homme en Afrique*, vol. 2, 2000-2004, Bruxelles: Bruylant, 2005, pp. 1439-1442 pour le Mali, et pp. 1820-1821 pour le Sénégal.

[23] Pierre PEAN, *L'argent noir, corruption et sous-développement*, Paris: Fayard, 1988, 278 p.

[24] Jean DE LA FONTAINE (1621-1695). Il s'agit des deux derniers vers de sa fable intitulée « Les animaux malades de la peste ».

[25] L'auteur a participé en 1998 à un forum dénommé « Forum national sur les institutions », réunissant ministres, représentants de la présidence de la République, hommes politiques, parlementaires, cadres administratifs,

que de la défiance à son égard. Au lieu d'aller au prétoire, on préfère trouver un arrangement bancal avec son adversaire; mais plus grave, puisqu'on ne croit plus à la justice, on n'hésite pas à recourir à une justice privée et parfois expéditive[26].

C'est pour d'autres raisons que l'on délaisse volontiers le juge administratif quand il existe en tant que juridiction. Dans les cas de l'unité de juridiction à la base, comme au Sénégal, au Mali et au Burkina-Faso[27], on n'attaque que très rarement l'administration. On a l'impression qu'on a affaire à trop forte partie et que l'Etat ne peut jamais accepter de perdre devant une juridiction. « Attraire l'administration devant les tribunaux relève de la témérité, voire de l'inconscience, l'entreprise étant très risquée... Quereller l'administration devant un juge paraît encore une entreprise téméraire, voire incivique. Mais la crainte de représailles s'exprime surtout à l'égard des recours portés... contre... les actes du chef de l'Etat »[28]. D'ailleurs, on confond souvent l'administration en général et le chef de l'Etat, car on considère l'administration comme étant à son service. C'est la raison pour laquelle les arrêts en matière administrative sont très peu nombreux dans l'ensemble des pays. Il est rarement rendu plus de dix arrêts par an en matière

---

militaires, policiers, gendarmes et représentants de la société civile. On passa pratiquement une demi-journée sur la question de la moralisation de la justice dans le pays, tant tout le monde reconnaissait qu'elle était gangrenée par la corruption.

[26] Celle-ci a acquis droit de cité dans de nombreux Etats d'Afrique de l'Ouest, y compris anglophones, à travers le triste et macabre « article 320 », 300 F. CFA d'essence, 20 F. CFA pour une boîte d'allumettes et on règle son compte à toute personne poursuivie, au cri de: « Au voleur ! » et rattrapée par la foule. La personne est arrosée de ce liquide très inflammable et transformée en torche vivante. Au Nigeria, c'est la « Roue de la fortune » qui n'est rien d'autre qu'un pneu usagé en feu dont on ceinture le délinquant.

[27] Dans ce pays, on a mis en place deux tribunaux administratifs (à Ouagadougou et Bobo-Dioulasso) et des Chambres administratives (à Koudoudou, Ouahigouya, Fada-Ngourma et quelques autres grandes villes du pays) auprès d'un certain nombre tribunaux de grande instance (voir Salif YONABA, *Les grandes décisions de la jurisprudence burkinabé: droit administratif,* coll. Précis de droit burkinabé, 2004, p. 17. On en compte une dizaine.

[28] René DEGNI-SEGUI, *op. cit.*, p. 249.

administrative, parfois, deux ou trois. C'est dire ! L'explication réside dans la peur de l'appareil d'Etat, mais aussi parce que l'on craint de ne plus pouvoir bénéficier du soutien de la puissance publique, dans un conflit avec un tiers, si l'on a soi-même déjà attaqué cette puissance publique devant le juge. Il est clair qu'une telle attitude n'est pas de nature à inciter les justiciables à recourir au prétoire.

Enfin, et tous les ethnologues et autres anthropologues du droit le soulignent à souhait, dans la conception africaine de résolution des différends, il est « indispensable d'écarter tous les facteurs de division au profit du dialogue ... Les Africains ont une préférence pour la conciliation par rapport à la solution contentieuse »[29]. Pour Degni-Segui, les Africains seraient réfractaires à la justice moderne: « L'indifférence, voire l'hostilité, des Africains à l'égard des institutions d'Etat ne surprend guère quand on sait qu'elles sont taxées d'institutions importées, étrangères et qu'effectivement, elles ne correspondent pas à leur conception du droit et de la justice. Car la justice africaine est fondamentalement différente de celle de l'Occident... Le chef, contrairement au juge, ne cherche pas à trancher le nœud gordien du litige, en s'appuyant sur un texte figé, mais plutôt à le dénouer en tentant de trouver un compromis acceptable pour les deux parties... Les justiciables africains préfèrent faire appel à la médiation, à l'arbitrage ou à la conciliation. On aboutit à une justice négociée, à une nouvelle justice sans juge au sens occidental du terme »[30].

Les études sur ces pratiques sont anciennes[31] et comportent des conclusions récurrentes, non sans mettre en valeur la complexité des situations. Ainsi, selon Etienne Le Roy: « Le conflit n'est en effet pas perçu comme un facteur de désordre intolérable, mais comme le support d'un rapport social concurrentiel »[32]. Et

---

[29] Kourita SANDWIDI, *op. cit.*, p. 93.

[30] René DEGNI-SEGUI, *op. cit.*, p. 254.

[31] Voir par exemple le témoignage de Mgr A. De Clercq sur le Ndumbulula ou le juge en pays Luba-Kasaï, Sankuru-Lomanu, Congo, en 1929, rapporté par Mutoy MUBIALA, « L'individu devant la justice au Zaïre », *Penant*, mai-juin 1992.

[32] Etienne LE ROY, « Justice africaine et oralité juridique », *Bulletin de l'Institut fondamental d'Afrique noire (IFAN),* 1974, Série B, tome XXXVI, n° 3, p. 559-591.

d'ajouter, « des coups et blessures entre deux femmes exploitant deux parcelles voisines deviennent, si le différend n'est pas immédiatement réglé, un conflit de terres à l'échelle du village, puis, devant le chef du canton ou le sous-préfet, un litige entre clans ou ethnies et, devant les autorités de l'Etat, un imbroglio politique. Chaque instance gère certains enjeux et qualifie le différend non seulement selon ses critères, mais de façon spécifique pour préciser sa propre compétence »[33]. L'auteur en tire la conclusion que selon que les sociétés sont élémentaires, semi-élémentaires ou semi-complexes, les modes de règlements des différends en Afrique écartent toujours le juge moderne, mais comprennent, pour les sociétés élémentaires, de la vengeance, de la négociation bilatérale, de la médiation, pour les sociétés semi-élémentaires, de la vengeance, de la négociation bilatérale, de la médiation, de l'arbitrage, et enfin pour les sociétés semi-complexes, de la vengeance, de la négociation bilatérale, de la médiation, de l'arbitrage et du jugement[34].

Malgré tout, ces éléments montrent bien que le recours à la médiation, la conciliation ou l'arbitrage a la préférence des sociétés africaines, au détriment de la justice moderne. C'est peut-être l'obstacle le plus important, car il est culturel et inscrit dans les comportements collectifs.

D'autres obstacles, mineurs, mais non négligeables, subsistent et tiennent à la méconnaissance et à la complexité du procès.

B. – Les obstacles tenant au procès

Tout étudiant en droit retient toujours l'adage: « un mauvais arrangement vaut mieux qu'un bon procès ». Et en général, l'enseignant traitant des institutions judiciaires de développer un certain nombre d'arguments devant son auditoire: la longueur et les mille méandres d'un procès, l'obligation d'étaler devant des

---

[33] Etienne LE ROY, « Le justiciable africain et la redécouverte d'une voie négociée de règlement des conflits », in: *La justice en Afrique*, numéro 156 (spécial) d'*Afrique contemporaine*, 1990, p. 115.

[34] Etienne LE ROY, *Introduction aux institutions politiques africaines*, document pédagogique multigraphié, n° 2, Paris: LAJP, 1975-1976, pp. 148-167, cité par Norbert ROULAND, *Anthropologie juridique*, *op. cit.*, pp. 310-311.

tiers des affaires parfois personnelles et intimes, le coût du ministère d'avocat et tutti quanti. Est-ce cette sagesse que les Africains ont intégrée de façon intuitive ? En tout cas, ils hésitent à recourir au juge moderne car ils savent, d'expérience ou par ouï-dire, que le procès devant le juge est généralement long et qu'il est complexe.

1. – La lenteur du procès

On a l'habitude de dire que les Africains ont une autre notion du temps et qu'ils sont rarement pressés. Si cette assertion est juste, les Africains ont aussi conscience de la précarité de la vie; ils ne sont donc pas disposés à gaspiller le temps. Or, ils savent que les procès, à l'occidentale, sont, en général, très longs. D'expérience: ils l'ont appris depuis le temps colonial[35].

Au moment des indépendances, de nombreux Etats noirs francophones, tout en héritant du droit français, n'ont pas voulu mettre en place le système de la dualité des juridictions. Ils ont plutôt opté pour l'unité de juridiction[36], de sorte que les affaires civiles, commerciales, du travail et administratives se retrouvaient devant le même juge. Celui-ci statuait donc « en matière administrative », « en matière civile », etc. Ce système avait le grand avantage d'éviter que le justiciable ne se perde pas dans les méandres des juridictions. Cette unité représentait autant de gain de temps. Cela devient de moins en moins vrai.

Cette observation faite, on sait que par essence le procès est lent et long. Salif Yonaba en donne deux exemples, en ce qui concerne

---

[35] Pour s'en convaincre, on peut lire avec intérêt la succulente aventure d'un interprète africain du temps colonial, écrite par Hampaté BA, *L'étrange destin de Wangrin*, Paris: Union générale d'éditions, coll. 10/18, 1973, pp. 99-113, Le procès.

[36] A partir des années 1985-1990, on a assisté à des évolutions qui se sont traduites, soit par l'introduction de juridictions administratives, soit par l'éclatement de l'instance de régulation de l'unité de juridiction, à savoir la cour suprême, en Cour de cassation, Conseil d'Etat et en cour des comptes (voir par exemple, au Sénégal, les lois organiques n° 92-25 du 30 mai 1992 sur la Cour de cassation et n° 92-24 du 30 mai 1992 sur le Conseil d'Etat, in: Cheikh Tidiane THIAM, *Droit public du Sénégal*, vol. I, *L'Etat et le citoyen*, Dakar: Ed. CREDILA, 1993, pp. 231-280)

le Burkina-Faso: « Dans une espèce *dame Sangaré Fatima et Sangaré Djénéba c. sieur Sidibé Araphan*, près de dix ans se sont écoulés entre le dépôt de la requête introductive d'instance (avril 1977) et le prononcé de la décision par la Haute Cour judiciaire (11 novembre 1986)... Mais c'est surtout l'affaire *Kaboré Ali Noaga c. Derme Moussa* qui illustre de la manière la plus patente le caractère anormalement procédurier – et par suite lent – de notre justice. Dans cette espèce... mettant en cause... des problèmes inextricables de succession et de remboursement d'une dette... il a fallu plus de vingt-cinq ans avant que le juge ne règle définitivement cette affaire »[37]. Des délais sinon aussi longs, mais en tout cas, compris entre 4 et 10-12 ans sont fréquents dans de nombreux pays, en Côte d'Ivoire, au Bénin[38] ou au Mali.

Cette lenteur, parfois accompagnée de détentions provisoires illimitées, a donné de la justice une image d'inefficacité, de pure tracasserie. Il n'est pas étonnant qu'elle ne soit pas attractive pour la population.

La lenteur est expliquée par les spécialistes du droit, avocats, juges et autres magistrats par la complexité du procès.

2. – La complexité du procès

Un procès n'est jamais une affaire simple. Soit par assignation, soit par requête, on saisit le juge. Opération déjà compliquée où l'on peut se tromper. Mais surtout, après cette saisine, l'affaire va être instruite. Au cours de cette période, il faudra produire des mémoires, des contre-mémoires, des répliques et autres dupliques. Puis le juge va fixer l'audience. Au terme de celle-ci, il pourra soit mettre l'affaire en délibéré, soit la renvoyer; c'est dire qu'une autre audience sera nécessaire. Quand il aura rendu son jugement, on disposera d'un certain délai, variable selon le type d'affaire, pour faire appel. Et on recommencera le même processus: instruction, audience, délibéré et jugement. Avec cette fois-ci la possibilité d'un pourvoi ou recours en cassation. Cette fois-ci, il ne s'agira pas

---

[37] Salif YONABA, « L'accès à la justice au Burkina Faso », *Revue burkinabé de droit*, n° 13 spécial, janvier 1988, p. 156.

[38] Exemple de lenteur excessive au Bénin, in: *Justice et droits de l'Homme*, *op. cit.*, p. 327.

de juger l'affaire au fond, mais de savoir si le droit a été respecté et appliqué. Si la décision de cassation intervient, l'affaire peut être retournée devant une juridiction d'appel; et l'on se retrouvera de nouveau avec une instruction, une audience, un délibéré et un jugement. Heureusement, le juge de cassation a aussi la possibilité de vider l'affaire au fond. Bref, pour le non initié, ce cheminement devient un labyrinthe dans lequel il se perd aisément.

Or, l'on sait l'importance de ces règles de procédure. Il suffit de ne pas les respecter pour perdre un procès. Pour le citoyen lambda, cela paraît inacceptable: comment une règle de forme peut-elle primer sur le fond. « Le tout n'est-il pas de savoir si j'ai raison ou si j'ai tort ? » se demande-t-il. Pour lui, le reste est insignifiant. On donne l'exemple suivant: « Dans le contentieux administratif africain, ... un nombre impressionnant de recours est systématiquement rejeté par le juge pour non-respect par les requérants des règles de forme et de procédure. C'est le cas au Sénégal où l'article 729 du Code de procédure civile impose aux requérants, en matière de responsabilité administrative, l'obligation d'introduire, avant tout recours contentieux, 'un recours administratif' adressé à l'agent judiciaire de l'Etat. L'inobservation de cette disposition est sévèrement sanctionnée par le juge, alors même que le législateur ne distingue pas clairement la demande administrative préalable de la règle de la décision préalable, celle-là même qui donne à l'acte administratif son caractère décisoire et qui le rend susceptible d'un recours pour excès de pouvoir »[39].

A cette démarche complexe, il faudrait ajouter le fait que la langue juridictionnelle est très spécifique et peut en dérouter plus d'un: « le langage judiciaire, langage du droit, s'avère très hermétique… difficilement intelligible »[40]. Et il est évident qu'un effort devrait être entrepris pour simplifier cette langue et la rendre plus accessible. On a parfois prétendu que la technicité du langage juridique était la condition de sa précision. Rien n'est moins sûr. Hors du continent africain, on observe que la Cour européenne des droits de l'Homme fait de gros efforts pour s'exprimer dans des

---

[39] Alioune B. FALL, L'accessibilité à la justice en Afrique, in: *Justice et droits de l'Homme, op. cit.*, p. 333.

[40] Pierre COUVRAT, L'accès à la justice et ses obstacles, in: *L'effectivité des droits fondamentaux dans les pays de la communauté francophone, op. cit.*, p. 262.

phrases compréhensibles par le commun des humains tout en respectant la précision nécessaire à la règle de droit.

Enfin, lorsque la justice a été rendue, le justiciable a le plus grand mal à se faire délivrer les actes: « Certains réclamants se plaignent très souvent du grand retard apporté à la délivrance, par les services compétents, des actes et décisions judiciaires rendus en leur faveur; c'est le cas aussi du temps souvent anormalement long apporté dans la transmission aux juridictions supérieures des dossiers frappés d'appel »[41].

En tout état de cause, toutes ces dispositions apparaissent comme des tracasseries dont l'effet est de décourager le justiciable africain de recourir à la justice moderne pour régler les différends relatifs à ses droits et libertés.

Si tel est le cas pour les juridictions nationales, que dire alors des juridictions internationales ? En effet, n'oublions pas qu'il en existe de nombreuses, en Afrique et hors d'Afrique[42], dont la fonction est de protéger les droits et libertés des individus et même des peuples. Ces juridictions ont établi des règles de fonctionnement tellement complexes et souvent laissées à l'appréciation des Etats qu'elles pourraient être assimilées à un véritable déni de justice[43]. Pire, ces juridictions internationales comportent des règles spécifiques dont la maîtrise n'est même pas encore acquise par de nombreux avocats africains. Evidemment, elles acceptent le principe de l'épuisement des voies internes avant

---

[41] Le Médiateur de la République du Sénégal, *Rapport annuel au Président de la République 2000*, p. 42

[42] Outre les juridictions des Unions et Communautés citées ci-dessus, rappelons le Tribunal pénal international sur le Rwanda (TPIR, créé par la résolution n° 955 du 8 novembre 1994 du Conseil de sécurité). Et puis, la plupart des Etats ouest et centrafricains ont ratifié le traité de la Cour pénale internationale (dont les statuts ont été adoptés à Rome le 18 juillet 1998, entrés en application en juillet 2002; la juridiction est installée officiellement le 11 mars 2003) devant laquelle vient d'être déféré, dans au cours du second semestre 2006, l'ancien Président du Liberia, M. Taylor.

[43] Ainsi, n'a-t-il pas été possible jusqu'ici de traduire des personnes accusées de crimes contre l'humanité au Kosovo ou en Serbie devant la Cour pénale internationale ou le Tribunal pénal international pour l'ex-Yougoslavie. De même, les victimes de l'ancien Président Hissène HABRE attendent toujours que justice leur soit rendue.

leur saisine, ce qui retarde d'autant la résolution des affaires. Ensuite, elles comportent des mécanismes d'instruction, de jugement et recours en appel ou en cassation qui font, qu'en définitive, on peut se demander si ces juridictions concourent effectivement à la protection des droits et libertés, tant ils sont complexes et sources de lenteur. En tout cas, on n'est pas prêt de voir les particuliers ou les organisations non gouvernementales africaines[44] se précipiter devant ces juridictions, malgré les nombreuses violations des droits qu'on peut observer. Cependant, ces observations ne remettent pas en cause leur existence, ne serait-ce que parce que ces juridictions ont une valeur dissuasive.

En conclusion, on retiendra que les obstacles sont nombreux et divers qui rendent la défense de ses droits devant le juge africain très délicate. La question que l'on doit alors se poser est la suivante: quels correctifs sont apportés aux lacunes que nous venons de relever ? Quels palliatifs ou solutions de rechange ont pu être imaginés ? Ce sont ces questions qui vont retenir l'attention maintenant.

II. – Les remèdes et solutions aux difficultés d'accès à la justice

Les maux de la justice en Afrique noire francophone que l'on vient de passer en revue sont graves et sévères. En même temps, on constate qu'ils sont divers et variés. Ainsi, de l'éloignement de la justice. N'est-on pas souvent en présence d'un problème de croissance: sur près de 700 000 km2 du Mali, on ne trouve pas plus de deux millions d'habitants; sous prétexte de rapprocher la justice du justiciable, peut-on raisonnablement établir une juridiction tous les cent ou deux cents kilomètres ? Cela n'a pas de sens, dans la mesure où la juridiction pourra ne concerner qu'un très faible nombre de personnes. Ce n'est pas pour autant qu'il ne subsiste pas de problème. Quant à la lenteur de la justice, elle est sans doute liée à la procédure elle-même, mais aussi au peu de conscience professionnelle de nombreux magistrats; comment résoudre un tel problème, dans la mesure où affirmer que la justice est nécessairement lente devient l'arbre derrière lequel les magistrats lésineurs peuvent se réfugier.

---

[44] L'article 5 prévoit, en effet, que la cour puisse être saisie, outre les Etats, par des ONG ou des particuliers.

Malgré tout, les maux relevés doivent être corrigés, car il y va de la crédibilité de l'Etat de droit et d'une bonne gouvernance[45]. Sans pour autant tomber dans le moralisme, il s'avère indispensable de restaurer une vraie déontologie de la fonction de « dire le droit »; celle-ci doit être revalorisée, ce qui n'est pas sans remettre en cause le fonctionnement d'un certains nombre d'Etats. Mais au-delà de la déontologie, il s'agit tout simplement de revaloriser dans les Etats la « valeur justice » (A).

S'il importe donc, tout d'abord de corriger le dysfonctionnement des juridictions, on peut aussi se demander si, vu la haute considération que l'on entend accorder aux droits et libertés,il ne faut pas créer d'autres mécanismes tout aussi aptes à défendre et garantir ces droits et libertés; en tout cas, on ne peut pas ne pas évoquer ici un certain nombre de structures plus souples et mieux adaptées à la problématique des droits de l'Homme et que de nombreux Etats ont mises en place (B).

A. – La restauration de la valeur de la justice

Quitte à nous répéter, il est de notoriété publique que dans de nombreux pays subsahariens francophones les citoyens ont perdu confiance dans les juridictions nationales, et selon Maurice Kamto, « la justice souffre dans la plupart des pays africains de l'atteinte à sa crédibilité »[46]. Cela, non seulement parce que les procès traînent en longueur, mais également parce que la justice ne paraît pas

---

[45] La gouvernance, parfois dite bonne gouvernance, est l'une des conditionnalités de l'aide depuis les années 1980. Mais depuis ses origines, les peuples subsahariens se sont appropriés cette notion et exigent de plus en plus de leurs dirigeants plus de rigueur dans la gestion de la chose publique.

[46] Maurice KAMTO, « La justice entre tradition et modernité », in: J. DU BOIS DE GAUDUSSON et G. CONAC, *La justice en Afrique*, n° 156 (spécial), *Afrique contemporaine*, 1990, p. 63. René DEGNI-SEGUI, *op. cit.*, p. 250, ne dit rien d'autre lorsqu'il écrit: « La justice perd toute crédibilité aux yeux des populations africaines du fait de sa partialité et de sa vulnérabilité, étant soumise aux pressions de toutes sortes, tout particulièrement celles du pouvoir et de l'argent ».

indépendante[47], comme on peut le constater dans de nombreux pays[48], malgré l'inscription dans la Constitution de garanties propres à assurer cette indépendance de la magistrature.

Comment restaurer alors la valeur de la justice, comment redorer son image si ternie ? Il semblerait que plusieurs actions doivent alors être menées et qui portent sur les conditions d'exercice de la mission de dire le droit et sur les acteurs chargés de rendre la justice.

1. – Les actions sur les conditions d'exercice de la justice

Il n'y a pas de bonne justice sans des juges bien formés et qui disposent du temps raisonnable nécessaire à l'étude des dossiers. Les premières actions en vue de restaurer l'image de la justice devront donc viser à améliorer les conditions de travail des magistrats. Il semble bien que plusieurs pistes puissent être envisagées.

Ainsi, si la justice est éloignée du justiciable, ce n'est pas parce que le juge vivrait sur « une autre planète », au contraire, « il est généralement connu de tous, aussi bien dans l'enceinte des tribunaux où il officie, que dans le quartier où il vit à côté de ses concitoyens »[49], c'est tout simplement parce que les juridictions sont peu nombreuses. Leur nombre est restreint parce que le personnel des juridictions est peu nombreux et que les juridictions ne disposent pas de lieu où siéger[50]. Aussi est-il indispensable que les Etats commencent par remédier à cet état des choses: la formation du personnel et la construction de locaux.

En matière de formation du personnel, les Etats francophones ont entrepris, aux lendemains des indépendances de créer des

[47] Le même René DEGNI-SEGUI n'hésite pas à évoquer l'image d'une « justice liée », *op. cit.*, p. 250.

[48] Alioune B. FALL évoque de nombreux exemples, au Sénégal, en Guinée, au Congo, au Burkina Faso qui montrent la politisation de la justice et sa soumission au pouvoir politique, *op. cit.*, p. 336, note 1.

[49] Alioune B. FALL, *op. cit.*, p. 324

[50] Selon le témoignage d'un ancien garde des sceaux du Sénégal, sa mission principale avait été de trouver des financements pour construire des palais de justice à Diourbel, à Matam, à Dakar ou pour agrandir les locaux de ceux de Kaolack, Ziguinchor et Saint-Louis.

écoles de magistrature. Les sortants de ces structures allaient poursuivre une formation complémentaire en France. Mais, à partir des années 1980-1985, la crise financière et l'endettement des Etats ont conduit, sous la pression du Fonds monétaire international et de la Banque mondiale, à limiter les recrutements de fonctionnaires[51], y compris dans le domaine de la justice. Il en est résulté un sous-équipement des juridictions en personnel.

Le Mali n'a pas fait exception à cette règle. Cependant, devant la nécessité de restaurer l'Etat de droit et suite à la Constitution du 25 février 1992, le pays a bâti un Programme décennal de développement de la justice (PRODEJ)[52], en 1995. Ce programme avait établi un ordre des réalisations à faire en matière de formation du personnel, de documentation, de lutte contre la corruption, d'information, éducation et communication avec les justiciables, d'infrastructures, logistique et équipement. Ce mouvement de restauration de la crédibilité de la justice a également concerné d'autres Etats, tels le Burkina Faso ou le Sénégal[53].

Le plan d'action du Mali a très vite été mis en application, en matière de formation et de recrutement de personnel. En voici le bilan: « Au cours des trois dernières années, un recrutement exceptionnel de cent soixante-sept magistrats (167) de l'ordre judiciaire et administratif, portant ainsi le nombre de magistrats à trois cent quatre-vingt neuf (389), de deux cents (200) greffiers portant le nombre total à trois cent quatre-vingt et un (381), cent quatre dix-neuf (199) secrétaires de greffes et parquets, pour un total aujourd'hui de deux cent vingt-cinq (225) personnes, de deux cent trois (203) surveillants des services pénitentiaires, au nombre

[51] La littérature sur cette question est abondante: v. Gilles DURUFLE, *L'ajustement structurel en Afrique* (Sénégal, Côte d'Ivoire, Madagascar), Paris: Karthala, 1988, p. 38 (Sénégal), pp. 116-117 (Côte d'Ivoire), p. 183 (Madagascar).

[52] Le plan d'action de ce programme devait s'exécuter de 1995 à 2005.

[53] La revalorisation de la justice était l'un des thèmes majeurs de la Conférence des ministres de la Justice francophones du Caire de 1995. Suite à cette rencontre, l'Agence internationale de la francophonie a mis en place, en 1996, un fonds de soutien pour la modernisation de la justice dans les pays francophones: voir Rapport du Secrétaire général de la francophonie 1998-1999.

desquels il y a 28 femmes, vingt (20 éducateurs sociaux), etc. Ce personnel a bénéficié d'une formation dans le cadre d'une structure spécialisée, l'Institut national de formation judiciaire »[54]. Ainsi, l'accroissement du personnel judiciaire est l'un des moyens susceptibles d'aider au rapprochement de la justice du justiciable.

Rapprocher la justice des justiciables, c'est aussi augmenter le nombre des juridictions et une bonne répartition sur le territoire national. Dans le cas malien, entre 1996 et 1999, il a été réalisé, « la construction de palais de justice modernes et fonctionnels dans les communes II, V et VI du District de Bamako, à Mopti (5e région), Kayes (1ère région), Tombouctou, Diré et Gourma-Rharous (7e région) »[55]. Au-delà, le programme prévoyait la création d'une cour d'appel dans les localités de Gao, Kidal, Ségou, Sikasso et Tombouctou, de tribunaux administratifs dans les localités de Gao, Kidal, Koulikoro, Ségou, Sikasso et Tombouctou en plus de ceux de Kayes et Mopti et enfin des tribunaux de commerce à Gao, Kidal, Koulikoro, Ségou, Sikasso et Tombouctou. La réalisation de toutes ces constructions et l'installation de ces juridictions constitueraient, à tous les coups, un grand rapprochement de la justice du justiciable.

Enfin, l'action sur les acteurs de la justice passe aussi par l'octroi des moyens indispensables à la profession. Il est heureux que dans l'exemple du Mali le programme ait prévu l'équipement des juridictions en documentation[56]. En effet, il n'est pas rare que, dans des juridictions établies dans certains cercles (préfectures), le magistrat ne dispose que de son vieux Code Dalloz acheté du temps où il était étudiant pour statuer; inutile donc de lui parler du journal officiel national.

Il est également important que les juridictions puissent conserver leurs archives et donc qu'elles disposent

---

[54] Document interne du PRODEJ, *Mali, PRODEJ, Bilan 2000-2005, Programme décennal de développement de la justice,* p. 7.

[55] Abraham BENGALY, *op. cit.*, p. 41.

[56] Selon le document du PRODEJ précité (*Bilan 2000-2005*), 2725 ouvrages (*Droit de l'OHADA*, organisation pour l'harmonisation du droit des affaires en Afrique, *Code des obligations du Mali, Directives CM/UEMOA*), 1000 exemplaires du livre *Codes et textes usuels*, des ouvrages et manuels de droit ont été distribués à toutes les juridictions.

d'aménagements, telles de simples armoires ou étagères de rangements et autres équipements.

Ces constructions et équipements concernent aussi bien des Etats aux moyens financiers importants tels que le Sénégal ou la Côte d'Ivoire que d'autres Etats, aux moyens plus réduits, tels le Burkina Faso, le Niger, le Bénin ou le Togo. Leur démarche actuelle est tout à fait analogue à celle du Mali.

Mais il ne suffit pas d'améliorer les conditions de travail de la justice et des magistrats en particulier. Il faut agir sur ces acteurs eux-mêmes afin que l'œuvre de restauration de la valeur de la justice soit complète.

2. – L'action sur les acteurs de la justice

Les acteurs concernés ici sont les magistrats chargés de rendre la justice, qu'ils soient magistrats du siège ou qu'ils relèvent de la « magistrature debout ».

A leur égard, plusieurs actions doivent être entreprises.

En premier lieu, il est indispensable que les magistrats soient mieux formés dans l'accomplissement de leurs fonctions. La formation permanente n'existe pas; or la législation évolue; la jurisprudence de la cour suprême pareillement. Ces évolutions doivent être prises en compte. En effet, en matière de justice en Afrique, il se pose, certes, un problème quantitatif, mais également et surtout un problème qualitatif. Le manque de formation continue est de nature à scléroser les Hommes dans leurs habitudes, à les pousser à la routine et au refus du changement; ce qui est toujours préjudiciable pour le justiciable[57].

La formation doit également être poursuivie dans d'autres domaines. De nombreux juges encore en activité ont suivi leurs études bien avant que l'outil informatique ne se développe. Aujourd'hui, il s'agit d'un instrument dont la maîtrise est capitale dans l'exercice de la profession de magistrat. Certes, il est utopique de penser installer un système Internet dans de nombreuses

---

[57] Voir, dans le cas burkinabé, Filiga Michel SAWADOGO, « L'accès à la justice en Afrique francophone, problèmes et perspectives, Le cas du Burkina Faso », in: *L'effectivité des droits fondamentaux*, *op. cit.*, p. 296.

capitales régionales ou dans des préfectures, ne serait-ce qu'à cause de l'absence d'électrification. Mais, des efforts pourraient être entrepris pour initier et équiper les grandes juridictions (juges de la cassation, juridictions constitutionnelles) d'un outil informatique[58] de qualité et qui pourrait aider à la reproduction et à la diffusion de leurs décisions; ce qui contribuerait à l'édification et à l'harmonisation de la jurisprudence dans certains domaines, par exemple, en matière foncière.

Mais l'action la plus vigoureuse doit porter sur le combat contre la corruption. René Degni-Segui[59] pour la Côte d'Ivoire et Filiga Michel Sawadogo[60] pour le Burkina Faso insistent, chacun pour sa part, sur les méfaits de cette pratique sur la justice en Afrique. Il n'est donc pas étonnant que le PRODEJ du Mali en ait fait un axe d'action prioritaire[61], car la corruption est un mal qui gangrène fortement la justice dans le pays des « Hommes fiers et qui préfèrent plutôt la mort que la honte »[62]. Alors que prendre au plus faible que soi était autrefois considéré comme le summum de la sous-humanité, de nombreux juges maliens n'éprouvent aujourd'hui aucun scrupule à succomber « à la politique du ventre »[63]. Cette corruption de la justice comporte deux facettes: d'une part, le juge vend ses services ou plus exactement son service, celui pour lequel l'Etat le paie et d'autre part, il accepte de

---

[58] Selon le document du PRODEJ, *Mali, PRODEJ, bilan 2000-2005, Programme décennal de développement de la justice*, p. 29, « en 2005, toutes les cours d'appel et tous les tribunaux de première instance ont reçu des équipement informatiques et bureautiques afin de leur permettre de participer à la modernisation des méthodes de travail et de gestion des dossiers judiciaires ».

[59] René DEGNI-SEGUI, *op. cit.*, p. 251.

[60] Filiga Michel SAWADOGO, *op. cit.*, p. 307.

[61] Document du PRODEJ, *op. cit.*, p. 19-21, Lutte contre la corruption, comportant les actions suivantes: élaboration d'un Code de déontologie des magistrats en 2001, étude diagnostique sur la corruption dans le milieu judiciaire en 2004, organisation de missions conjointes dans les greffes en 2005.

[62] Devise que les tradi-historiens attribuent volontiers à Sogolon, la mère de Soundiatta Kéita, considéré comme le fondateur de l'Empire du Mali. (13e-17e siècle).

[63] Marc DEBENE, « La justice sans juge, d'hier à demain », in: *La justice en Afrique*, *op. cit.*, p. 90.

rendre la justice selon le critère du plus offrant. Dans un tel contexte, il importe de rappeler fortement les personnels de la justice à la déontologie dont ils ne devraient jamais se départir. Et en cas de violation, les sanctions devraient inexorablement tomber. On sait malheureusement que le tissu des relations sociales est tel, de façon générale en Afrique, qu'il est très difficile de punir: de nombreux intermédiaires viendront supplier qu'on lève la sanction, quand bien même l'on sait qu'elle est méritée, et ce, en invoquant les raisons les plus diverses, y compris le chantage affectif. Aussi l'esprit de rigueur doit-il émaner des instances les plus élevées, des ministres, en passant par le premier d'entre eux, le Président de la République. Mais si la sanction est indispensable, elle est inefficace si elle ne vient pas compléter un dispositif financier de revalorisation salariale pour les magistrats. Car si l'on ne peut supprimer la tentation, du moins faut-il la rendre moins nécessaire.

Toutes ces actions sont des conditions indispensables à la restauration de la justice en tant que valeur républicaine, d'égalité de traitement des individus et de défense des droits et liberté. Sans attendre que tous les défauts relevés soient corrigés, les Etats ont mis en place d'autres structures pour favoriser la protection des droits et libertés.

B. – Les palliatifs aux difficultés d'accès à la justice en matière de protection des libertés

En matière de protection des droits et libertés, si, comme nous l'avons décrit, les difficultés d'accès à la justice sont nombreuses, il faut relever que de nombreuses structures de substitution existent. Certaines sont permanentes, d'autres temporaires.

1. – Les structures permanentes

Parmi ces structures de protection des droits et libertés, il convient de citer en première place la Cour constitutionnelle (cas du Mali et du Bénin, par exemple) ou Conseil constitutionnel (cas du Sénégal et du Burkina Faso, par exemple); la dénomination n'y change rien.

Il faut noter qu'au début des indépendances, partout n'existaient que des cours suprêmes dont l'une des sections était censée assurer la fonction de contrôle de constitutionnalité. Des Cours et Conseils constitutionnels n'ont été créés qu'avec la deuxième vague de Constitutions africaines, celles qui ont été mises en place avec les mouvements de démocratisation. Tirant les leçons de l'expérience française qui, après 1974, a vu le Conseil constitutionnel français jouer un grand rôle dans la protection des droits et libertés, ces nouvelles Constitutions ont confié au juge constitutionnel un rôle nouveau dans la protection des droits et libertés.

Ces juridictions[64] ont donc, certes, été chargées du contrôle de la *constitutionnalité des lois,* mais souvent, on leur a confié explicitement la mission de garantir « les droits fondamentaux de la personne humaine et les libertés publiques »[65]. Dans le cas du Bénin, pour rendre cette disposition effective, il est permis à toute personne de saisir la Cour constitutionnelle sur la constitutionnalité d'une loi ou d'invoquer l'exception d'inconstitutionnalité d'une loi devant une juridiction dans une affaire qui la concerne[66]. Dans le cas de nombreux autres pays (Burkina Faso, Mali, Sénégal, par exemple), l'ouverture de la saisine n'est pas aussi large.

Néanmoins toutes les Constitutions confient au Conseil ou à la Cour constitutionnelle la compétence en matière de *contentieux électoral.* Le respect de l'égalité des citoyens devant les charges et fonctions publiques, en particulier la charge de Président de la République, de député de la nation doit être garanti. La Constitution du Burkina Faso confie ainsi explicitement tout le contentieux électoral au Conseil constitutionnel: « Le Conseil constitutionnel veille à la régularité, à la transparence et à la sincérité du référendum, des élections présidentielles et

[64] Dans sa note de présentation, le Conseil constitutionnel du Burkina Faso insiste sur son caractère de juridiction en rappelant l'article 159 de la constitution selon lequel « *Les décisions du Conseil constitutionnel ne sont susceptibles d'aucun recours. Elles s'imposent aux pouvoirs publics et à toutes les autorités administratives et juridictionnelles* », ce qui exprime bien l'idée de « chose jugée » qui s'attache à toute juridiction. (http://www.conseil-constitutionnel.gov.bf/SiteConseil Constitutionnel/institutions/historique.html).

[65] Article 114 de la Constitution du Bénin ou article 85 de la constitution du Mali.

[66] Article 122 de la Constitution du Bénin.

législatives. Il est juge du contentieux électoral et proclame les résultats définitifs des élections présidentielles, législatives et locales »[67]. Et il est vrai que le contentieux tranché par les juridictions constitutionnelles est très important, tant au Bénin, au Burkina Faso, qu'au Mali et au Sénégal. Pour ne prendre que le cas de ce dernier pays, un recueil des décisions du Conseil constitutionnel sénégalais en 1993 indique que sur quinze (15) décisions rendues, dix (10) concernaient le Code électoral et des questions électorales[68].

Mais la juridiction constitutionnelle échappe-t-elle au reproche d'accès difficile relevé contre les autres cours et tribunaux ? A première vue, la réponse serait négative: sa saisine n'est-elle pas souvent fermée, réservée au Président de la République, au Premier Ministre, au Président de l'Assemblée nationale et à un certain nombre de députés, sauf exception ? Cet argument est effectivement recevable, sauf en matière électorale où tout candidat malheureux peut éventuellement la saisir. Les membres du conseil ou de la cour étant choisis en raison de leur « bonne moralité et de leur grande probité »[69], ils sont sensés résister à l'attrait de l'argent ou à la pression des pouvoirs politiques.

Après les Cours et Conseils constitutionnels, il convient de citer, en second lieu, le Médiateur de la République. C'est là une institution aujourd'hui généralisée en Afrique[70]. Elle n'a pas eu de mal à prendre dans la mesure où la médiation est une pratique permanente en Afrique. Les conflits de voisinage, les différends fonciers ou de couples sont souvent résolus par l'intervention de médiateurs. Sa forme moderne, traduite dans le Médiateur de la République ou l'Ombudsman, a connu très vite le succès. Au Sénégal, par exemple, le nombre des réclamations adressées au

---

[67] Note de présentation, *op. cit.* sur site internet.

[68] *La Constitution de la République du Sénégal et les avis et décisions du Conseil constitutionnel*, Dakar: Les éditions Jurisen, août 1994, pp. 46, 59-91.

[69] Article 115, al. 2 de la Constitution du Bénin.

[70] Au 1er janvier 2004, on comptait 25 institutions d'Ombudsman/Médiateur en Afrique, constituées en Association des Ombudsmans/Médiateurs africains (AOMA) depuis le 25 juillet 2003, Voir Le Médiateur de la République du Sénégal, *Rapport annuel 2003 au Président de la République*, pp. 250, 254-255.

Médiateur est passé de 182 en 2001 à 312 en 2003, soit une progression de 171,42 %[71]; au Mali, il est passé de 66 en 2000 à 228 en 2005, soit une progression de plus de 345,45 %[72]. Parfois, on abuse même de l'institution; ainsi, en 2005, 38,16 % des réclamations (soit un total de 87) parvenues au Médiateur du Mali sont jugées irrecevables, parce qu'elles concernent des litiges entre personnes privées, contestent le bien-fondé d'une décision de justice ou sont formulées par des agents de l'Etat encore en activité[73]. Il en résulte que certaines personnes en viennent à se demander pourquoi la compétence du Médiateur ne s'étendrait pas aux différends entre l'administration et ses agents toujours en activité ou encore aux litiges qui peuvent opposer les particuliers entre eux[74]. Mais pour l'heure, le Médiateur remplit un office de proximité, de facilité d'accès que n'offrent pas les cours et tribunaux habituels. Sans oublier qu'il semble effectivement protéger, comme il convient, les droits et libertés, si l'on s'en réfère aux affaires qu'il parvient à résoudre: respect de la quotité saisissable d'une pension de retraite, paiement par l'administration d'honoraires relatifs à des prestations de services[75], régularisations de pensions civiles, rappels de salaires, régularisations de situation statutaire, restitution ou dédommagement pour pertes de terrains à bâtir, etc.[76].

En troisième lieu, il importe de signaler que certains Etats ouest-africains francophones, ont maintenu des juridictions spécifiques, propres à certaines communautés religieuses. C'est ainsi que le Code de la famille du Sénégal de 1972 admet encore aujourd'hui la compétence des cadis en matière de mariage ou d'héritage si l'on est de confession musulmane et que dans ces

---

[71] Le Médiateur de la République du Sénégal, *Rapport annuel 2003 au Président de la République*, *op. cit.*, p. 12.

[72] Le Médiateur de la République du Mali, *Rapport annuel 2005*, p. 20.

[73] Le Médiateur de la République du Mali, *op. cit.*, p. 18.

[74] Peut-être qu'en poursuivant la réflexion, devrait-on envisager la création de délégués du Médiateur ou de juges de proximité dans les préfectures ou dans les villages, sélectionnés sur le critère d'une connaissance minimale du droit moderne et du droit coutumier.

[75] Le Médiateur de la République du Mali, *op. cit.*, pp. 38-39.

[76] Le Médiateur de la République du Sénégal, *Rapport annuel 2003*, *op. cit.*, pp. 175-242.

affaires on a opté pour l'application de la charia. L'avantage d'un tel pluralisme juridique[77] est de respecter les convictions profondes des individus et de maintenir une juridiction proche de leurs préoccupations, ce, d'autant plus que sa saisine se fait sans formalités particulières.

Enfin, signalons un cas particulier, propre au Mali. L'Espace d'interpellation démocratique (E.I.D.) constitue la troisième institution qui se veut proche des citoyens dans la défense de leurs droits et libertés. Créée au lendemain de la mise place des instances de la 3e République en 1992, l'E.I.D. est une incarnation moderne de la cour du Tonga du Ghana[78]. Ainsi, au terme d'une année d'action administrative, le gouvernement malien, dans son ensemble accepte de recevoir toutes sortes de récriminations contre lui, devant un jury d'honneur, récriminations concernant les multiples violations des droits et libertés qu'il aurait pu commettre, soit par son action, soit par son inaction. Les interpellations concernent tous les ministères; ceux-ci doivent, devant le jury d'honneur, indiquer quelles solutions il compte apporter aux griefs qui lui sont reprochés. Très utilisé entre 1993 et 1997, l'E.I.D. semblait connaître une sorte de léthargie après 2002, mais l'exercice a été relancé et a connu sa dixième édition le 10 décembre 2006. Les points d'interpellation concernent aussi bien la spoliation de terrain par un cadre de l'administration, des intimidations administratives avant des élections municipales, la non-exécution de décisions de justice condamnant l'administration ou des personnes privées, des détentions préventives qui durent depuis plus de deux ans, etc.[79] Ces interpellations donnent lieu à des réponses ministérielles qui constituent autant d'engagement d'honneur que de promesses d'action rapide. Cependant, on a pu constater que les mêmes affaires revenaient souvent d'une année sur l'autre; mais quelques-unes ont pu trouver une solution par cette voie. L'originalité du système réside évidemment dans sa

[77] Voir la thèse de Mme Amsatou Sow SIDIBE, *Le pluralisme juridique en Afrique*, Paris: LGDJ, 1991, 383 p.

[78] Au XIème siècle, le roi de l'Empire du Ghana, le Tonga, rendait la justice à son peuple, une fois par semaine, dans la cour royale, écoutant les plaintes des uns et des autres et leur donnant immédiatement une solution.

[79] Ministère de la Justice, *5e édition de l'Espace d'interpellation démocratique*, 10 décembre 1998, pp. 51-173.

souplesse et par son caractère non contraignant pour l'administration. On a pu lui reprocher une certaine démagogie, dans la mesure où il permet à l'Etat et à ses ministres de montrer, à trop bon compte, qu'ils acceptent la critique, la défaillance même, mais qu'ils sont disposés à y apporter des solutions dans les meilleurs délais. C'est peut-être ce reproche qui explique que l'expérience malienne n'ait pas prospéré dans d'autres pays ouest-africains. Il n'empêche, les Maliens en sont fiers et ne s'en sont pas encore détournés.

Devant les défaillances de la justice traditionnelle, les Etats en Afrique ressuscitent parfois certaines formations juridictionnelles ou de médiation, plus accessibles et plus rapides, même si ce n'est que de façon temporaire.

2. – Les structures temporaires

La réactivation de la justice traditionnelle est régulière en Afrique. Face à des différends fonciers ou animaliers graves entre deux ou plusieurs villages, les sous-préfets, éloignés de leur centre de décision, n'hésitent pas à recourir à des justices rendues sous l'arbre à palabre, en réunissant les anciens, les chefs traditionnels ou notables sous sa présidence[80]. Les sentences ainsi rendues sont souvent mieux respectées que celles des juridictions dites modernes.

Mais l'exemple le plus parlant est celui du Rwanda. Devant la lenteur des juridictions ordinaires rwandaises et du Tribunal pénal international pour le Rwanda (TPIR) à juger les « génocidaires », ce pays a remis en activité les « *gacaca*, juridictions populaires avec des juges élus par la population ... (car) elles pourraient liquider le contentieux du génocide… (et) elles constituent un pari, car elles visent également la réconciliation entre les Rwandais »[81]. Le but visé est celui d'une justice rapide et rendue par les

---

[80] On pourrait donner de nombreux exemples tant en ce qui concerne le Mali que le Niger ou le Burkina Faso.

[81] François Xavier NZANZUWERA, « Les juridictions gacaca, une réponse au génocide rwandais ou le difficile équilibre entre châtiment et pardon », in: Laurence BURGORGUE-LARSEN (sous la direction de), *La répression internationale du génocide rwandais*, Bruxelles: Bruylant, 2003, pp. 1009-119.

populations, à l'égard de gens qu'elles connaissent bien. Le risque de vendetta est alors présent, mais l'objectif est davantage la repentance et la réconciliation que la sanction.

Ces juridictions temporaires sont donc par essence coutumières. Leur utilité est certaine; pourtant les pouvoirs publics s'en méfient et ne les remettent en vigueur que devant les nécessités d'un moment. Aussi peut-on regretter qu'il n'y ait pas de réflexion générale sur leur place dans la société, soit pour les supprimer, soit pour les intégrer dans le système juridictionnel dit moderne.

La deuxième forme de structures temporaires pour rendre justice à des victimes est celle des Commissions nationales Vérité et Réconciliation. L'exemple en a été montré par l'Afrique du Sud, au lendemain de l'abolition de l'apartheid[82], suivie par le Maroc avec l'Instance Equité et Réconciliation, créée en 2004[83] et par la République démocratique du Congo[84], mais sa Commission vérité et réconciliation a connu moins d'échos internationaux. Le but de toutes ces instances était de déférer des violateurs de droits et libertés, auteurs de crimes devant leur « jugement », de les amener à reconnaître le caractère ignoble de leurs actes, à en demander le pardon et à solliciter une réintégration dans la société afin d'en recoudre le tissu. La réconciliation est donc obtenue au terme d'un double mouvement de demande de pardon et d'acceptation dans la société.

En Afrique de l'ouest francophone, on n'a pas encore eu recours à ce genre d'institution, mais l'idée en a déjà été émise pour l'après-conflit actuellement en cours en Côte d'Ivoire. La traduction devant des juridictions pénales nationales ou internationales de tous ceux qui auront commis ou commandité des actes répréhensibles risquerait de creuser de nouveaux fossés entre populations.

Si l'aveu est indispensable au pardon et à la réconciliation, dans ce mécanisme il ne faut cependant pas oublier l'autre volet de toute bonne justice, à savoir l'indemnisation des victimes. Les

---

[82] Voir Paul TAVERNIER (sous la direction de), *Recueil des droits de l'Homme en Afrique,* volume 2, 2000-2004, tome II, Bruxelles: Bruylant, 2005, pp. 809-839.

[83] Voir *Recueil des droits de l'Homme en Afrique*, *op. cit.*, pp. 1480-1489.

[84] *Recueil des droits de l'Homme en Afrique*, *ibid.*, p. 1704.

Commissions Vérité et Réconciliation ne peuvent en faire l'économie. Cette condition remplie, on doit bien admettre que le procédé est moins lourd qu'une justice inquisitoire.

Que conclure au terme de ces développements ?

Tout le monde s'accorde pour dire que le droit à la justice est un droit capital dans la protection des droits et libertés. Il est non moins évident que la protection des droits à travers les juridictions pose de nombreux problèmes, dont l'accès au juge n'est pas le moindre. On vient d'en relever un certain nombre et dans cet inventaire, on a suggéré des voies de sortie: rapprochement des juridictions des justiciables, multiplication du nombre des juridictions, formation des citoyens au fonctionnement des cours et tribunaux, simplification des procédures, lutte contre les juges véreux et corrompus, etc. Mieux, les Etats ont parfois inventé des formules de traitement plus souples des différends relatifs aux droits et libertés. On peut alors se poser la question suivante: et si l'on poussait cette logique jusqu'au bout ? En somme, pourquoi ne pas créer des juridictions spéciales chargées exclusivement de traiter des atteintes aux droits et libertés. La difficulté serait évidemment de délimiter le périmètre de compétence de telles juridictions, car comment distinguer les droits de l'Homme des autres droits: le droit d'achat ou de vente n'est-il pas le corollaire du droit de propriété ? La création d'une société anonyme n'est-elle pas l'application du droit d'association ? Mais en même temps, on peut constater que la liberté d'aller et de venir peut n'être rattachée à aucune activité de production ou d'échange, que la liberté d'expression ou de croyance religieuse est tout à fait spécifique. En tout cas, au plan international ou régional, on a bien créé des cours pénales chargées de juger les crimes qualifiés de crimes contre l'humanité ou des cours européenne ou africaine ou interaméricaine des droits de l'Homme. Cependant, en instituant de telles juridictions dans l'ordre interne de l'Etat africain, on n'aura fait que reculer le problème. Une vérité demeure: la protection des droits et libertés par les juridictions est un long combat; pour l'emporter, il faut « développer l'esprit de tolérance et promouvoir la culture démocratique dans toutes ses dimensions, afin de sensibiliser, par l'éducation et la formation, les responsables publics, l'ensemble des acteurs de la vie politique et tous les citoyens aux exigences éthiques de la démocratie et des droits de l'Homme »[85].

Stéphane DOUMBÉ-BILLÉ

Merci à Eloi Diarra pour cette réflexion fort roborative. Elle démontre que le spécialiste des finances publiques n'a jamais su réellement cacher le publiciste généraliste et le philosophe. Son analyse porte sur les difficultés d'accès au juge et sur les remèdes et solutions qu'il convient d'apporter, notamment même si c'est à titre temporaire, celle de la justice transitionnelle. La transition est toute trouvée avec la prochaine intervention et c'est avec plaisir que je vais donner la parole au professeur Madjid Benchikh.

---

[85] Point 19 de la Déclaration de Bamako du 3 novembre 2000 « des ministres et chefs de délégation et de gouvernement des pays ayant le français en partage ».

VIOLATIONS MASSIVES DES DROITS HUMAINS ET JUSTICE TRANSITIONNELLE EN AFRIQUE

par

Madjid BENCHIKH
Ancien Doyen de la Faculté de droit d'Alger,
Professeur à l'Université de Cergy-Pontoise (Val d'Oise)

La question de la justice transitionnelle est liée de façon inextricable aux violations massives des droits humains. Elle se pose en effet à la suite de violents conflits notamment internes lorsque les violations massives des droits humains infligées aux populations ne peuvent être jugées par des institutions judiciaires légitimes et crédibles.

Les conflits internes naissent de l'incapacité de l'Etat et des gouvernants à trouver des réponses appropriées aux revendications politiques, économiques et sociales des populations. La violence dans laquelle s'engagent les parties aux conflits débouche sur des violations massives des droits humains que les tribunaux de l'Etat s'avèrent incapables de juger de façon indépendante et équitable ou conformément au droit international.

Le discrédit qui entoure toutes les institutions de l'Etat et particulièrement sa justice sont donc à l'origine de la création d'institutions qui ont reçu le nom de justice transitionnelle même si cette appellation mérite des précisions. En fait, le qualificatif "transitionnel" est justifié en considérant que l'Etat est en transition ou en cours de transformation pour passer d'un système politique autoritaire à un système plus ouvert et de plus en plus démocratique.

Cherchant à définir la justice transitionnelle Mark Freeman[1] estime que: “généralement, la justice transitionnelle est essentiellement axée sur la manière dont les sociétés qui sont en transition de la guerre à la paix ou d'un régime autoritaire à la démocratie… ont abordé le legs des exactions massives”.

En même temps, l'incapacité de l'Etat autoritaire répressif à proposer une justice crédible pour prendre en charge les dégâts occasionnés par les politiques de violations massives des droits humains rend nécessaire des solutions alternatives qui ne sont pas comparables à la justice étatique.

Dans son rapport relatif au “rétablissement de l'Etat de droit et administration de la justice pendant la période de transition dans les sociétés en proie à un conflit ou sortant d'un conflit”[2], le Secrétaire général des Nations Unies affirme: “Il ressort clairement de notre expérience de ces dernières années qu'il n'est possible de consolider la paix dans la période qui suit immédiatement la fin du conflit et de la préserver durablement, que si la population est assurée d'obtenir réparation à travers un système légitime de règlement des différends et d'administration équitable de la justice”.

Dans la ligne envisagée par le Secrétaire général des Nations Unies, on peut donc affirmer que pour sortir durablement de la violence, il convient de préconiser des mesures de réparation des préjudices subis par les victimes des violations des droits humains, en dehors du système judiciaire de l'Etat.

La justice transitionnelle peut donc englober un panorama extrêmement large de mesures plus au moins institutionnelles. On y inclut par exemple, sur le plan international, des organisations aussi différentes que les tribunaux pour l'ex-Yougoslavie et le Rwanda ou des Commissions d'enquêtes internationales, et sur le plan interne, des commissions diverses chargées, sur la base de compromis, plus au moins explicites, entre le gouvernement et d'autres organisations, de faire la vérité et de préconiser des

---

[1] FREEMAN (M.), Qu'est que la justice transitionnelle, Bruxelles: Centre international de justice transitionnelle, Haut commissariat aux droits de l'Homme, 2003, p. 1.

[2] Conseil de sécurité des Nations Unies. S 2004/616, 23 août 2004

mesures politiques, économiques ou financières pour réparer des violations graves des droits humains et éviter leur reproduction.

Nous ne retenons ici que cette dernière forme de justice transitionnelle illustrée par la création d'organes connus sous le nom de " Commissions Vérité " quelles que soient les appellations officielles qui leur ont été données. Ces Commissions, environ une trentaine, ont été expérimentées dans des conditions, des formes et des contenus divers, notamment en Afrique du Sud, en Argentine, au Chili, au Pérou, au Ghana, en Sierra Leone, au Sri Lanka, au Timor oriental ou plus récemment au Maroc[3].

Il convient d'examiner la consistance et les apports de cette forme de justice transitionnelle dans le contexte de la recherche des solutions pour réparer les préjudices et les situations déplorables créées par les conflits internes. Mais pour comprendre l'apport des Commissions Vérité, il est nécessaire de se pencher, d'abord, sur les conditions politiques, économiques et sociales qui conduisent à leur création. Il s'agit d'examiner la situation des pays concernés au lendemain d'un conflit interne.

I. – La situation institutionnelle au lendemain d'un conflit interne

C'est une évidence, aucun gouvernement disposant d'institutions socio-politiques et étatiques fortes ne recourt à une justice transitionnelle créée sur la base d'un compromis avec les forces d'opposition ou avec la communauté internationale.

Les conflits internes donnent lieu à des issues diverses. Il peut en résulter une victoire plus au moins nette d'une des parties qui écarte le compromis avec d'autres combattants. Au Chili pendant le gouvernement de Pinochet, en Argentine sous le règne des

[3] On peut en citer d'autres, telles que les Commissions d'enquêtes internationales créées par l'Organisation des Nations Unies sur les crimes de génocide, les crimes de guerre et les crimes contre l'humanité, comme pour l'ex-Yougoslavie, le Burundi, le Rwanda. On peut citer aussi des enquêtes nationales pour établir les faits en Irlande du Nord à la fin des années 1990, au Honduras en 1993, ou encore la Commission d'enquête pour l'évaluation de l'histoire et les conséquences de la dictature du SED, parti socialiste allemand de l'Est après la fin du régime communiste.

généraux ou encore en Algérie dans le cadre de la démocratie de façade actuelle, l'institution judiciaire contrôlée par le gouvernement est seule habilitée à régler les différends. Il n y a pas de place pour des “Commissions Vérité” qui remettraient en cause les actions non seulement des groupes d'opposition mais également les politiques gouvernementales. On examinera donc les raisons qui conduisent au rejet des “Commissions Vérité” par certains gouvernements. Nous examinerons dans ce cas les difficultés et les obstacles qui subsistent pour atteindre la paix sociale et la réconciliation nationale.

A. – Le rejet des solutions transitionnelles

Nous n'envisageons ici que les projets des “Commissions Vérité”, même si on sait que certains gouvernements peuvent accepter ou promouvoir unilatéralement des mesures qu'ils définissent eux-mêmes comme des solutions qui règlent les préjudices et les situations nées des conflits. Ainsi, en Algérie, il y a bien pour l'instant rejet de toute idée de création d'une “Commission Vérité”. Mais le chef de l'Etat a fait adopter par référendum le 29 septembre 2005 “la Charte pour la paix et réconciliation”. Les conditions dans lesquelles cette Charte a été adoptée et son contenu montrent bien comment se réalise ce rejet des “Commissions Vérité” et la signification qu'il convient de lui donner.

L'idée de faire adopter une Charte pour la paix et la réconciliation a commencé a être discutée en Algérie au fur et à mesure que les groupes armés islamistes semblaient perdre la bataille pour la mise en place d'un Etat islamique. Autrement dit, cette nouvelle politique est essentiellement celle du commandement militaire que le chef de l'Etat, conformément à l'esprit du système politique algérien, fera sienne avec un certain éclat.

Aucun parti politique opposé aux mesures développées par la Charte n'a été associé à son élaboration. Au cours même de la campagne électorale référendaire, aucune voix opposée à la Charte n'a pu s'exprimer à la télévision et sur les radios, toutes contrôlées par l'Etat. Les familles des disparus et leurs associations ainsi que diverses ONG de défense des droits de l'Homme ont été parfois pourchassées dans les rues en tentant d'exprimer leur opposition. En fait, le système politique algérien n'a jamais permis que l'opposition s'exprime dans les médias contrôlés par l'Etat lors des référendums organisés par les gouvernants. Avec l'appui du Commandement militaire, le chef de l'Etat ne conçoit un référendum que comme un instrument destiné à montrer que le peuple tout entier est derrière le gouvernement, sa politique et ses institutions[4].

Les partis qui participent au gouvernement ont cependant appuyé la Charte, même s'ils n'ont pas participé à son élaboration. Quant aux groupes armés, un grand nombre de leurs membres s'étaient déjà rendus aux autorités militaires depuis les pourparlers menés par l'armée avec certains de leurs chefs en 1997.

Le contenu de la Charte montre bien que le Commandement militaire a largement dicté les mesures envisagées. En effet, la Charte s'ouvre sur un éloge appuyé des politiques sécuritaires et de l'action de l'armée au cours du conflit interne algérien. Il en résulte que les violations des droits dont les principales ONG de défense des droits humains ont imputé la responsabilité à l'armée sont par définition écartées. Mais, les crimes commis par les groupes islamistes sont aussi largement amnistiés.

La Charte pour la paix et la réconciliation et les textes pris pour son application en 2006 se placent, à de nombreux égards, dans une perspective diamétralement opposée à celle des "Commissions Vérité". Aucune enquête indépendante et impartiale n'est envisagée. La seule vérité admise est celle du commandement militaire dont on sait qu'il est au centre du pouvoir en Algérie. Or, en plus des violations flagrantes des droits humains imputées aux forces gouvernementales par les ONG[5] comme *Amnesty international*, *Human Rights Watch*, la Fédération internationale des ligues des droits de l'Homme ou Reporters sans frontières, il existe de nombreux points d'interrogation en ce qui concerne certains massacres de populations et autres assassinats de personnalités comme Mohamed Boudiaf ramené par le Commandement militaire

---

[4] BENCHIKH (M.), *Algérie: un système politique militarisé*, Paris: L'Harmattan, 2003.

[5] Sur les violations des droits humains en Algérie, il existe une abondante documentation. Voir notamment les différents rapports d'*Amnesty international* et des autres ONG précitées. Consulter les "livres noirs sur l'Algérie" publiés par les éditions la Découverte, Paris, en 1996, 1997 et 2003.

pour remplacer le Président de la République évincé en janvier 1992.

L'amnistie accordée aux auteurs d'assassinats, de tortures et de disparitions forcées, dès lors qu'ils déposent les armes, conformément à la loi, a pour objectif de tourner la page, d'instaurer la paix et la réconciliation. La Charte pour la paix et la réconciliation poursuit donc des objectifs comparables à ceux que poursuivent les "Commissions Vérité". Mais, comme nous l'avons écrit dans la presse algérienne, la réconciliation ne peut pas s'obtenir par des diktats, et aujourd'hui encore l'armée algérienne fait face à des attentats et à des embuscades. La méthode autoritaire par laquelle les gouvernants imposent leurs mesures indique non seulement les limites des objectifs de paix et de réconciliation mais également la persistance d'un système politique qui n'a rien à voir avec une transition démocratique[6]. Dans le cas algérien, le rejet d'une "Commission Vérité" indique un rapport des forces politiques favorables au commandement militaire aboutissant à des mesures dictées par le vainqueur du conflit sans aucune transformation du système politique.

Dans d'autres cas, le rejet d'une "Commission Vérité" pour faire la vérité sur les violations massives des droits humains peut s'expliquer par d'autres rapports de force. On pourrait dire qu'en Espagne, la défaite des Républicains n'a pas permis la mise en place d'une "Commission Vérité" puisque les vainqueurs ont été glorifiés et les vaincus au contraire, considérés comme des pestiférés. C'est seulement après la mort du général Franco qu'un frémissement de changement pour établir une partie de la vérité semble commencer, non sans hésitation. L'amnistie de 1977 qui concerne tous les auteurs des crimes de la guerre civile va dans ce sens, même si elle place sur le même plan des forces difficilement comparables.

En Espagne, en Algérie, au Chili, en Afrique du Sud et ailleurs, la recherche de la vérité est étroitement liée à l'évolution des rapports de force dans les sociétés concernées. En Espagne, la

---

[6] Sur toutes les questions relatives au système politique algérien, voir BENCHIKH (M.), *Algérie: un système politique militarisé*, Paris: L'Harmattan, 2003.

consolidation de la démocratie et l'adhésion aux Communautés européennes, autrement dit le changement du rapport de forces, n'ont pas bouleversé complètement les données du problème en faveur de l'établissement de la vérité. C'est seulement très récemment que des forces politiques semblent s'orienter vers une réhabilitation plus systématique des victimes républicaines. Plusieurs raisons peuvent expliquer cette difficulté pour établir la vérité, en débattre et en tirer des conséquences comme dans le cas où de véritables "Commissions Vérité" ont été installées. Le rapport de force en faveur de la vérité doit sa fragilité, en Espagne comme ailleurs, aux conditions même qui ont marqué ses premiers pas. L'établissement de la vérité peut faire craindre des bouleversements dans un temps espagnol et une époque internationale où il n'y a pas de forces capables de les conduire pour construire un nouvel ordre et pas seulement pour détruire l'ordre ancien. Le temps aidant ou faisant son œuvre, en Espagne, comme dans d'autres pays, nombreux sont ceux qui pensent qu'il serait dangereux de remuer le passé.

La restructuration des partis politiques et des associations, voire de la société elle-même, s'opère sur des lignes et des options qui n'épousent pas les fractures et les valeurs autour desquelles s'est cristallisée la guerre civile[7]. Les principaux partis politiques de l'Espagne du 21ème siècle ont des regards complexes et des intérêts entrecroisés avec la guerre civile et les crimes qu'elle a engendrés.

Au Chili, les multiples rebondissements de l'affaire Pinochet montrent assez que si les forces qui appuient la recherche de la vérité se font désormais entendre, celles qui protègent les auteurs des crimes de la dictature restent encore puissantes.

A la lumière de ces évolutions, on peut peut-être s'autoriser quelques questions en ce qui concerne certaines notions juridiques, à la frontière du droit interne et du droit international. L'Algérie et le Chili, comme d'autres, ont fréquemment invoqué la souveraineté

---

[7] Sur l'Espagne plusieurs ouvrages ont été publiés en France sur la guerre civile, voir notamment PEPIN (P.), *Histoire intime de la guerre d'Espagne*, MACIAS (S.), *Les fosses du franquisme*. Une émission très instructive à été réalisée en France, le 10 septembre 2006, par la radio "France Inter" sur la recherche de la vérité, la question de réhabilitation des victimes républicaines, les fosses communes, les disparitions et les massacres. Voir aussi le journal *Le Figaro* du 25 septembre 2006.

de l'Etat pour rejeter une recherche de la vérité autre que celle que leurs gouvernements établissent. La souveraineté qu'exercent les gouvernements répressifs s'autorise une lecture expéditive des conventions internationales qui établissent les crimes de génocide, les crimes de guerre et les crimes contre l'humanité[8] et l'imprescriptibilité de ces crimes[9].

Lorsque ces crimes imprescriptibles font l'objet de lois d'amnistie sans qu'intervienne une Commission de Vérité dans laquelle les victimes se sentent représentées, on peut se demander s'il n'y a pas là une lecture très sélective du droit des peuples à l'autodétermination. Ces lectures de la souveraineté et du droit des peuples à l'autodétermination en privilégiant le rôle et la place de l'Etat, oublient les objectifs premiers de protection et de sauvegarde de la liberté des peuples qui sont au coeur de ces notions et leur raison d'être fondamentale[10]. Dans la mesure où sont niés les droits fondamentaux de larges parties de la population, l'exercice du droit à l'autodétermination se trouve, pour elles, vidé de toute signification. L'Etat et la souveraineté qu'il exerce au nom du peuple paraissent alors effectivement très loin des aspirations d'une grande partie des populations. La paix rétablie par la seule force, sans vérité, sans réparations et sans transformations politiques ne peut pas résoudre les problèmes. La situation est évidemment différente dans les pays ou de véritables Commissions Vérité ont pu être établies.

B. – Les conditions de création des "Commissions Vérité"

Il n'est pas possible de passer en revue les conditions qui ont permis la création, le fonctionnement et parfois le succès des

---

[8] Voir notamment les Conventions de Genève de 1949 et les Protocoles I et II additionnels de 1977, ainsi que la Convention du 17 juillet 1998 portant Statut de la Cour pénale internationale (CPI), notamment les articles 6, 7 et 8.

[9] Voir la Convention du 26 novembre 1986 sur l'imprescriptibilité des crimes de guerre et des crimes contre l'humanité.

[10] Sur les différentes conceptions en présence dans la société internationale actuelle en matière de souveraineté des Etats et du droit des peuples à disposer d'eux-mêmes, voir notre contribution au *Mélanges en l'honneur du professeur Jean SALMON*, Bruxelles: Bruylant, 2006 (à paraître).

"Commissions Vérité". En fait, chaque "Commission Vérité" n'a une chance d'établir la vérité et de contribuer à la paix et à la réconciliation que si ses promoteurs savent tenir compte des caractères essentiels qui marquent la société, la scène politique et les conditions de vie des populations, et particulièrement des principaux acteurs. C'est dire qu'il s'agit d'une entreprise délicate. Chaque cas présente sa spécificité. On peut cependant noter les conditions qui doivent être nécessairement réunies pour que ces Commissions puissent avoir quelques chances de succès. La première condition nécessaire est l'existence d'un compromis entre les principaux protagonistes de la scène socio-politique. Cette condition est réalisée lorsque chacune des forces en présence se rend compte qu'elle ne peut pas, seule, imposer sa vérité ou ses solutions à la crise développée par le conflit interne sans payer un prix excessif au dessus de ses capacités. Ce compromis peut être implicite ou explicite et formulé dans un accord de paix ou un autre acte mettant fin au conflit avec ou sans l'intervention d'une organisation internationale comme au Timor oriental, au Sri Lanka en Sierra Leone ou ailleurs.

Pour la création de la Commission vérité et réconciliation en Afrique du sud en 1994, la plus célèbre des "Commissions Vérité", le compromis résulte des négociations impulsées par le Président Mandela et l'ex-Président De Klerk. Le ressort essentiel de ce compromis tourne autour de leurs rapports de forces respectifs et des avantages que l'*African National Congress* et les forces économiques et politiques du pouvoir blanc pensent retirer de la création d'une Commission qui peut contribuer à la stabilité du nouveau régime et à la réconciliation, ou tout au moins à la pacification des relations sociales, condition indispensable au développement économique du pays ou plus simplement des affaires. On peut multiplier les exemples qui montrent la nécessité d'un compromis explicite ou tacite entre les forces opposées en vue de la création d'une Commission Vérité. Dans certains cas, il est vrai, la création de la Commission Vérité semble plutôt octroyée par le pouvoir politique. C'est le cas par exemple au Maroc. La création de la Commission "Instance Equité et Réconciliation" (IER) est largement due à la volonté du nouveau Roi Mohamed VI de se démarquer par rapport à l'héritage de son père Hassan II en ce qui concerne les violations massives des droits humains perpétrés lors du long règne de ce dernier. Mais des ONG marocaines et des personnalités indépendantes ont participé à l'élaboration du projet de création et donc à la négociation des compétences de cette Instance. Le mot vérité n'a pas été retenu dans la dénomination, mais il s'agit bien de faire la vérité sur une période de l'histoire du Maroc. Même si, sur la scène politique marocaine, la place et le rôle du Roi et du Makhzen restent prépondérants, la montée des contestations dans la société civile et les exigences liées aux relations internationales conduisent les gouvernants à accepter cette Commission. Tout comme le rapport des forces oblige une partie de la société civile à se contenter d'une Commission aux prérogatives limitées, particulièrement en ce qui concerne la délimitation des responsabilités personnelles ou institutionnelles dans la Commission des crimes. L'exigence d'un compromis se traduit évidement dans la composition et les compétences des commissions dont nous verrons certains aspects en étudiant leur crédibilité. Le compromis ne suffit pas. Il doit donner naissance à une Commission Vérité crédible, alors même que les organes judiciaires ne peuvent faire justice de façon indépendante et impartiale.

La crédibilité des Commissions Vérité peut être acquise de plusieurs manières selon la situation du pays et des problèmes posés. Il n'est évidemment pas possible de les passer ici en revue.

La création de la Commission Vérité doit être soutenue par une volonté effective de faire la vérité. Sans cette volonté qui doit animer les principaux acteurs, la manipulation de la Commission l'emporte sur les objectifs proclamés.

Certes, il est habituel que chacun tente d'influencer la Commission pour faire valoir sa vérité et rejeter les faits qui montrent les violations dans lesquelles il est impliqué. La manipulation peut être grossière, comme lors de la création d'une Commission Vérité par le dictateur Idi Amin Dada en Ouganda. Mais même dans le cas de Commissions réputées sérieuses, comme celle de l'Afrique du sud, les parties impliquées, comme l'*African National Congress*, parti au pouvoir d'un côté, plusieurs personnalités de l'ancien pouvoir blanc et le parti de l'Inkata du chef

Buthelezi de l'autre, ont tenté d'attirer la Commission vers leurs propres positions, et à défaut de la diminuer ou de la discréditer[11].

La crédibilité de la Commission Vérité est évidemment essentielle pour poursuivre les objectifs de paix et de réconciliation qu'ambitionnent d'atteindre leurs promoteurs. Cette crédibilité ne peut être atteinte que si des personnalités réputées intègres, compétentes et ayant une haute moralité composent la Commission. Une composition sérieuse de la Commission peut constituer un gage de l'audience de ces travaux et du succès de l'entreprise. Le Président de la Commission sud africaine Desmond Tutu, personnalité d'une autorité morale bien établie, les conditions de sélection des membres des Commissions dans d'autres cas, et parfois l'intervention de l'ONU dans la sélection, la présence d'anciens disparus connus et indépendants dans la Commission marocaine sont autant de facteurs qui contribuent à l'autorité des Commissions.

La crédibilité de la Commission dépend aussi des compétences et des moyens dont on accepte de la doter. La Commission doit disposer clairement d'un mandat qui lui permet de rechercher la vérité et de l'établir grâce aux pouvoirs d'investigation et d'enquête tant auprès des citoyens que des responsables civils et militaires. L'accession aux documents et preuves doit être facilitée par des instruments juridiques appropriés.

La crédibilité de la Commission dépend également des relations de confiance, de respect, de sérieux et de dignité qu'elle établit avec les victimes, les familles, les témoins. En fait, la Commission doit pouvoir obtenir la coopération de la société voire de l'environnement international, notamment des ONG liées à la défense des droits de l'Homme. La crédibilité de la Commission et

---

[11] Sur les différents problèmes et les tentatives de manipulations qu'ont eu à affronter les “ Commissions Vérité ”, voir le site d'*Amnesty International*
www.amnesty.org/library/print/FRAAFRS30012003. Voir en particulier le rapport d'*Amnesty* et *Human Rights Watch*, index AI afr 53/001/2003 de février 2003. Voir aussi le colloque réalisé à l'Université libre de Bruxelles par le Centre international de justice transitionnelle, et notamment les contributions de Mark FREEMAN et Priscilla HAYNER, *op.cit.*

la manière dont elle sera reçue dans la société et à l'étranger dépendent donc aussi bien des moyens dont on l'a dotée que de ses qualités et de son travail propres.

Les mesures prises au Chili avec la création d'un office national de réparation et de réconciliation, au Guatemala avec la mise en place de la fondation pour la paix et l'harmonie, au Salvador avec diverses mesures de réformes, indiquent une prise en considération des recommandations des Commissions. La crédibilité de la Commission peut être touchée si au cours même des travaux les services de sécurité détiennent, en violation des conventions internationales, des citoyens sans jugement et recourent à la torture et aux disparitions forcées. Ainsi, l'Instance Equité et Réconciliation, au Maroc, a vu sa crédibilité mise en cause par suite des violations flagrantes des droits de l'Homme, du recours à la torture, aux enlèvements et aux procès inéquitables qui ont suivi les attentats islamistes de Casablanca en avril 2003. Outre les conditions nécessaires qui doivent être réunies pour la création des “ Commissions Vérité ”, il convient d'examiner leurs objectifs pour bien apprécier leurs apports.

II. – Les objectifs et les apports des Commissions Vérité

Les Commissions Vérité doivent être distinguées des Commissions d'enquête et des tribunaux, particulièrement en ce qui concerne les objectifs et leurs apports.

A. – Délimitation des objectifs

Les Commissions Vérité ne sont pas de simples Commissions d'enquête chargées de rassembler des faits à propos de quelques événements. Les Commissions d'enquêtes ont certes un objectif qui recoupe les Commissions Vérité en recherchant la vérité et en procédant aux investigations. Dans les deux cas, l'établissement de la vérité peut permettre de situer les responsabilités des auteurs des violations. Mais, même si les Commissions Vérité ont pour but d'établir la vérité, leurs objectifs sont plus larges. L'ampleur des objectifs retentit sur la place et le rôle des Commissions Vérité qui revêtent ainsi une dimension politique, sociale et éthique, que n'ont pas les Commissions d'enquête.

Il est vrai que les Commissions d'enquête peuvent affronter, elles aussi, des problèmes de crédibilité comme on l'a vu pour les Commissions Vérité. De surcroît, dans les systèmes politiques autoritaires, comme en Algérie, le gouvernement fait et défait les Commissions d'enquête et souvent ne publie pas les rapports qu'elles établissent, comme cela a été le cas lors des élections truquées ou lors d'assassinats de personnalités politiques. Ainsi, en Algérie, le rapport sur les disparitions forcées, établi pourtant par une Commission désignée par le chef de l'Etat, n'a pas été publié sans doute parce que, malgré toutes les précautions, il y apparaît aux termes du discours du Président de la Commission, que les services de sécurité sont responsables de plus de 6 100 disparitions forcées au cours de la période 1992-2005. On peut considérer que le Commandement militaire n'est pas prêt de reconnaître sa responsabilité dans ce domaine, comme l'indique le contenu de la Charte pour la paix et la réconciliation qui décrit toute l'action des services de sécurité comme une politique de sauvegarde de la nation et de la démocratie.

Il est vrai qu'il peut exister des Commissions d'enquête présentant une plus grande envergure et composées des personnalités compétentes et indépendantes. Il s'agit par exemple, de Commissions chargées de clarifier certains événements historiques et éventuellement de contribuer à la réhabilitation des victimes et de leurs familles. On peut citer la Commission américaine sur le déplacement et l'internement de civils en temps de guerre (*US Commission on Wartime Relocation and Internment of Civilians*) et la Commission royale canadienne sur les indigènes[12].

Certains peuvent être tentés de considérer l'Instance Equité et Réconciliation (IER), au Maroc comme une Commission historique puisqu'elle est chargée de manière limitée de clarifier les conditions dans lesquelles ont été perpétrées les violations graves des droits humains pendant le règne de Hassan II, sans engager la responsabilité, ni citer les auteurs. Mais quelles que soient les limites de l'IER marocaine, son objectif est trop proche de la

---

[12] Voir. FREEMAN (M.) et HAYNER (P.), "La divulgation de la vérité", Centre international de justice transitionnelle, site Internet: mfreeman@ictj.org.

situation actuelle des droits de l'Homme au Maroc, y compris des personnels politiques et militaires pour faire de cette Commission une simple commission historique. Les recommandations de la Commission portent d'ailleurs sur des réformes diverses qui touchent les systèmes politique, social, judiciaire et de sécurité actuels du Maroc[13]. Ce qui montre toute l'actualité des travaux de la Commission et son impact sur une transition politique au Maroc si toutefois les recommandations de l'IER sont mises en œuvre. En même temps, il est également difficile d'envisager sérieusement l'hypothèse d'une application pacifique ou sans remous de recommandations qui mèneraient le Maroc d'une monarchie de droit divin, qu'on ne peut critiquer, à un Etat de droit ouvert à l'alternance politique.

Les Commissions Vérité ne sont pas non plus des tribunaux judiciaires. D'une manière générale, la trentaine de Commissions mises en place en Afrique, en Amérique, en Asie et en Europe n'ont jamais été dotés des moyens et des compétences pour juger et prononcer des peines à l'encontre des auteurs des violations constatées. L'autorité des Commissions Vérité n'est pas celle de l'autorité de la chose jugée des tribunaux judiciaires. Elle est celle que lui confèrent sa crédibilité et son autorité morale basées sur la force de la vérité qu'elle établit en la faisant partager par la société.

Un tribunal recherche la responsabilité d'un individu, sur la base des lois existantes, et prononce une peine ou acquitte. La Commission recherche et clarifie les faits, et du coup, ne serait-ce qu'indirectement, elle implique les institutions, les administrations et les groupes privés sans forcément nommer les responsables. Elle recommande la réforme des lois et des institutions, ce qui n'est pas le rôle d'un tribunal.

Certes quelques Commissions ont eu le droit de citer des noms comme celles d'El Salvador ou du Tchad. Mais dans la grande majorité des cas, les Commissions Vérité n'ont pas le droit de citer les noms de personnes auxquelles elles imputent la responsabilité des crimes perpétrés. Cette question relative à la désignation des noms est l'une des plus controversées. Les victimes et leurs familles

---

[13] Sur les travaux et recommandations de l'IER du Maroc, voir le site www.ier.ma. Voir aussi, les travaux du Centre international pour la justice transitionnelle de l'Université libre de Bruxelles précité.

acceptent mal que les crimes dont elles ont souffert soient traités de manière "impersonnelle", laissant échapper, d'après elles, la responsabilité et l'approche qui doivent accompagner leurs bourreaux. La revendication est légitime. Mais il ne faut pas oublier que les Commissions Vérité ne sont viables que dans le cadre des compromis qui les créent. Créer des Commissions Vérité qui seraient de véritables tribunaux transformeraient la situation de transition en une victoire déjà acquise par les forces du nouvel ordre. L'équilibre qui est au cœur des Commissions Vérité ne peut pas aboutir à la substitution d'une justice nouvelle basée sur le respect des droits de l'Homme à la place de l'ancienne si fortement imbriquée à l'arbitraire des systèmes politiques autoritaires. Les Commissions Vérité peuvent au mieux être annonciatrices d'un ordre judiciaire nouveau, de plus en plus indépendant du système politique et de ses clientèles. En ce qui concerne la question de la justice, comme d'autres telles la réparation ou la réconciliation, les Commissions Vérité se définissent plus comme des institutions ouvrant " un processus " de transformation de l'ordre établi, que comme de nouveaux organes d'un nouvel ordre qui l'aurait déjà emporté sur l'ancien en imposant ses valeurs et sa justice. Ces distinctions, par rapport aux Commissions d'enquête et aux tribunaux, pour utiles qu'elles soient, ne sont pas suffisantes pour cerner les objectifs des Commissions Vérité et les moyens que leur donne leur mandat.

Le principal objectif est évidemment l'établissement de la vérité. Mais, plusieurs Commissions indiquent clairement qu'elles visent la réconciliation sociale ou nationale après un conflit interne qui a secoué le corps social et préconisent de nombreuses formes pour atteindre ces objectifs.

B. – Les objectifs de vérité et de réconciliation

Les deux objectifs de vérité et de réconciliation sont intimement liés. La recherche de la vérité est conçue comme une étape et un instrument indispensables pour atteindre la réconciliation dont ont besoin les protagonistes du conflit pour faire redémarrer la vie politique, économique et sociale après des luttes meurtrières et fratricides.

L'argument, sans doute le plus incontournable en faveur des Commissions Vérité est que l'ignorance de la vérité biaise ou pourrit d'emblée les projets de redémarrage et de reconstruction. L'absence de vérité signifie que les politiques et les méthodes pratiquées avant et durant le conflit ne peuvent pas être mises en débat et encore moins dénoncées. C'est dire que le rejet de la vérité déjà dommageable en soi, pose encore plus de problèmes pour l'avenir des réformes. Sans vérité, la société continue de vivre et de débattre dans la confusion, ou l'illusion.

L'établissement de la vérité est également indispensable pour découvrir les causes du conflit. Or, sans une analyse rigoureuse des causes du conflit, les discours et les projets de réforme risquent d'être creux et d'être sans prise sur la réalité. Deux dangers guettent alors les réformes projetées. En premier lieu, les réformes risquent d'être éloignées des préoccupations d'une large partie de la population dont on a refusé la part de vérité. Il se développe ainsi une construction des institutions de plus en plus étrangères à la nation ou aux populations. Comme l'indique Burhan Ghalioun dans le sous-titre même de son ouvrage, sur le *Malaise arabe*, c'est l' “Etat contre Nation”[14]. Comment dès lors réaliser les recommandations qu'aucune Commission Vérité ne manque d'adresser aux gouvernants.

En second lieu, les réformes, à supposer qu'elles soient décidées, risquent de ne pas devenir effectives, faute d'associer à leur élaboration les représentants de ceux qu'elles concernent et d'être prises en connaissance de cause. L'absence d'un vrai constat empêche un véritable diagnostic et facilite l'éclosion de politiques erronées. Les dangers qui découlent du refus de la recherche de la vérité et des causes du conflit corrodent donc en profondeur le corps social.

Certes on entend bien l'argument selon lequel il convient de tourner la page de la violence, d'éviter de faire revivre le passé, source de tant de tragédies. La vérité ne ferait que raviver des plaies encore trop sensibles et empêcherait la réconciliation. Ce discours est largement diffusé pour rejeter la recherche de la vérité dans les

---

[14] Burhan GHALIOUN, *Le malaise arabe. Etat contre Nation*, Alger: Enac Edition/Paris: La Découverte, 1991.

pays qui ont connu des guerres civiles par les pouvoirs autoritaires comme en Algérie.

Tourner la page sans renier le passé et donc sans méconnaître la vérité paraît indispensable à la réconciliation. Le problème est que, comme on l'a expliqué plus haut, la réconciliation doit avoir des fondations solides qui incluent la vérité sur les causes du conflit pour porter les réformes et éviter les récidives.

Au demeurant, on comprend bien pourquoi les régimes autoritaires s'opposent à la vérité, particulièrement sur les causes du conflit. L'implication des services de sécurité de l'Etat dans les violations massives des droits humains est telle que l'établissement de la vérité risque d'aboutir à la déstabilisation et au discrédit du système politique lui-même emportant du même coup les détenteurs du pouvoir.

Dans la plupart des conflits internes, les systèmes autoritaires ont érigé la torture, l'assassinat ciblé, la disparition forcée et le viol au rang de politiques pour terroriser et soumettre l'adversaire, avec comme un des enjeux, la domination de la société. Or, le droit international général et plusieurs conventions internationales définissent les crimes accomplis dans ces conditions comme des crimes contre l'humanité[15]. Aux termes de l'article 7[16] de la Convention du 17 juillet 1998 portant Statut de Rome de la Cour pénale internationale: " On entend par crime contre l'humanité, l'un des actes ci-après commis dans le cadre d'une attaque généralisée ou systématique lancée contre une population civile et en connaissance de cette attaque ". Parmi les actes cités, figurent le meurtre, le viol, la torture, les disparitions forcées qui sont précisément les instruments de terreur auxquels recourent

---

[15] Il convient de se référer aux textes établissant les tribunaux de Nuremberg et de Tokyo après la Seconde Guerre mondiale et aux décisions de ces tribunaux ainsi qu'à la jurisprudence des tribunaux pour l'ex-Yougoslavie et le Rwanda créés par le Conseil de sécurité (TPIY et TPIR).

[16] L'article 7 du Statut de la Cour pénale internationale semble traduire le droit international général actuel sur cette question. Voir aussi en ce sens la sentence du Tribunal permanent des peuples (Tribunal international d'opinions sur les violations des droits de l'Homme en Algérie, 5-8 novembre 2004, Paris, site Internet: www.fondazionebasso.it ou www.algerie.tpp.org.

systématiquement et sur une large échelle les protagonistes des conflits armés internes.

La Convention internationale pour le protection de toutes les personnes contre les disparitions forcées du 23 septembre 2005[17] stipule (article 5) que: “la pratique généralisée ou systématique de la disparition forcée constitue un crime contre l’humanité tel que défini dans le droit international applicable et entraîne les conséquences prévues par le droit international applicable”.

On voit dès lors mal comment des systèmes politiques largement dominés par des forces civiles et militaires, responsables de crimes contre l’humanité, pourraient survivre à l’établissement d’une vérité qui les accable. Le rejet de la vérité est un moyen d’imposer une version des faits sur laquelle repose la survie d’un système et des intérêts qu’il défend. Dans les pays où des Commissions ont pu établir la vérité, comme au Chili, au Salvador, en Argentine, au Pérou, au Guatemala et au Timor oriental ou en Sierra Leone, les systèmes politiques dans lesquels ont été accomplies les violations des droits humains, ont connu le déclin même si certaines méthodes autoritaires continuent de survivre.

Le refus de la vérité sur les violations des droits humains dans des pays démocratiques est plus difficile à saisir. En France, l’utilisation de la torture et les massacres de populations pendant la guerre de libération en Algérie n’ont jamais fait l’objet d’une Commission Vérité. L’évocation de ces crimes continue de faire l’objet de polémiques virulentes poussant certaines forces politiques françaises à préconiser dans une loi adoptée par le Parlement un article qui fait l’éloge de la colonisation[18] cherchant ainsi à imposer leur vérité autour de laquelle se sont structurés des intérêts et une idéologie durable.

---

[17] La Convention internationale pour la protection de toutes les personnes contre les disparitions forcées (E/CN.4/2005/WG.22 WP.1/Rev. 4 du 23 septembre 2005) a été conclue sous l’égide des Nations Unies. Elle rappelle les pactes et instruments internationaux dans les domaines des droits de l’Homme, du droit humanitaire et du droit pénal international. Elle reprend et développe la Déclaration sur la protection de toutes les personnes contre les disparitions forcées adoptées par l’Assemblée générale des Nations Unies (Rés. 47/133 du 18 décembre 1992).

[18] Il s’agit de la loi u 23 février 2005 dont l’article 4 controversé a été finalement écarté.

En Espagne, les progrès de la démocratie depuis la mort du général Franco n'ont pas pour autant élucidé les crimes commis durant la guerre civile. Là aussi, des intérêts se sont structurés de façon durable dans les institutions, rendant compliqués les efforts de transparence pourtant indispensables à une consolidation d'une société démocratique[19].

Même si les conditions et les formes de l'établissement de la vérité peuvent varier d'un pays à un autre, la reconnaissance des faits et de leurs causes ouvre la voie à des rapports sociaux plus solides. Sur le plan éthique et du point de vue des valeurs sur lesquelles sont bâties les droits humains, l'établissement de la vérité constitue, de surcroît, un atout appréciable pour l'assainissement des situations consécutives aux conflits internes, tant en ce qui concerne le personnel politique et administratif que pour ce qui touche les règles de droit.

Dans les cas de disparitions forcées, l'établissement de la vérité paraît absolument indispensable pour des raisons qui méritent d'être abordées de manière distincte.

C. – La question de l'établissement de la vérité dans le cas des disparitions forcées

Dans de nombreux pays aux prises avec des conflits internes de grande envergure, le recours aux disparitions forcées est le plus souvent une politique systématique des parties pour terroriser l'adversaire et soumettre les populations. Comme on l'a dit, ces disparitions forcées, toujours criminelles, deviennent ainsi des crimes contre l'humanité dont les auteurs portent la responsabilité. Mais il faut souligner que comme l'indique la Convention internationale sur les disparitions forcées, il s'agit d'un crime continu tant que la vérité n'a pas été établie.

La recherche de la vérité est d'autant plus difficile que les auteurs de disparitions forcées nient leur implication ou leur responsabilité dans ces disparitions et que les victimes, par définition, ne sont pas là pour en témoigner. Un grand vide entoure la recherche de la vérité sur les disparitions forcées. Cette situation

---

[19] Des recherches sur la guerre civile en Espagne estiment à environ 30 000 les cadavres enfouis dans les fosses aujourd'hui encore.

est combattue en droit par l'admission de la règle de la continuité, bien établie dans les législations internes et reprise par l'article 8 de la Convention internationale sur les disparitions forcées. Le délai de la prescription de l'action pénale "commence à courir lorsque le crime de disparition forcée cesse, compte tenu de son caractère continu".

La règle de la continuité de la violation, tant que dure la disparition, apparaît aujourd'hui comme une règle coutumière. Son impact sur les législations internes de prescription est évident.

Les régimes de prescription que prévoient les Etats qui ont connu des situations de disparitions forcées heurtent dès lors le droit international coutumier et conventionnel[20]. Malgré cela, une amnistie a été édictée en France en 1962, en Espagne en 1977, et en Algérie en 1999 puis surtout en 2005 avec la Charte pour la paix et la réconciliation. En Algérie, l'extinction des poursuites concerne les auteurs de la plupart des violations des droits de l'Homme comme les assassinats ciblés, la torture et les disparitions forcées. Seuls sont exceptés, les massacres, les viols et les attentats à l'explosif dans les lieux publics.

La loi algérienne[21] viole donc le droit international coutumier, d'autant que les disparitions forcées systématiquement pratiquées à grande échelle, en Algérie, sont des crimes contre l'humanité.

La position du problème peut cependant être, à certains égards, différente dans le contexte de la recherche de la vérité par une Commission établie avec le consentement des familles des victimes des disparitions forcées et autres. C'est le cas, par exemple, en Afrique du sud où la reconnaissance du crime par son auteur permet d'aboutir à l'amnistie[22].

---

[20] La plupart des pays qui ont connu des conflits décident, dans des conditions diverses, d'organiser l'amnistie ou l'extinction des poursuites judiciaires à l'encontre des individus recherchés pour des violations de droits humains. Certains crimes sont toutefois exclus de cette amnistie.

[21] En Algérie, un référendum du 29 septembre 2005 a adopté la Charte pour la paix et la réconciliation nationale. Voir Journal officiel algérien du 15 août 2005. L'ordonnance n°06/01 du 27 février 2006 porte mise en œuvre de cette Charte. Il faut rappeler également la loi n° 99-08 du 13 juillet 1999 relative au rétablissement de la concorde civile.

[22] La Commission Vérité et Réconciliation de l'Afrique du Sud permet aux auteurs des violations des droits humains qui reconnaissent leurs crimes et

Il est bien connu que les familles des victimes des disparitions forcées ne parviennent pas à faire leur deuil de la perte de leurs proches sans l'établissement de la vérité sur leur sort. Les "Commissions Vérité" permettent justement de débloquer cette situation lorsqu'elles collaborent avec les familles des disparus. En recueillant les informations auprès de toutes les sources impliquées ou témoins des disparitions, en organisant des débats publics et en proposant des mesures de réhabilitation et de réparation, les Commissions Vérité apparaissent comme des instruments particulièrement appropriés au traitement social de la question des disparitions forcées. Elles permettent de concrétiser le droit de savoir reconnu aux familles en droit international.

Grâce à la vérité qu'elle établit et qu'elle divulgue dans la société, grâce aussi aux mesures qu'elle recommande, la Commission Vérité peut montrer aux familles de disparus que leurs proches sont morts pour l'idéal qui a été le leur. Surtout, au-delà des aspects positifs ou négatifs de leur combat, la Commission Vérité peut faire comprendre que les victimes ne sont pas mortes pour rien comme leurs adversaires le font valoir. En plus des clarifications et des responsabilités qu'elle est seule à pouvoir apporter, compte tenu de l'état des institutions et de la justice, la Commission peut contribuer à faire admettre que c'est aussi grâce au sacrifice des victimes que le pays s'engage dans les réformes pour instaurer plus de justice sociale et plus de démocratie[23]. Si ce travail est engagé, les victimes peuvent renoncer à revendiquer des poursuites: ce qui revient à donner effet à la prescription. C'est dire qu'une Commission Vérité peut être un instrument utile pour l'effectivité des réformes et pour la réconciliation. Sans elle rien ne peut empêcher les familles de disparus de continuer à lutter sur le territoire national et à l'étranger, notamment grâce à l'utilisation de

---

demandent pardon aux victimes, d'obtenir l'amnistie. Les autres auteurs peuvent être poursuivis conformément à la loi.

[23] Ce point de vue que nous avons développé dans une conférence à Alger, le 1er juillet 2005, à propos des familles de disparus en Algérie, semble être bien reçu par ces familles qui font valoir cependant que le gouvernement est loin de s'engager dans l'esprit d'une Commission Vérité et des mesures appropriées.

la compétence universelle admise dans plusieurs pays démocratiques.

Encore faut-il que les recommandations de la Commission soient non seulement de nature à transformer la situation qui a donné naissance au conflit et aux violations des droits humains, mais soient aussi appliquées par les institutions politiques, économiques et sociales compétentes.

D. – Commissions Vérité et réformes des institutions

Quels que soient la nécessité et l'intérêt des Commissions Vérité pour l'établissement de la vérité, leur apport restera insuffisant si leurs recommandations n'indiquent pas les réformes indispensables et si les autorités compétentes ne les mettent pas en œuvre. C'est ce deuxième volet, c'est-à-dire le travail qui suit le rapport de la Commission et réalise les réformes qui permet de construire la réconciliation.

L'un des intérêts des Commissions Vérité est précisément de mettre le doigt sur les causes du conflit. La Commission doit recommander les mesures adéquates pour que les dérives constatées ne se reproduisent pas et pour que l'Etat de droit soit consolidé. Il convient donc de réparer matériellement et symboliquement les préjudices qui ont été causés aux victimes et à leurs familles. Ces mesures, généralement recommandées par les Commissions Vérité, sont parfois prises, comme en Algérie, sans processus consultatif de recherche de la vérité. La situation financière des victimes et des familles étant très souvent catastrophique, la réparation doit consister, comme on le sait en droit international, à prendre les mesures pour restituer les choses en l'état (réparation par exemple des destructions de maisons, restitutions des biens confisqués, emplois, etc.), compenser financièrement les préjudices subis et les gains manqués et aussi réparer symboliquement les préjudices. La réparation matérielle, bien que nécessaire, est toujours insuffisante. Elle peut même apparaître comme une tentative de manipulation de la souffrance pour acheter le silence des victimes si des mesures de réhabilitation ne sont pas prises pour honorer la mémoire des victimes. Le rétablissement de la dignité humaine individuelle ou collective est une exigence de la réparation par laquelle se poursuit l'œuvre fondamentale de réconciliation. La réconciliation exige en effet que les populations victimes soient réintégrées comme citoyens dans le corps social. On voit donc que la réparation matérielle ne suffit pas et que le réparation symbolique, nécessaire, doit être suivie de diverses politiques de réformes.

L'analyse des causes du conflit peut se faire par la clarification des conditions dans lesquelles ont été perpétrées les violations des droits humains constatées. Mais dans la pratique la désignation des causes du conflit est extrêmement délicate. Non pas que les commissaires ou les forces politiques ne voient pas les conditions politiques, économiques et sociales qui ont conduit à la crise mais parce qu'il est difficile de désigner les institutions défaillantes sans pointer du doigt les Hommes et les systèmes responsables. Les difficultés apparaissent clairement lorsqu'on tente d'analyser les causes d'un conflit précis.

Si l'on prend l'exemple algérien, à supposer que l'on veuille établir les causes du conflit, une éventuelle Commission Vérité devrait mettre en évidence, comme l'ont fait des ONG internationales telles *Amnesty International*[24], la Fédération internationale des droits de l'Homme ou *Human Rights Watch*, le rôle central des services de sécurité, et notamment la sécurité militaire, dans les assassinats ciblés, la torture et les disparitions forcées. Or, en Algérie, le système politique largement façonné par l'armée est sous l'emprise de l'armée. Le Président de la République a toujours été désigné par tout ou partie du Commandement militaire avant d'être élu par le peuple dans le cadre d'élections manipulées par le sécurité militaire qui joue le rôle d'une police politique. Une telle analyse, si elle pouvait être faite par une Commission Vérité, devrait conclure à la dissolution de la police politique comme une condition indispensable pour enclencher sérieusement un processus de construction de l'Etat de droit.

Aucun gouvernement algérien ne peut accepter de soutenir de telles conclusions dans le cadre de la situation actuelle sans risquer d'être écarté par ceux que les Algériens appellent les “ détenteurs du pouvoir réel ”, c'est-à-dire par le Commandement militaire.

---

[24] *Amnesty International* et les autres ONG précitées ont publié depuis 1992 plusieurs rapports sur les violations massives des droits de l'Homme par les services de sécurité et par les différents groupes armés islamistes.

D'autre part, les ONG précitées ont clairement établi la responsabilité de plusieurs organisations islamistes dans les massacres, les assassinats, les viols, la torture et les disparitions forcées, terrorisant les populations au nom de leur lecture de l'islam. Les groupes armés islamistes algériens, comme les services de sécurité, sont responsables de crimes contre l'humanité au sens de l'article 7 du statut de Rome de la Cour pénale internationale. Une telle analyse devrait conclure à la dissolution de toutes les organisations islamistes impliquées dans ces crimes et à l'interdiction effective de l'utilisation de l'islam à des fins politiques. Dans l'état actuel des choses, peu d'organisations islamistes acceptent d'avancer dans cette direction. L'effectivité de mesures en faveur d'un Etat laïc, nécessaire à un Etat de droit exige des luttes opiniâtres en Algérie comme dans beaucoup d'autres pays d'islam.

L'exemple marocain montre tout aussi nettement l'impossibilité pour une Commission Vérité d'analyser certaines causes profondes des violations massives telles que la torture, l'assassinat politique et les disparitions forcées.

Dans le système politique marocain, le Roi, monarque de droit divin, est le détenteur central du pouvoir. L'armée et la fameuse direction générale du renseignement exécutent des politiques qui sont conçues au Palais royal. Or, la responsabilité du Roi Hassan II et de certains généraux tels Oufkir, Dlimi ou Laânigri dans les violations massives au Maroc peut difficilement être analysée par la Commission.

A la veille de la création de l'entité Equité et réconciliation, les attentats de Casablanca commis en 2003 par des groupes islamistes, donnent l'occasion au Roi de lancer une répression où la torture, les disparitions forcées et les procès inéquitables sont des instruments très apparents de ses politiques. Dans le cas marocain, l'Instance Equité et Réconciliation (IER) malgré son effort louable pour rechercher la vérité, ne peut pas recommander des mesures qui remettent en cause le système politique lui-même. L'aurait-elle fait que ses recommandations seraient de toute manière restées lettre morte. C'est que la création de cette Commission est très nettement due à la volonté du Roi de se démarquer des méthodes de son père qui aurait pu hypothéquer sa volonté de régner par lui-même. La création de l'IER est plus le signe d'une volonté, non encore clairement formulée, de moderniser l'Etat conformément aux demandes des principales puissances étrangères, autrement dit d'adhérer aux méthodes de bonne gouvernance, que l'une des étapes d'un processus de transformation démocratique d'un système politique dominé par le pouvoir royal.

Cette difficulté de transformer le système politique pour lancer un processus de démocratisation des institutions, très apparente en Algérie et au Maroc, plus insidieuse ailleurs, ne doit pas être interprétée comme un obstacle insurmontable. L'établissement de la vérité n'est qu'une étape qui nécessite d'autres luttes et le franchissement de divers obstacles sur un chemin qui n'est pas forcément linéaire vers la démocratie.

Mais la réforme des institutions politiques, économiques et sociales est en réalité indispensable à une réconciliation en profondeur des populations qui ont vécu les déchirures du conflit. Ces réformes doivent garantir la fin immédiate des abus et des injustices passés mais aussi construire un tissu politique, économique et social qui empêchera leur reproduction. En fait, il s'agit, ce faisant, de reconstruire un contrat social malmené par les erreurs et les crimes passés, à la lumière du constat effectué par la Commission Vérité. Il s'agit donc d'une entreprise complexe qui exige plus que quelques réformes ponctuelles et superficielles. Les dégâts occasionnés par des crimes contre l'humanité ne peuvent pas être réparés par des réformes qui ne modifient que la façade du système qui les a engendrés, du moins lorsque l'objectif visé est la réconciliation sociale ou nationale.

En visant la réconciliation des populations qui se sont affrontées au cours d'un conflit, meurtrier, les promoteurs des Commissions Vérité doivent avoir une vision claire des transformations à accomplir, peu à peu, par étapes, mais de manière déterminée pour une véritable refondation du contrat social.

Stéphane DOUMBÉ-BILLÉ

Il convient de saluer le remarquable travail de réflexion du professeur Benchikh sur les Commissions « Vérité et Réconciliation » dont il analyse les objectifs et l'apport à l'établissement de la vérité et à la réconciliation dans les situations de violations massives des droits de l'Homme faisant suite à des conflits internes. Ses analyses nourriront certainement le débat qui va suivre.

La parole va maintenant à Mme Dandi Petauton sur les mécanismes régionaux africains de protection des droits de l'Homme.

LES MECANISMES REGIONAUX AFRICAINS DE PROTECTION DES DROITS DE L'HOMME

par

Dandi GNAMOU-PETAUTON
Docteur en Droit, ATER à l'Université de Paris XI

Les préoccupations relatives à la protection des droits de l'Homme ont conduit les Etats africains membres de l'OUA/UA à adopter, dès 1981, un traité relatif à la protection des droits de l'Homme et des peuples[1], la Charte africaine des droits de l'Homme et des peuples[2], ci-après Charte africaine. La Charte africaine n'était pas à cette époque le seul instrument de protection des droits de l'Homme en Afrique. La protection des droits de l'Homme est juridiquement assurée par différents textes

[1] Le concept de peuple n'est pas défini par la Charte. Le concept peut s'entendre de plusieurs façons. V. à ce propos, F. VILJOEN, « Protection régionale des droits de l'Homme en Afrique », in: TAVERNIER (P.), *Recueil juridique des droits de l'Homme en Afrique*, Vol. II, 2000-2004, Bruxelles: Bruylant, tome 1, pp. 409-413. Sur les droits des peuples, v. OUGUERZOUZ (F.), *The African Charter on Human and Peoples' Rights. A comprehensive Agenda for Human Dignity and sustainable Democracy in Africa*, Martinus Nijhoff Publishers, 2003, pp. 203-375.

[2] Dans le cadre de cette étude nous utiliserons « Charte ADHP » pour désigner la Charte africaine des droits de l'Homme et des peuples et « Protocole CADHP » pour désigner le Protocole relatif à la Charte africaine des droits de l'Homme et des peuples portant création d'une Cour africaine des droits de l'Homme et des peuples.

internationaux élaborés avant et après la décolonisation[3]. La Charte africaine, présente toutefois l'avantage d'être le seul instrument à vocation régionale de protection des droits de l'Homme. Elle présente des particularités relatives à l'explicitation des devoirs des individus[4], les devoirs de l'Etat en matière de promotion et de protection de la morale et des valeurs traditionnelles, notamment les devoirs envers les personnes et la communauté, les valeurs de la famille et la solidarité[5], reconnues par la Communauté[6]. A cela s'ajoutent les droits des peuples[7] qui sont influencés par différentes résolutions de l'Assemblée générale des Nations Unies[8].

---

[3] Différents instruments internationaux à vocation universelle sont obligatoires pour les Etats africains soit parce qu'ils les ont constitutionnalisés, c'est le cas de la Déclaration universelle des droits de l'Homme de 1948, soit parce qu'ils en sont parties. V. OUGUERZOUZ (F.), « Les mécanismes continentaux de protection de la personne humaine en Afrique – Gros plan sur la Commission africaine des droits de l'Homme et des peuples », *Observateur des Nations Unies*, n° 10, 2001, pp. 102-139, KAMTO (M.), « Charte africaine, instruments internationaux de protection des droits de l'Homme, constitutions nationales: Articulations respectives », in: FLAUSS (J.-F) et LAMBERT-ABDELGAWAD (E.), (dir.), *L'application nationale de la Charte africaine des droits de l'Homme et des peuples*, Bruylant: Nemesis, 2004, p. 32-46.

[4] V. les articles 27, 28 et 29 de la Charte ADHP. L'insertion des devoirs des individus existait dans la Charte de l'Organisation des Etats Américains de 1948 et dans l'article 32 de la Convention du 22 novembre 1968. Sur les devoirs des individus, v. OUGUERZOUZ (F.), *The African Charter on Human and Peoples' Rights. A comprehensive Agenda for Human Dignity and sustainable Democracy in Africa*, Martinus Nijhoff Publishers, 2003, pp. 377-479.

[5] KAMTO (M.), « Charte africaine, instruments internationaux de protection des droits de l'Homme, constitutions nationales: articulations respectives », *op.cit.,* note n° 3, p. 27.

[6] Article 17 de la Charte ADHP.

[7] Articles 19 à 24 de la Charte qui reconnaît aux peuples le droit à l'existence, à l'autodétermination, à disposer librement de leurs ressources naturelles, au développement, à la paix et à la sécurité sur le plan international, et à un environnement globalement satisfaisant.

[8] Résolution 1514 (XV) du 14 décembre 1960, Déclaration sur l'octroi de l'indépendance aux pays et peuples colonisés; Résolution 1803 (XVIII) 14 décembre 1962 sur la souveraineté permanente des Etats sur leurs ressources naturelles; Résolution 2625 (XXV) du 24 octobre 1970 relatif

La Charte est dans une large mesure centrée sur l'individu. Influencée par différents textes conventionnels[9], la Charte africaine adoptée le 28 juin 1981 et entrée en vigueur le 21 octobre 1987 est partagée entre universalisme et particularisme.

Actuellement, d'autres actes conventionnels africains ont été adoptés en matière de droits de l'Homme. La Convention de l'OUA sur les réfugiés, la Convention africaine sur la conservation de la nature et des ressources naturelles, la Convention de Bamako sur l'interdiction d'importer des déchets dangereux en Afrique, l'Acte constitutif de l'Union Africaine et son amendement, et la Charte africaine des droits et du bien-être de l'enfant[10] et le protocole de la Charte africaine relatif aux droits des femmes constituent avec la Charte africaine, le système régional de protection des droits de l'Homme et des peuples. Les entités africaines chargées de la protection de ces droits sur le plan régional sont peu nombreuses. Il faut signaler que sur le plan sous-régional, la Cour de justice de la CEDEAO[11], (Communauté économique des Etats de l'Afrique de l'Ouest), et la Cour de justice de l'EAC, (Communauté des Etats de l'Afrique de l'Est)[12] visent à terme la protection des droits de l'Homme. Toutefois en l'état du droit positif actuel, ces juridictions internationales ne sont pas encore réellement investies de compétences en matière de protection des droits de l'Homme[13].

---

principes du droit international touchant les relations amicales et la coopération entre les Etats.

[9] La Déclaration universelle des droits de l'Homme et du citoyen de 1948, la Déclaration interaméricaine de 1948, la Convention européenne de sauvegarde des droits de l'Homme et des libertés fondamentales du 4 novembre 1950, de la Commission interaméricaine de 1960, la Charte sociale européenne de 1961, les Pactes internationaux du 16 décembre 1966, et la Convention américaine des droits de l'Homme du 22 novembre 1969.

[10] Entrée en vigueur le 29 novembre 1999, la Charte africaine des droits et du bien-être de l'enfant compte aujourd'hui 39 Etats parties.

[11] La Cour de la CEDEAO est composée de 7 juges dont trois femmes. Les juges siègent pour le moment à Lagos.

[12] Cette organisation sous-régionale africaine est composée de trois membres: le Kenya, la Tanzanie et le Rwanda.

[13] Compétentes pour les différends entre Etats membres et pour les différends relatifs à l'ordre interne de l'organisation, ces juridictions

Instrument général de protection des droits humains sur le plan régional, la Charte africaine des droits de l'Homme et des peuples, a mis en place le premier mécanisme africain de protection des droits de la personne humaine: la Commission africaine des droits de l'Homme et des peuples. L'entité créée n'est pas un organe judiciaire[14], puisque les Etats membres de l'OUA développant la thèse du respect des traditions juridiques africaines avaient opté pour les modes consensuels de règlement des différends[15]. Ils ne lui demandent donc pas de *juger* c'est-à-dire « assurer la répression des violations du droit, et trancher sur la base du droit avec force de vérité légale, les contestations qui s'élèvent à propos de l'existence ou de l'application des règles juridiques ». Malgré la tournure quasi judiciaire[16] que va prendre le fonctionnement de cette dernière, la protection assurée par ce mécanisme est largement critiquée et jugée insuffisante[17]. La Commission installée le 2 novembre 1987 dans un premier temps à Addis-Abeba puis à Banjul, est chargée de trois fonctions principales: la promotion de la Charte et la protection des droits de la Charte et

---

cherchent à étendre leur saisine aux individus. Ainsi, les Etats membres de la CEDEAO ont adoptés en janvier 2005 un Protocole qui permet l'accès de la Cour aux individus, et ceux de la Communauté des Etats de l'Afrique de l'Est ont prévu, dans un projet de Protocole à la Cour de justice de l'EAC, une disposition similaire.

[14] Il ressemble de ce point de vue à l'ancienne Commission européenne des droits de l'Homme et à la Commission interaméricaine des droits de l'Homme. V. OUGUERZOUZ (F.), « Les mécanismes continentaux ... », *op. cit.*, note n° 3.

[15] Dans sa fonction de protection des droits humains, la Commission ADHP reçoit les communications d'Etats parties et d'individus, établit un rapport relatant les faits, et les conclusions auxquelles elle a abouti. Au moment de la transmission du rapport, elle peut faire des recommandations qu'elle jugera utiles à la Conférence. Il ne s'agit donc pas de trancher un litige.

[16] Ainsi, la procédure d'examen des communications individuelles (plaintes) est devenue quasi judiciaire avec les plaidoiries écrites et verbales des parties et les « jugements » motivés, VILJOEN (F.), « Protection régionale des droits de l'Homme en Afrique », in: TAVERNIER (P.), *Recueil juridique des droits de l'Homme en Afrique*, Vol. II, 2000-2004, Bruxelles: Bruylant, tome 1, pp. 499.

[17] VILJOEN (F.), « Protection régionale des droits de l'Homme en Afrique », *op. cit.*

l'interprétation de la Charte. Face aux violations importantes des droits de l'Homme à la fin des années 1980, les rapports de la Commission et leur confidentialité enlèvent toute crédibilité à l'action de protection de la Commission. Sous la pression des organisations non gouvernementales, les Etats africains vont renforcer la protection des droits de l'Homme en Afrique en adoptant, par un protocole relatif à la Charte africaine des droits de l'Homme et des peuples portant création d'une Cour africaine des droits de l'Homme et des peuples[18], les statuts d'une véritable juridiction régionale africaine.

Avec l'entrée en vigueur de ce protocole en janvier 2004, le système africain de protection des droits de l'Homme initié par la Charte africaine bénéficie aujourd'hui de deux institutions chargées de la protection des droits de l'Homme[19] et de l'interprétation des dispositions de la Charte[20]. La Cour créée pour compléter l'action protectrice de la Commission comblent en grande partie ses lacunes (I). Mais, dans le même temps, en l'absence d'une substitution de l'organe judiciaire à la Commission et d'une répartition claire des compétences en ce qui concerne cette fonction de protection, la Charte et les protocoles postérieurs créent une concurrence entre les deux institutions africaines (II).

I. – La Cour africaine des droits de l'Homme complète la fonction de protection des droits de l'Homme en palliant les défauts de la Commission

Le principal reproche fait à la Commission africaine des droits de l'Homme et des peuples est que cette dernière n'est pas une juridiction, ce qui avait des conséquences sur les compétences et le fonctionnement de cette dernière. La Cour par sa nature juridique

[18] Le principe de la création d'une Cour est accepté en 1994 par la Conférence de l'Organisation de l'Unité Africaine (AHG 230 XXX). Quant au Protocole portant création de la Cour, il a été adopté le 9 juin 1998. V. sur le processus d'adoption du Protocole, MUBIALA (M.), « Vers l'institution d'une Cour africaine des droits de l'Homme et des peuples », pp. 262-265, *African Yearbook of International Law*, vol. 5, 1995, pp. 261-271

[19] Art. 30 de la Charte africaine des droits de l'Homme et des peuples.

[20] Art. 45 §.3 de la Charte ADHP.

et son mandat comble cette lacune originelle (A), ce qui se ressent sur l'organisation et le fonctionnement de la Cour et améliore la fonction de protection (B).

A. – Le caractère judiciaire de la Cour supplée les carences de la Commission

Conformément à la Charte, la Commission est chargée dans sa mission de protection et en cas d'échec du règlement à l'amiable entre Etats parties, d'établir un rapport relatant les faits et les conclusions auxquelles elle a abouti[21]. Pour ce qui concerne les communications individuelles, celles des ONG ou des institutions de l'Union Africaine, elle est chargée de voir si les communications qui lui sont présentées révèlent un ensemble de violations massives et graves des droits de l'Homme et des peuples afin d'attirer l'attention de la Conférence des Chefs d'Etats et de gouvernement sur ces situations[22]. C'est ensuite la Conférence qui peut demander une étude approfondie et un rapport circonstancié accompagné de conclusions et recommandations. Elle peut recourir à toute méthode d'investigation pour faire éclater la vérité[23], mais les « rapports » en général confidentiels, ne peuvent prévoir que des recommandations[24] par principe, de caractère non obligatoire[25]. De plus, aucune disposition de la Charte ne lui permet d'octroyer des réparations aux victimes, ni d'ordonner des mesures conservatoires. Il découle de tous ces éléments que la fonction de protection des droits de l'Homme confiée à la Commission africaine est limitée et n'est pas une fonction judiciaire.

La Cour comble ces lacunes puisqu'elle est investie clairement d'une compétence juridictionnelle consultative[26] et contentieuse[27].

---

[21] Articles 52 et 48 de la Charte ADHP.

[22] Article 58 §. 1 de la Charte ADHP

[23] Article 46 de la Charte ADHP « La Commission peut recourir à toute méthode d'investigation appropriée… », et article 52 de la Charte ADHP « après avoir obtenu, tant des Etats parties que d'autres sources, toutes les informations qu'elle estime nécessaires… »

[24] Article 59 §. 1 de la Charte ADHP.

[25] VILJOEN (F.), « Protection régionale des droits de l'Homme en Afrique », *op. cit.*, note n° 16, pp. 455.

[26] Article 3 et 4 du Protocole CADHP.

Elle détient la compétence de sa compétence[28], et respecte le principe du contradictoire.

Sa saisine et ses compétences sont larges. Au contentieux, la Cour africaine peut être saisie par la Commission des droits de l'Homme et des peuples, les Etats parties, les organisations internationales africaines[29] mais aussi les individus et les ONG disposant du statut d'observateur auprès de la Commission[30] dès lors que pour ces deux dernières catégories, l'Etat a souscrit une déclaration d'acceptation de compétence de la Cour[31].

Ratione materiae, la compétence de la Cour concerne toutes affaires ou différends relatifs aux droits de l'Homme et des peuples protégés par la Charte ou tout autre instrument relatif aux droits de l'Homme ratifié par les Etats concernés. La Cour peut donc examiner tout différend né de l'application de toute convention régionale ou universelle relative aux droits de l'Homme et qui lie les Etats parties à un différend. *ratione temporis* et *loci*, toute violation des droits de l'Homme et des peuples, commise sur le continent africain à partir du 25 janvier 2004 par un Etat membre de l'Union Africaine, partie à la Charte et à son protocole peut être soumis à la compétence contentieuse de la Cour. Contrairement à la Commission, où prévalait le principe de confidentialité dans toute la procédure[32], les audiences de la Cour sont en principe publiques[33], ce qui implique la protection des conseils et témoins comparaissant devant la Cour[34] et le prononcé en audience publique d'arrêts motivés[35]. Le pas franchi est important puisque

---

[27] Article 5 du Protocole CADHP.

[28] Article 3 §. 2 du Protocole CADHP.

[29] Article 5 §. 1. du Protocole de la CADHP.

[30] Article 5 §. 3. du Protocole de la CADHP. En novembre 2006, trois cent dix-neuf organisations non gouvernementales avaient le statut d'observateur auprès de la Commission.

[31] Article 34 §. 6. du Protocole CADHP. En octobre 2006, seul le Burkina-Faso a souscrit cette déclaration facultative de compétence de la Cour pour les requêtes des individus et des Organisations non gouvernementales.

[32] Article 59 §. 1 de la Charte ADHP.

[33] Conformément à l'article 10 du Protocole CADHP, la Cour n'exclut toutefois pas, au vu de certaines circonstances, la possibilité de recourir aux audiences à huis clos.

[34] Article 10 §. 3. du Protocole CADHP.

[35] Article 28 §. 3 du Protocole CADHP.

dans le cadre de la Commission, le rapport annuel d'activités et les rapports sur les communications étatiques[36] et individuelles ne sont rendus publics qu'avec l'accord de la Conférence, ce qui restreint la connaissance des activités et entretient le flou quand à la capacité réelle pour cette Commission de dénoncer les violations des droits de l'Homme et des peuples, même si elle publie un communiqué après chaque session[37].

La transparence introduite dans les requêtes individuelles et étatiques s'accompagne de l'autorité relative de la chose jugée[38]. L'effectivité de l'application de ces arrêts dépend de la pression qu'exercera le Conseil des Ministres de l'Union, chargé de veiller à leur exécution[39]. Même si l'exécution des décisions des juridictions internationales reste une question épineuse en l'absence d'un gendarme capable d'obliger les Etats à exécuter leurs obligations, c'est un pas de géant qui est franchi dans la protection des droits de l'Homme en Afrique.

La nature juridique de la Cour rejaillit aussi sur sa composition, son organisation et son fonctionnement. Elle se confirme lentement avec la prestation de serment des membres de la Cour[40] et la mise en place du bureau de la Cour[41].

B. – L'organisation de la Cour et le statut des juges.

Les juges de la Cour comme les Commissaires siègent en principe à titre personnel[42] et à temps partiel[43]. Ils remplissent une

---

[36] Il y a une seule affaire concernant les communications étatiques: communication 227/99, République démocratique du Congo v. Burundi, Rwanda et Ouganda

[37] VILJOEN (F.), « Protection régionale … », *op. cit.*, note n°16, pp. 468-469.

[38] Les arrêts sont définitifs et en principe obligatoires pour les Etats parties puisqu'ils se sont engagés aux termes de l'article 30 du Protocole à se conformer aux décisions de la Cour.

[39] Article 29 §. 2 du Protocole CADHP.

[40] Conférence de l'Union Africaine, juillet 2006.

[41] Septembre 2006.

[42] Article 11 du Protocole CADHP, article 31 §. 2 de la Charte ADHP et article 12 du Règlement intérieur de la Commission ADHP adopté le 6 octobre 1995.

triple exigence relative à la moralité, à l'intégrité et à la compétence. Ainsi, pour être membre de la Commission ou juge à la Cour, il faut être une personnalité africaine jouissant de la plus haute réputation et être connue pour sa compétence en matière des droits de l'Homme et des peuples[44]. Pour mieux prendre en compte le caractère juridique de la fonction judiciaire, ce n'est plus uniquement « un intérêt particulier [*qui est*] donné à des personnes ayant une expérience en matière de droit »[45]. Au sein de la Cour, les juges doivent être compétents et expérimentés en droits de l'Homme. Ces compétences et expériences sont acquises soit sur le plan judiciaire, juridique ou académique, ce qui laisse entrevoir le souci de juger en droit et non plus seulement la prise en compte de la capacité de négociation, des qualités de diplomates ou autres fonctionnaires nationaux[46] ayant le consensus au sein de la Conférence de l'Organisation de l'unité africaine, remplacée par l'Union Africaine. La pratique de la Commission a montré en effet que le choix des membres de la Commission laisse une place importante à des personnes qui ont eu des fonctions liées aux gouvernements des Etats membres. On a pu constaté un certain conservatisme au sein de la Commission, à cause de la tendance au renouvellement des membres. Ces renouvellements peuvent être considérés comme favorables à la continuité mais ils inhibent toute innovation au niveau des activités de la Commission[47]. Pour pallier à ces critiques faites à la Commission où les membres pouvaient siéger indéfiniment, les onze juges de la Cour sont élus par la Conférence de l'Union Africaine pour 6 ans renouvelables une fois[48].

---

[43] La combinaison des articles 15 et 21 du PCADHP ainsi que les travaux du groupe d'experts confirment qu'à l'exception du Président, les juges de la Cour exerce leur fonction à temps partiel. V. MUBIALA (M.), « La Cour africaine des droits de l'Homme et des peuples: Mimétisme institutionnel ou avancée juridique ? », *RGDIP,* 1998-3, n° 102, p. 775.

[44] Article 11 §. 1 du Protocole CADHP, article 31 de la Charte ADHP.

[45] Article 31 de la Charte africaine des droits de l'Homme et des peuples.

[46] VILJOEN (F.), « Protection régionale des droits de l'Homme en Afrique », *op. cit.*, note n° 16, p. 457.

[47] *Idem.*, pp. 457-459.

[48] Article 15 du Protocole CADHP.

A la différence des dispositions de la Commission, la composition de la Cour tient compte de la « répartition adéquate des deux sexes » aussi bien au moment du dépôt des candidatures[49] par les Etats membres que lors des élections par la Conférence[50] et respecte une représentation géographique et juridique équitable[51]. Ces améliorations, résultats des pressions exercées sur la Commission[52], semblent être présentes dans la composition des juges de la Cour qui ont été élus et ont prêtés serment devant les chefs d'Etats et de gouvernement lors du 7ème sommet de l'Union Africaine en juillet 2006[53], même si on peut constater que sur onze membres, seulement deux femmes siègent[54]. Cependant, qu'ils soient de sexe masculin ou féminin, l'action des juges doit respecter le principe de l'impartialité, ce qui nécessite une certaine indépendance des juges vis-à-vis des Etats membres.

Si la Commission n'est pas à proprement parler une juridiction internationale, le fait que ces membres doivent se prononcer sur la question délicate des droits de l'Homme en Afrique, a nécessité

---

[49] Article 12 §. 2 du PCADHP.

[50] Article 14 §. 3 du PCADHP.

[51] Article 14 §. 2. PCADHP. Le principe de l'équilibre géographique n'était pas prévu dans la Charte aussi s'il avait été respecté dans un premier temps dans la composition de la Commission, ce dernier a été rompu au profit de l'Afrique du Nord et de l'Ouest. V. à ce propos, V. OUGUERZOUZ (F.), « Les mécanismes continentaux … », *op. cit.*, note n° 3, p. 110; VILJOEN (F.), *op. cit.*, note n° 16.

[52] BOUKRIF (H.), « La Cour africaine des droits de l'Homme et des peuples: un organe judiciaire au service des droits de l'Homme et des peuples », *RADIC*, 1998, p. 76.

[53] Selon le Communiqué de presse de la Commission de l'Union Africaine, relatif à la première réunion, le 3 juillet 2006 à Banjul, de la Cour Africaine des droits de l'Homme et des peuples, « Les juges ont été élus à la Cour, à titre personnel parmi des juristes des Etats membres partie au Protocole relatif à la Charte africaine des droits de l'Homme et des peuples, jouissant d'une compétence ainsi que d'une expérience pratique, judiciaire ou universitaire reconnues dans le domaine des droits de l'Homme et des peuples. Ils justifient également, d'une grande expérience en matière de droit humain et/ou droit international ».

[54] Mme Sophia A.B. AKUFFO du Ghana qui est élue pour 2 ans et Mme Kelello Justina MAFOSO-GUNI du Lesotho élue pour 4 ans.

que l'impartialité[55] et l'indépendance des membres de la Commission soient assurés par la reconnaissance des privilèges et immunités prévus par la Convention sur les privilèges et immunités de l'Organisation de l'Unité Africaine [56], la possibilité pour certains d'être présentés par des Etats dont ils ne sont pas ressortissants[57] et une cessation des fonctions liée à l'avis unanime des autres membres de la Commission[58] dans des cas autres que la démission ou le décès[59].

Dans le cadre du protocole portant création de la Cour, l'indépendance des juges est aussi préservée par l'octroi de privilèges et immunités reconnus en droit international au personnel diplomatique[60], ce qui dans leur situation semble étendu par rapport à ceux reconnus aux membres de la Commission. De même, on peut constater qu'à la différence des Commissaires, les juges de la Cour ne peuvent être inquiétés à la fin de leur mandat pour des opinions ou votes émis dans l'exercice de leurs fonctions, ce qui semble correspondre au statut reconnu en général aux juges et participent de leur impartialité dans les prises de décisions. Pour conforter cette impartialité, l'inexistence d'incompatibilités, qui avait mis à mal la crédibilité de la Commission[61], a été entendue par les Etats membres. Le statut de la Cour prévoit les incompatibilités fonctionnelles de façon générale[62]. L'interdiction de siéger pour un juge qui aurait intervenu antérieurement dans une affaire que doit connaître la Cour[63] et l'obligation de récusation du juge, lorsqu'il possède la nationalité d'un Etat partie à un différend

---

[55] Article 38 de la Charte ADHP: « Après leur élection, les membres de la Commission font la déclaration solennelle de bien et fidèlement remplir leurs fonctions en toute *impartialité* » *nous soulignons.*
[56] Article 43 de la Charte ADHP.
[57] Article 34 de la Charte ADHP.
[58] Article 39 §. 2 CADHP.
[59] Article 39 §. 1 CADHP.
[60] Article 17 §. 3 du Protocole CADHP.
[61] HARRINGTON (J.), « The African Court on Human and Peoples' Rights », in: EVANS (M.D.), MURRAY (R.), (ed.), *The African Charter on Human and Peoples' Rigths. The system in Practice*, 1986-2000, Cambridge University Press, 2002, 397 p., p. 327.
[62] Article 18 du Protocole CADHP.
[63] Article 17 §. 2 du Protocole CADHP.

porté devant la Cour[64] sont aussi inclus dans le statut des juges. Il reste curieux que le choix possible d'une cessation des fonctions d'un membre de la Cour après avis de ses pairs puisse être remis en cause par la Conférence de l'Union Africaine, laissant apparaître dans ce schéma d'indépendance des juges, une idée de soumission de leurs décisions au bon vouloir de l'organe interétatique de l'Union Africaine, à moins de considérer comme dans le Protocole créant la Cour de justice de l'Union Africaine[65] qu'il s'agit d'une recommandation qui acquiert valeur obligatoire après confirmation de la Conférence de l'Union[66].

Enfin, pour assurer la continuité des activités des deux mécanismes, chacun dispose d'un Bureau composé du Président et du vice-Président. Le bureau des deux institutions a une durée de deux ans renouvelable. Si aucune limitation n'est opposable au renouvellement du Bureau de la Commission[67], seul un renouvellement est admis au sein de la Cour[68]. L'examen des requêtes formées devant la Cour et les communications portées devant la Commission doivent respectées un quorum d'au moins 7 juges[69]. Les décisions sont prises à la majorité[70]. Pour réaliser leurs missions respectives, la Commission s'appuie sur un secrétariat et la Cour bénéficie d'un greffe. Le choix des collaborateurs des juges s'autonomise par rapport à la Présidence de la Commission de l'Union Africaine[71], ce qui répond à la critique selon laquelle le bureau de la Commission africaine des droits de l'Homme n'avait aucune autorité réelle vis-à-vis de son Secrétariat[72] parce que ces membres étaient désignés par l'ancien organe administratif de

---

[64] Article 22 du Protocole CADHP.

[65] C'est l'organe judiciaire de l'Union Africaine compétente pour connaître des différends relatifs à l'interprétation et l'application de l'Acte constitutif de l'Union Africaine, des traités de l'Union, de son droit dérivé, des différends entre l'organisation et son personnel.

[66] Article 38 du Protocole de Maputo relatif à la création de la Cour de justice de l'Union Africaine.

[67] Article 42 §. 1 de la Charte ADHP.

[68] Article 21 du Protocole CADHP.

[69] Article 23 du Protocole CADHP et 42 §. 3 de la Charte ADHP.

[70] Article 28 §.2 du Protocole CADHP.

[71] Article 24 du Protocole CADHP.

[72] HARRINGTON (J.), « The African Court on Human and Peoples' Rights », *op. cit.*, note n° 61, p. 328.

l'Organisation de l'unité africaine, transformé au moment de la succession entre l'Organisation de l'unité africaine et l'Union Africaine, en Commission de l'Union Africaine. La Cour[73] et la Commission[74] établissent des rapports d'activités à la Conférence de l'Union Africaine et tirent leurs ressources du budget de l'Union[75]. Cette relation financière crée une concurrence financière potentielle entre la Commission et la Cour.

II. – La concurrence entre la Cour et la Commission

La concurrence entre la Cour et la Commission apparaît de prime abord en ce qui concerne la compétence consultative et l'interprétation de la Charte (A). Cette concurrence se prolonge aussi dans les procédures utilisées et le droit applicable par les deux mécanismes de protection des droits de l'Homme en Afrique (B).

A. – La compétence consultative et l'interprétation de la Charte africaine des droits de l'Homme et des peuples

En matière d'interprétation, la création de la juridiction de la Cour entraîne nécessairement une concurrence avec la Commission. Les Etats parties, les organes de l'Union Africaine ou les organisations africaines reconnues par l'Union Africaine pourront valablement porter leur question devant la Commission[76] ou la Cour[77] puisque la Cour exerce cette compétence au même titre que la Commission[78].

La compétence d'interprétation de la Cour est plus large que celle de la Commission puisqu'elle s'étend à tout instrument relatif aux droits de l'Homme et qu'elle peut être saisie par tout membre

[73] Article 31 du Protocole CADHP.
[74] Article 54 de la Charte ADHP.
[75] Article 32 du Protocole CADHP et article 41 de la Charte ADHP.
[76] Article 45 §. 2 de la Charte ADHP.
[77] Article 3 §. 1 du Protocole CADHP.
[78] Art. 45 §. 3 Charte ADHP.

de l'Union Africaine[79] même si ce dernier n'est pas partie au Protocole alors que dans le cadre de la Commission, seuls les Etats parties peuvent demander une interprétation de la Charte[80]. Toutefois, en ce qui concerne les avis consultatifs, la Cour ne pourra se prononcer sur une affaire qui se rapporte à une requête déjà pendante devant la Commission[81]. La compétence consultative, même si elle est explicitement visée dans le statut de la Cour, et que certains pensent que cette prérogative devrait revenir exclusivement à la Cour[82], ou que la Commission « dans un élan de sagesse » devrait se délester « de ses attributions en matière consultative au profit de la nouvelle Cour »[83], reste une compétence qui, aux termes de la Charte et de son protocole, est partagée entre la Commission et la Cour[84].

La valeur juridique d'une interprétation par la Commission semble ne pas dépasser celle d'une recommandation à cause de la volonté des rédacteurs de ne pas lui conférer des attributions judiciaires ou même quasi judiciaires[85]. Ces interprétations auraient, sauf extension à la valeur juridique des interprétations de la Cour de justice de l'Union Africaine[86], la même valeur que celle

---

[79] « A la demande d'un Etat de l'OUA, de tout organe ou d'une organisation africaine reconnue par l'OUA, la Cour peut donner un avis… », Article 4 du Protocole CADHP.

[80] OUGUERZOUZ (F.), *The African Charter on Human and Peoples' Rights. A comprehensive Agenda for Human Dignity and sustainable Democracy in Africa*, Martinus Nijhoff Publishers, 2003, pp. 749.

[81] Art. 4 du Protocole de la CADHP.

[82] BOUKRIF (H.), « La Cour africaine …», *op. cit.*, note n° 52, p. 81.

[83] KAMARA (M.), « La promotion et la protection des droits fondamentaux dans le cadre de la Charte africaine des droits de l'Homme et des peuples et du Protocole facultatif additionnel de juin 1998 », *RTDH,* n° 63, 2005, p. 725.

[84] MUBIALA (M.), « La Cour africaine … », *op. cit.*, note n° 43, p. 773.

[85] OUGUERZOUZ (F.), « Les mécanismes continentaux … », *op. cit.,* note n° 3, pp. 136-137.

[86] La Cour de justice de l'Union Africaine est la juridiction créée par l'Acte constitutif de l'Union Africaine en tant qu'organe principal de règlement des différends entre l'organisation régionale africaine, ses organes et ses agents. Aux termes de l'article 38 du Protocole de Maputo de 2003 portant création de la Cour de justice de l'Union Africaine, l'interprétation des dispositions de l'Acte constitutif et des autres

d'un avis consultatif de la Cour africaine des droits de l'Homme et des peuples[87], avec des risques, à terme, de divergences de jurisprudences. Il n'y aurait donc pas une raison particulière pour un Etat de l'Union Africaine partie au Protocole, un organe de l'Union Africaine ou une organisation reconnue par l'Union Africaine de préférer une institution plutôt qu'une autre en ce qui concerne l'interprétation des dispositions de la Charte africaine des droits de l'Homme et des peuples. Il est à souhaiter que les deux organes collaborent pour aboutir à des interprétations compatibles, le choix du siège dans la même ville, ou d'une base de données partagée pourraient favoriser cette collaboration. Or, c'est seulement maintenant que les discussions sont engagées avec le gouvernement tanzanien pour voir dans quelle mesure le siège de la Cour peut être implanté dans ce pays[88].

La concurrence entre les deux institutions s'accentue dès lors que l'on examine les procédures et les conditions de recevabilité prévues par les instruments internationaux.

B. – Les procédures et le droit applicable

Le protocole créant la Cour africaine des droits de l'Homme et des peuples prévoit que les conditions de recevabilité des requêtes devant la Cour sont les mêmes que celles de la recevabilité des demandes devant la Commission[89]. Ces conditions de recevabilité sont prévues explicitement à l'article 56 de la Charte africaine des droits de l'Homme et sont relatives à l'identité de l'auteur de la demande, la compatibilité avec l'Acte constitutif de l'Union Africaine et de la Charte africaine des droits de l'Homme et des Peuples, l'absence de termes outrageants et insultants à l'égard de

---

instruments pertinents est obligatoire à l'égard des Etats membres et des organes de l'Union.

87 OUGUERZOUZ (F.), *op. cit.*

88 Des villes comme Gorée au Sénégal, Libreville au Gabon ont été proposées pour abriter le siège de la Cour. V. KAMARA (M.), « La promotion et la protection des droits fondamentaux ... », *op. cit.*, note 83, p. 727.

89 L'article 6 §. 2 du Protocole de la CADHP sur la recevabilité des requêtes renvoie aux dispositions énoncées à l'article 56 de la Charte africaine.

l'Etat ou de l'Union Africaine, l'épuisement des voies de recours internes, et l'introduction de la requête dans un délai raisonnable[90]. Pour le moment, c'est la Commission qui a une « jurisprudence » en la matière et elle interprète largement ces critères. Ainsi, le délai raisonnable[91] et l'épuisement des voies de recours internes[92] permet à la Commission de connaître des affaires lorsque les voies de recours internes ne peuvent manifestement pas être épuisées soit par carence, soit à cause d'une prolongation anormale de la procédure telle que prévue à l'article 50 de la Charte africaine des droits de l'Homme et des peuples[93]. Son interprétation des conditions d'admission des requêtes est généralement acceptée. On peut penser que cette pratique sera suivie par la Cour notamment sur les questions où les positions de la Commission sont favorables à la conception large de la protection des personnes.

Le choix des mêmes critères de recevabilité pour la Commission et la Cour implique que potentiellement ce sont les mêmes affaires qui peuvent être présentées devant l'une ou l'autre. La saisine de la Cour n'entraîne pas nécessairement le règlement du litige au contentieux. La Cour a la faculté de demander l'avis de la Commission sur une telle affaire, de lui renvoyer l'affaire[94], de tenter une conciliation ou de trancher le différend au contentieux. Fortement ancré dans les conceptions traditionnelles des

---

[90] Article 56 de la Charte ADHP.

[91] Art. 56 §. 6. de la Charte africaine des droits de l'Homme et des peuples.

[92] Art. 50 de la Charte africaine des droits de l'Homme et des peuples.

[93] Pour la Commission l'épuisement des voies de recours ne joue pas lorsque l'on est dans des situations de violations massives, ou lorsque le plaignant est manifestement dans une incapacité de saisir les tribunaux nationaux. De plus, ce critère nécessite que les juridictions concernées existent, soient disponibles et impartiales. Comme le note à juste titre Frans VILJOEN, « les recours n'ont besoin d'être épuisés que s'ils sont accessibles, possibles et réels au niveau interne ». VILJOEN (F.), *op. cit.*, note n° 16, pp. 486-490; BOUKONGOU (J.-D.), « L'application de la Charte africaine des droits de l'Homme et des peuples par les autorités en Afrique centrale », in: FLAUSS (J.-F) et LAMBERT-ABDEMGAWAD (E.), (dir.), *L'application nationale de la Charte africaine des droits de l'Homme et des peuples*, Bruylant: Nemesis, 2004, pp. 155-156.

[94] Ce qui conduirait à respecter les procédures confidentielles critiquées par les victimes et la doctrine.

règlements des différends dans les sociétés africaines où c'est l'unité du groupe social qui doit prévaloir, le recours au tribunal est perçu comme un acte inamical avec un vainqueur et un vaincu alors qu'il s'agit pour des protagonistes de pouvoir régler les différends sans perdre la face[95]. Il semble alors normal qu'ayant créée une juridiction, les Etats aient laissé une place à ce mode de règlement non juridictionnel des conflits. Le règlement à l'amiable n'est cependant pas une spécificité africaine puisqu'il existe aussi dans d'autres systèmes régionaux[96]. Une différence importante est néanmoins à relever dans la fonction de conciliation reconnue aux deux institutions. Dans le cadre de la Commission, le recours à la conciliation est une obligation de moyens[97] alors qu'au sein de la Cour, le recours à la conciliation est une faculté[98]. Les résultats de la Commission en matière de règlement amiable restent relativement modestes[99]. On pourrait alors difficilement recommander qu'elle soit la seule à utiliser la voie de la conciliation.

Sur le plan procédural la Cour et la Commission bénéficient de larges moyens de recherche des preuves. La Cour peut ordonner des mesures provisoires en cas d'extrême gravité ou d'urgence[100]. Elle peut prendre toutes les mesures appropriées y compris le paiement d'une juste compensation ou l'octroi d'une réparation pour remédier à la situation[101], ce qui n'était pas prévu pour la Commission même si cette dernière s'est aussi arrogée ces prérogatives. La Commission a ainsi ordonné des mesures

---

[95] MBAYE (Kéba), *Les droits de l'Homme en Afrique*, Paris: Pedone, 1992, pp. 164-165.

[96] CEDH, art. 38 (b) et Convention interaméricaine et article 53, Règles de procédures de la Cour interaméricaine.

[97] Selon les termes de l'article 52 de la Charte ADHP, c'est après avoir obtenu toutes les informations nécessaires et *après avoir essayé par tous les moyens appropriés* de parvenir à une solution amiable que la Cour établit dans un délai raisonnable un rapport.

[98] La Cour *peut* tenter de régler à l'amiable... (article 9 du Protocole CADHP).

[99] Cinq communications au total de 1988 à 2001. V. VILJOEN (F.), *op. cit.*, note n° 16, p. 475.

[100] Article 27 §. 2 du Protocole CADHP

[101] Article 27 §. 1 du Protocole CADHP.

conservatoires[102] et considéré qu'elle pouvait décider d'une réparation[103], voire recommander l'invalidation de certains décrets[104]. L'attribution sans contestation à la Cour de cette compétence d'ordonnance des mesures conservatoires devrait permettre aux juges d'être plus clairs dans leur décisions afin d'éviter des conséquences dommageables pour les plaignants[105].

En ce qui concerne le droit applicable, la Cour et la Commission peuvent se fonder sur plusieurs sources pour trancher des litiges ou faire des recommandations. Ainsi, la Commission s'inspire principalement du droit international relatif aux droits de l'Homme[106] et des sources classiques du droit international pourvu que les règles que ces sources établissent soient reconnues par les Etats africains[107]. Sont visés notamment les conventions, les pratiques conformes, la coutume africaine, les principes généraux du droit reconnus par les nations africaines, la jurisprudence, la doctrine. Le droit applicable par la Cour semble aussi large. Toutefois, ne sont visés que les instruments relatifs aux droits de l'Homme et « *ratifié* » par l'Etat concerné[108]. Faudrait-il en déduire que la Cour n'examine les requêtes qu'au regard du droit conventionnel ? Ce qui par une lecture stricte de l'article 7 du Protocole CADHP signifierait que cette dernière n'applique ni la coutume, ni les principes généraux du droit, principes universels ou africains [109]? Une lecture stricte doit être tempérée. La

---

[102] Communication 23/92, affaire *Degli v. Togo* et dans l'affaire du Nigerian Ken Saro-Wiwa.

[103] Communication 59/91, *Mekongo v. Cameroun* et dans l'affaire *SERAC and Mauritanian widows*.

[104] VILJOEN (F.), *op. cit.*, note n° 16, pp. 469-470.

[105] C'est notamment le cas dans l'affaire de *Ken Saro-Wiwa* et huit autres défenseurs des droits de l'Homme au Nigeria, qui ont été purement et simplement exécutés malgré le rapport de la Commission.

[106] Article 60 de la Charte ADHP.

[107] Article 61de la Charte africaine des droits de l'Homme et des peuples. Cet article rappelle l'art. 38 du Statut de la Cour internationale de justice avec et la prise en compte des spécificités africaines et des pratiques conformes.

[108] Articles 3 §. 1 et 7 du Protocole CADHP.

[109] OUGUERZOUZ (F.), *The African Charter on Human and Peoples' Rights. A comprehensive Agenda for Human Dignity and sustainable Democracy in Africa, op. cit.*, note n°1, p. 735.

ratification ne concerne que les actes conventionnels, la Cour devrait donc appliquer la coutume et s'inspirer des principes généraux. Cette lecture correspond aux vœux des Etats membres lors de l'adoption du Statut de la Cour de justice de l'Union Africaine appelée à fusionner avec la Cour africaine des droits de l'Homme et qui tient compte à côté des sources conventionnelles et coutumières, des principes généraux du droit universels et africains[110]. De même, le principe de la complémentarité entre les deux mécanismes milite en faveur de l'extension du droit applicable à d'autres sources que les sources conventionnelles. Le règlement intérieur de la Cour *doit* par ailleurs tenir compte de la complémentarité avec la Commission pour ce qui concerne l'examen des requêtes. Les travaux pour son élaboration ont commencé en octobre 2006. Ses dispositions devraient limiter les chevauchements des compétences entre la Commission et l'Union.

Cependant, si une concurrence peut exister entre les deux institutions, elle ne concerne pas la compétence contentieuse, qui constitue une compétence exclusive reconnue à la Cour. Il faut néanmoins remarquer que lorsqu'elle reçoit des requêtes individuelles, la Cour peut décider de les examiner ou de les renvoyer devant la Commission[111]. Les conditions de recevabilité des requêtes étant identiques, potentiellement, une affaire soulevée devant la Cour peut l'être devant la Commission. La Commission pourra à la demande de la Cour jouer un « rôle d'interface entre la Cour et l'individu »[112]. Mais, le choix par le demandeur de déposer une plainte devant la Cour ne lui garantit pas, à la lettre du statut de la Cour, l'examen de sa requête sur le plan contentieux. Toutefois, même si le demandeur n'est pas assuré que sa requête devant la Cour soit tranchée au contentieux, on peut déduire de l'exclusion des individus de la saisine pour demande d'avis consultatifs que lorsqu'un individu introduit une requête devant la Cour, il s'agit d'une procédure contentieuse. Si l'affaire est renvoyée devant la Commission aux termes de l'article 6 §.3, les conditions de recevabilité restent identiques avec celle de la Cour mais l'action de la Commission reste confidentielle. Cette dernière

---

[110] Article 20 du Protocole créant la Cour de justice de l'Union Africaine, adopté en juillet 2003. Le Protocole n'est pas encore entré en vigueur.

[111] Article 6 §. 1 et §. 3 du Protocole CADHP.

[112] MUBIALA (M.), « La Cour africaine ...», *op. cit.*, note 43, p. 772.

présentera conformément à son statut des recommandations. Par contre, si l'affaire est renvoyée à la Commission sur le fondement de l'article 6 §.1, une requête individuelle recevable après avis de la Commission, sera traitée par la Cour sur le plan contentieux à moins qu'elle trouve une solution amiable entre les protagonistes. Le renvoi à la Commission de certaines affaires avec parfois obligation pour la Commission de répondre dans les plus brefs délais[113] laissent apparaître une possible soumission de la Commission vis-à-vis de la Cour, alors même que cette dernière est créée pour compléter l'action de la Commission. L'absence d'un élan massif des Etats parties à faire une déclaration de compétences n'augure pas d'une multitude d'affaires sur le contentieux individuel, le Burkina-Faso étant le seul Etat africain à avoir accepté que les individus puissent faire des requêtes directes devant la Cour. De même les rares cas de communications interétatiques[114] n'incitent pas à un enthousiasme quant à la mise en œuvre du contentieux interétatique sur les droits de l'Homme et des peuples en Afrique.

Conclusion

Le système régional à vocation générale de protection des droits de l'Homme et des peuples, fait apparaître des compétences exclusives et des compétences partagées. La Commission est chargée de la promotion des droits de l'Homme et de l'examen des rapports périodiques des Etats parties, la Cour de la répression juridique par sa fonction contentieuse[115]. Consultation, interprétation et conciliation sont des fonctions partagées. Le manque de moyens de l'Union Africaine en général et de la Commission africaine en particulier ne laisse pas présager l'attribution d'une dotation en moyens financiers suffisants à la Cour pour exercer rapidement et efficacement ses fonctions. D'une part, la Cour ne se substitue pas à la Commission, ce qui implique une augmentation des moyens au sein de l'organisation. D'autre

[113] Article 6 §. 1 du Protocole de la CADHP.
[114] Voir note n° 36.
[115] La première réunion des membres de la Cour a été effectuée en juillet 2006 puis en septembre 2006 pour la mise en place du Bureau.

part, en vigueur depuis le 25 janvier 2004[116], l'entrée en fonction de la Cour a été retardée par les projets de fusion entre la Cour africaine des droits de l'Homme et des peuples et la Cour de justice de l'Union Africaine[117] lancée en 2004 et entérinée une année plus tard[118]. Le projet de Cour unique piloté par le Ministre algérien Mohammed Bedjaoui est encore à l'étude[119]. Mais il conduira à rassembler dans la même juridiction des compétences spéciales en matière de droits de l'Homme, telles que celles prévues par le Protocole relatif à la Charte africaine des droits de l'Homme et des peuples portant création d'une Cour africaine, avec des compétences relatives à l'interprétation, l'application de l'Acte constitutif de l'Union Africaine, de tous les traités de l'Union Africaine et du droit dérivé ainsi que le règlement des différends entre l'Union Africaine et son personnel. L'extension de la compétence de la Cour de justice de l'Union aux questions des droits humains se fonde sur la compétence de cette juridiction à l'égard de tous différends et toutes requêtes ayant pour objet « *toute question relative au droit international* »[120]. On peut relever certains aspects positifs comme la prise en compte dans la Cour de justice de l'Union d'une représentation *équitable*[121] et non plus adéquate des deux sexes, le caractère obligatoire à l'égard des Etats et des organes de l'organisation de l'interprétation et des

---

[116] En novembre 2006, moins de la moitié des Etats sont parties à ce Protocole (23 Etats membres)

[117] Le Protocole sur les statuts de la Cour de justice de l'Union Africaine a été adopté le 11 juillet 2003. Contrairement au Protocole sur la CADHP. Seuls 12 Etats ont ratifié la Convention. Il faut 15 membres pour son entré en vigueur. Au rythme moyen de 4 adhésions par année, le Protocole devrait entrer en vigueur en 2007.

[118] V. Assembly/AU/Dec.45 (III) du 6-8 juillet 2004 et Assembly/AU/Dec.83 du 4-5juillet 2005.

[119] Assembly/AU/Dec.118(VII), Décision sur le projet d'instrument unique relatif à la fusion de la Cour africaine des droits de l'Homme et des peuples et la Cour de justice de l'Union Africaine, 4-5 juillet 2006.

[120] Art. 19 §. c du Protocole de Maputo relative à la Cour de justice de l'Union.

[121] Article 5 du Protocole de Maputo relative à la Cour de justice de l'Union.

décisions de la Cour de justice[122], même si on peut être circonspect quant à la valeur juridique de l'article 44 relatif aux avis consultatifs. Le souci d'effectuer des économies de fonctionnement semble être la motivation importante dans la fusion des deux Cours. Or, un amendement du fonctionnement de la Cour nécessite l'avis de cette dernière[123], à plus forte raison une fusion avec une autre institution après l'entrée en fonction de la Cour. Enfin, on ne règle pas la question de la succession entre ces institutions puisque coexisteront potentiellement deux traités, l'un en vigueur, c'est le protocole relatif à la création de la Cour africaine des droits de l'Homme, l'autre, le protocole de Maputo relatif à la Cour de justice de l'Union, qui pourrait au rythme des ratifications potentiellement entré en vigueur en 2007. Il faudra attendre l'adoption du traité de fusion pour faire coïncider son entrée en vigueur avec la fin des deux autres traités et la ratification par tous les Etats membres pour ne pas créer de multiples ordres juridiques entre les Etats parties au Protocole de la Cour africaine, et non parties au Protocole sur la Cour de justice de l'Union, et entre ces derniers et les Etats parties au traité de fusion. Au rythme de l'adoption et de la ratification des actes conventionnels au sein de l'Union Africaine, et vu la complexité des problèmes qui se posent à l'occasion de succession d'institutions internationales, il faudra encore attendre au minimum cinq années pour que l'Afrique se dote d'un système unifié et contraignant en matière de protection des individus.

Stéphane DOUMBÉ-BILLÉ

Je félicite Mme Gnamou-Petauton pour son analyse des mérites respectifs, en termes de complémentarité ou de concurrence, de la Commission et de la Cour africaines des droits de l'homme. Les deux mécanismes sont utiles mais on peut se demander, en l'écoutant, si c'est forcément sur le même plan sous peine d'une confusion des fonctions préjudiciables à toutes les deux. Il convient

[122] Article 38 et 39 du Protocole de Maputo relative à la Cour de justice de l'Union.
[123] Article 35 §. 3 du Protocole CADHP.

maintenant d'entendre Marina Yetongnon sur les différentes juridictions internationales ou internationalisées compétentes en matière de violations les plus graves du droit humanitaire en Afrique.

LES JURIDICTIONS INTERNATIONALES OU INTERNATIONALISEES COMPETENTES POUR CONNAITRE DES VIOLATIONS LES PLUS GRAVES DU DROIT HUMANITAIRE COMMISES EN AFRIQUE

par

Marina YETONGNON
Doctorante à l'Université de Paris XI

Les atroces violations du droit international humanitaire commises ces deux dernières décennies combinées à une absence ou insuffisance des mécanismes de répression internes sont à l'origine d'une multiplication des juridictions pénales internationales. En dépit de la création de la Cour pénale internationale, ce phénomène a franchi un pas supplémentaire avec la prolifération des juridictions pénales « internationalisées » ou « mixtes »[1]. Plutôt que d'instituer des tribunaux *ad hoc* du type

[1] On peut ainsi recenser le Tribunal spécial pour la Sierra Leone, les Chambres extraordinaires pour le Cambodge, les panels des crimes graves des juridictions cambodgiennes, les panels spéciaux au Timor Oriental, les panels dans les tribunaux du Kosovo, la Chambre spéciale des crimes de guerre de la Cour d'Etat de Bosnie-Herzégovine et dans une certaine mesure, le Tribunal spécial irakien. Tout récemment encore, dans son rapport, la mission d'évaluation envoyée au Burundi par le Secrétaire général recommandait la mise en place d'une Chambre spéciale au sein de l'appareil judiciaire burundais. On utilise aussi parfois les termes juridictions « hybrides », ou « *sui generis* »; Sur ces juridictions *cf.* notamment, MUNDIS (D. A.), « New Mecanisms for the Enforcement of Internationl Humanitarian Law », *AJIL*, 2001, vol. 95, pp. 934-952;

« tribunaux pénaux internationaux » (TPI), de multiples raisons d'ordre historique, pratique et essentiellement budgétaire ont poussé les Etats à préférer ces nouvelles juridictions pénales. Le coût élevé du fonctionnement des deux TPI a découragé et conduit une majorité d'Etats à préférer l'alternative des contributions volontaires et à remettre en cause le fait que le financement de nouveaux tribunaux pénaux soit prélevé sur le budget ordinaire des Nations Unies.

Trois juridictions internationales pénales peuvent exercer leur compétence à l'égard de violations graves du droit humanitaire commises sur le continent africain[2], dont un tribunal mixte:

ROMANO (C.), BOUTRUCHE (T.), « Tribunaux pénaux internationalisés: état des lieux d'une justice hybride », *RGDIP*, 2003, pp. 109-124; FRULLI (M.), The Special Court of Sierra Leone: Some Preliminary Comments », *EJIL*, 2000, pp. 857-869; LINTON (S.), Cambodia, East Timor and Sierra Leone: Experiments in International Justice », *Criminal Law Forum*, 2001, pp.185-246; DICKINSON (L.), « The Promise of Hybrid Courts », *AJIL*, 2003, vol. 97, pp. 295-310; TEJAN-COLE (A.), « The Special Court of Sierra Leone: Conceptual Concerns and Alternatives », *African Human Rights Law Journal*, 2001, pp.107-126; CRYER (R.), A Special Court for Sierra Leone ? », *ICQL*, 2001, vol. 50, pp. 435-446; MCDONALD (A.), « Sierra Leone's Shoestring Special Court », *RICR*, 2002, n° 845, pp. 121-143; PADELLETTI (M. L.), « Repressione dei crimini internazionali di individui e tribunali internazionali: il caso della corte speciale per la sierra leone », *Rivista di diritto internazionale*, 2005, pp. 76-105; WILLIAMSON (J. A.), « An Overview of the International Criminal Jurisdictions Operating in Africa », *RICR*, 2006, n° 861, pp. 111-131; GNAMOU-PETAUTON (D.), « Aperçu sur le Tribunal spécial pour la Sierra Leone », in: TAVERNIER (P.), *(dir.)*, *Recueil juridique des droits de l'Homme en Afrique*, Bruxelles: Bruylant, Vol. II, 2005, tome 1, pp. 318-328; BURGORGUE-LARSEN (L.), « De la difficulté de réprimer le génocide rwandais. L'expérience du TPIR », in: TAVERNIER (P.), BURGORGUE-LARSEN (L.), *(dir.)*, *Un siècle de droit international humanitaire. Centenaire des Conventions de La Haye et cinquantenaire des Conventions de Genève*, Bruylant: Bruxelles, 2001.

[2] Pour une analyse des trois juridictions, *cf.*, WILLIAMSON (J. A.), « An Overview of the International Criminal Jurisdictions Operating in Africa », *op. cit.*

- Le Tribunal pénal pour le Rwanda[3] (TPIR): juridiction *ad hoc* chargée de « juger les personnes présumées responsables d'actes de génocide ou d'autres violations graves du droit international humanitaire commis sur le territoire du Rwanda et les citoyens rwandais présumés responsables de tels actes ou violations commis sur le territoire d'États voisins entre le 1er janvier et le 31 décembre 1994 ».

- La Cour pénale internationale[4] (CPI): institution permanente, pouvant exercer sa compétence à l'égard des personnes pour les crimes les plus graves ayant une portée internationale notamment le crime de génocide, les crimes contre l'humanité, les crimes de guerre et le crime d'agression quand les Etats parties se seront entendus sur sa définition. Bien qu'elle ne siège pas en Afrique et que sa compétence ne soit pas limitée aux crimes commis sur ce seul continent, toutes les situations qui lui sont actuellement déférées concernent des crimes commis sur le territoire d'un Etat africain notamment en République démocratique du Congo, en Ouganda, en République Centrafricaine et au Soudan avec le cas du Darfour[5].

---

[3] Le TPIR a été créé par la résolution 955 (1994) du Conseil de sécurité du 8 novembre 1994.

[4] *Cf.*, Statut de Rome adopté le 17 juillet 1998 par la Conférence diplomatique de plénipotentiaires des Nations Unies sur la création d'une cour criminelle internationale, A/CONF.183/9.

[5] Le Président de la République démocratique du Congo a procédé à un renvoi de la situation se déroulant sur l'ensemble de la République démocratique du Congo depuis l'entrée en vigueur du Statut de Rome par lettre du 19 avril 2004 adressée au Procureur (Situation ICC-01/04); Suite au renvoi par l'Ouganda en décembre 2003 de la situation concernant le nord de ce pays, le Procureur a décidé d'ouvrir une enquête (Situation ICC-02/04); Le gouvernement de la République centrafricaine, a fait un renvoi de la situation des crimes commis sur l'ensemble du territoire de la République centrafricaine depuis le 1er juillet 2002 (Situation ICC-01/05); Enfin, le Conseil de sécurité a par résolution 1593 (2005) déféré au Procureur de la CPI la situation au Darfour depuis le 1er juillet 2002, *cf.*, S/RES/1953 (2005) du 31 mars 2005 (Situation ICC-02/05).

- Et enfin, le Tribunal spécial pour la Sierra Leone[6] (TSSL): juridiction pénale internationalisée « chargé de poursuivre les personnes qui portent la responsabilité la plus lourde des violations graves du droit international humanitaire et du droit sierra-léonais commis sur le territoire de la Sierra Leone depuis le 30 novembre 1996 ». Comme les autres tribunaux de la même catégorie, cette juridiction mi-interne, mi-internationale comporte des éléments nationaux et internationaux. Composée de juges nationaux et internationaux, elle applique à la fois des éléments de droit interne et de droit international.

L'organisation des trois juridictions repose sur une structure classique. Elles sont essentiellement composées de chambres ou de sections, d'un procureur et d'un greffe. Leur organisation n'appelle pas de remarque particulière, si ce n'est le fait que, pour des raisons budgétaires, le TSSL n'a été doté au départ que d'une seule chambre de première instance. Fort heureusement une seconde chambre a finalement été créée. Le caractère hybride du tribunal implique que deux juges soient nommés par le secrétaire général et un par le gouvernement sierra-léonais pour les chambres de première instance. La même logique est appliquée pour les 5 juges de la cour d'appel et pour les autres organes du Tribunal.

Notons également que le TPIR partage la même chambre d'appel que le TPIY, ce qui permet d'assurer une certaine uniformité de leur jurisprudence. Ce souci d'harmonie s'étend au TSSL puisque son statut prévoit que sa cour d'appel doit se laisser guider par les décisions de la cour d'appel du TPIY et du TPIR. Enfin, on peut noter la particularité de la CPI, qui en plus des autres juridictions dispose d'une section préliminaire.

Outre ces quelques remarques, la comparaison de ces trois juridictions appelle des développements plus importants concernant leurs modes de création (I), leurs compétences (II) et leurs rapports avec les Etats (III). En conclusion, nous évoquerons d'une part la question de la stratégie d'achèvement des mandats du TPIR et du TSSL et d'autre part la question de la place des victimes devant les trois juridictions.

---

[6] *Cf.*, Le Statut du Tribunal a été annexé Accord entre l'Organisation des Nations Unies et le gouvernement sierra-léonais sur la création d'un Tribunal spécial pour la Sierra Leone du 16 janvier 2002.

I. – Des conditions de création différentes et contestées

Alors que tribunal pénal pour l'ex-Yougoslavie (TPIY) a été créé par le conseil de sécurité de sa propre initiative, le TPIR a été institué suite à une demande officielle du gouvernement rwandais[7]. Bien qu'à l'origine de la demande, le Rwanda s'est par la suite prononcé contre l'adoption de la résolution 955 pour s'opposer au projet de Statut du Tribunal[8]. Malgré ces oppositions, une fois la résolution adoptée et le Tribunal institué, le Rwanda s'est déclaré prêt à coopérer.

A la différence du TPIR, créé par résolution, sur le fondement du Chapitre VII de la Charte et de la CPI créée par convention multilatérale, le TSSL a été institué par accord entre l'ONU et le gouvernement sierra-léonais. Le Conseil de sécurité, se déclarant « profondément préoccupé par les crimes très graves commis sur le territoire de la Sierra Leone contre la population civile et des membres du personnel des Nations Unies (...) » a par sa résolution

---

[7] Lettre datée du 28 septembre 1994 adressée par le représentant permanent du Rwanda auprès des Nations unies au président du Conseil de sécurité, doc. S/1994/1115 (1994).

[8] Lors de l'adoption de la résolution 955, le Rwanda disposait d'un siège de membre non permanent au Conseil de sécurité des Nations Unies. Selon le Rwanda, la compétence *ratione temporis* telle que prévue par le statut du Tribunal était trop limitée puisque le statut avait prévu que le Tribunal soit compétent pour juger les crimes commis entre le 1er janvier 1994 et le 31 décembre 1994 alors que les activités criminelles qui ont abouti au génocide de 1994 remontent à 1990. Une autre objection principale du Rwanda concernait la peine de mort. La peine la plus grave prévue par le statut du TPIR est l'emprisonnement à vie, ce qui exclut la peine capitale, alors que le Code pénal rwandais, en revanche, prévoit la peine de mort pour les crimes les plus graves. Cela crée évidemment une différence de traitement entre les principaux responsables du génocide qui seront appréhendés et jugés par le TPIR et les exécutants qui seront jugés par les juridictions nationales rwandaises, ce qui va à l'encontre d'une bonne administration de la justice et de la réconciliation nationale au Rwanda. Le Rwanda s'était également plaint du fait que le Tribunal ne disposait que de deux Chambres de première instance ce qu'il considérait trop limité par rapport à l'ampleur de la tâche à accomplir ou encore du fait que le siège du Tribunal est à l'extérieur du Rwanda.

1315 (2000)[9] donné mandat au Secrétaire général pour négocier un accord avec le gouvernement sierra-léonais en vue de créer un Tribunal spécial *indépendant*. Le 16 janvier 2002, alors que le conflit sierra-léonais était encore en cours[10], les Nations Unies et le gouvernement sierra-léonais ont signé l'accord portant création du TSSL. Le statut du Tribunal a été conçu en grande partie suivant le modèle des TPI et s'inspire des définitions des crimes du Statut de Rome[11].

Bien que les modes de création du TPIR et du TSSL diffèrent, au début de leurs activités judiciaires, certains accusés ont contesté la légalité de leur création[12]. Ainsi, dans l'affaire *Kanyabashi*[13], devant le TPIR, la Défense avait notamment prétendu que l'établissement du Tribunal violait le principe de souveraineté des Etats, en l'occurrence l'Etat Rwandais, dans la mesure où il n'a pas été établi par traité. D'après elle, d'une part, le Conseil de sécurité n'est pas compétent pour établir un tel Tribunal et n'a aucun pouvoir à l'égard des individus. D'autre part, le Tribunal n'est ni

---

[9] Résolution du Conseil de sécurité du 14 août 2000, S/RES/1315 (2000).

[10] Pour un bref rappel du conflit en Sierra Leone, cf. notamment, PAZARTIS (P.), « Tribunaux pénaux internationalisés: une nouvelle approche de la justice pénale (inter)nationale ? », *AFDI,* 2003, pp. 641-661; LAUCCI (C.), « Projet de Tribunal spécial pour la Sierra Leone: vers une troisième génération de juridictions pénales internationales ? », *L'observateur des Nations Unies*, 2000, n° 9, pp. 195-217.

[11] D'après son article 14, le Règlement de procédure et de preuve du TPIR régit *mutatis mutandis* le déroulement de la procédure devant le Tribunal spécial. Toutefois, lorsque les dispositions existantes ne prévoient pas un cas particulier, les juges peuvent modifier le Règlement ou adopter des dispositions supplémentaires notamment en s'inspirant du Code de procédure pénale sierra-léonais.

[12] Sur la question de la contestation de la création et de la compétence du TPIR et du TSSL, v. notamment, WILLIAMSON (J. A.), « An Overview of the International Criminal Jurisdictions Operating in Africa », *op. cit.*, pp. 118-122.

[13] *ICTR*, *The Prosecutor v. Joseph Kanyabashi*, Trial Chamber II, case n° ICTR-96-15-T, Decison on the Defence Motion on Jurisdiction, 18 June 1997, §§ 17-29; STERN (B.), « Légalité et compétence du Tribunal pénal international pour le Rwanda: l'affaire Kanyabashi », www.ridi.org/adi/199811s4.html, (consulté le 7 novembre 2006); WILLIAMSON (J. A.), *op. cit.*, pp. 117-118; MEGRET (F.), *Le Tribunal pénal pour le Rwanda*, Pedone, Paris, 2002, pp. 36-40.

impartial, ni indépendant du fait de sa création par un organe éminemment politique. La Chambre a rejeté l'ensemble de ces griefs en s'appuyant sur la jurisprudence *Tadic*[14] dans laquelle le TPIY avait eu à répondre à des contestations similaires. Le TPIR a considéré que la souveraineté du Rwanda n'a pas été atteinte, puisque le Tribunal a été créé à l'initiative de cet Etat. La souveraineté des autres Etats n'a pas non plus été atteinte étant donné qu'en adhérant à la Charte, ceux-ci ont consenti à limiter leur souveraineté et donc à accepter que les décisions du Conseil de sécurité prises sur le fondement du Chapitre VII s'imposent à eux.

Concernant l'incompétence du Conseil de sécurité pour créer un Tribunal, selon la Chambre, le Conseil dispose d'une compétence exclusive et discrétionnaire pour déterminer s'il existe ou non une menace à la paix et à la sécurité et la liste des mesures qu'il peut prendre en vertu de l'article 41 de la Charte n'est pas exhaustive, la création d'un Tribunal pénal était une mesure parfaitement envisageable pour restaurer la paix.

S'agissant de l'absence de compétence du Conseil à l'égard des individus, le Tribunal n'a pas réellement répondu à l'argument et s'est simplement contenté d'affirmer que la défense n'a pas rapporté la preuve que cette extension du champ d'application du droit international aux individus n'était pas exigée par les circonstances, notamment par l'ampleur et la gravité des crimes commis durant le conflit.

Enfin, d'après la défense, la création du Tribunal par un organe politique implique nécessairement une absence d'impartialité et d'indépendance de cet organe judiciaire, le Tribunal aurait dû être créé par la loi, comme cela est exigé pour toute instance juridictionnelle. Evidemment, le Tribunal a également rejeté cette critique, et s'est à nouveau appuyé sur les conclusions du TPIY dans l'arrêt *Tadic* en soulignant que la notion de « création par la loi » ne devait pas être interprétée de manière littérale, mais, en fonction de l'esprit qui anime cette formulation. Ce qu'il faut donc prendre en considération pour déterminer si un Tribunal a été crée

---

[14] *TPIY, Le Procureur c. Dusko Tadic*, Chambre d'appel, affaire n° IT-94-1, arrêt relatif à l'appel de la défense concernant l'exception préjudicielle d'incompétence, 2 octobre 1995, §§ 30-41.

par la loi, c'est son établissement dans le respect des normes internationales garantissant son impartialité et sa justice.

Il n'est pas surprenant que la légalité de la création du TSSL ait elle aussi été contestée. Dans l'affaire *Fofana*[15] par exemple, il a été avancé que la délégation de compétence accordée par le Conseil de sécurité au Secrétaire général pour signer l'accord portant création du Tribunal était illégal. La Cour d'appel a rejeté cette contestation et a brièvement indiqué qu'aucune délégation de compétence n'est nécessaire pour que le Secrétaire général exécute les décisions du Conseil de sécurité. En concluant l'accord, le Secrétaire général n'a pas agi pour son propre compte, mais en tant qu'organe exécutif du Conseil de sécurité et sous le contrôle de celui-ci[16]. Dans cette même affaire, la Cour d'appel a également écarté l'argument contestant la compétence du Conseil pour créer le Tribunal[17] en tenant le même raisonnement que le TPIR dans l'affaire *Kanyabashi.*

Les conditions de création de la CPI n'ont pas pour l'instant été contestées mais nul doute que les conseils des accusés ne manqueront pas d'imagination pour le faire, notamment lorsque la Cour est saisie suite à un renvoi opéré par le Conseil de sécurité. Ce mode de saisine de la Cour peut donner lieu à des contestations relatives à son indépendance et à son impartialité.

II. – Des compétences sensiblement distinctes

On soulignera la particularité des compétences de chacune de ces juridictions sur le plan *ratione personae*, *ratione temporis*, *ratione loci* et enfin *ratione materiae.*

---

[15] SCSL, *Prosecutor Against Moinini Fofana*, Decision on Preliminary Motion on Lack of Jurisdiction Materiae: Illegal Delegation of Powers by the United Nations (Delegation Decision), Case n° SCSL-2004-14-AR72(E), 25 may 2004.

[16] *Ibid.*, §§ 14-17.

[17] *Ibid.*, §§ 18-29.

A. – Compétence *ratione personae*

Les statuts du TPIR et de la CPI prévoient qu'ils sont chargés de juger les personnes accusées de crime de génocide, de crime contre l'humanité, et de crimes de guerre[18], sans plus de précision. Cependant, la politique adoptée rapidement par le Procureur du TPIR a été de poursuivre les principaux responsables du génocide rwandais même si le Tribunal est compétent pour juger « les subalternes », laissant ainsi les juridictions nationales juger les acteurs au second degré de cette tragédie. Le statut du TSSL, quant à lui, prévoit expressément que la compétence du Tribunal s'étend aux personnes qui portent « la plus lourde responsabilité » dans les violations graves du droit international humanitaire et du droit sierra-léonais commises au cours du conflit. Toutefois, cette qualification n'est « qu'un point de repère pour le Procureur en vue de l'adoption d'une stratégie en matière de poursuites[19] ».

Une autre particularité du statut du TSSL réside dans le fait que le Tribunal peut poursuive des personnes âgées de 15 à 18 ans au moment de l'infraction, « les mineurs délinquants ». Préoccupé par le phénomène alarmant des enfants soldats, le gouvernement sierra-léonais avait exigé lors des négociations que le Tribunal soit compétent pour poursuivre ces mineurs insistant sur le fait que les Sierra-léonais verraient d'un mauvais oeil un Tribunal qui ne traduirait pas en justice les enfants ayant commis des crimes aussi graves et leur éviterait des poursuites judiciaires[20]. Or, ni les statuts des TPI ni celui de la CPI ne prévoient leur compétence à l'égard

---

[18] Comme nous l'avons vu, la CPI sera effectivement compétente pour connaître également des crimes d'agression dès que l'infraction aura été définie.
Le statut du TPIR n'utilise pas le terme « crimes de guerre », cependant, « les violations de l'article 3 commun aux Conventions de Genève et du Protocole additionnel II » (article 4 du statut) relèvent de cette catégorie plus large des « crimes de guerre ».

[19] *Cf.* Rapport du Secrétaire général sur l'établissement d'un Tribunal spécial pour la Sierra Leone, 4 octobre 2000, S/2000/915, § 30.

[20] *Cf.*, Rapport du Secrétaire général, *op. cit.*, §§ 34-35; Sur la question de la responsabilité des enfants soldats voir notamment, ARZOUMANIAN (N.), PIZZUTELLI (F.), « Victimes et bourreaux: questions de responsabilité liées à la problématique des enfants-soldats en Afrique », *RICR*, n° 852, pp. 827-856.

de personnes de moins de dix-huit ans[21]. Le Secrétaire général a lui-même reconnu que le déclenchement éventuel de poursuites contre des enfants pour des crimes contre l'humanité et des crimes de guerre pose un problème d'éthique délicat, puisque dans ce conflit sierra léonais, plus que dans tout autre conflit, les enfants ont été utilisés comme combattants. Ces enfants soldats ont été initialement enlevés, enrôlés de force, maltraités sexuellement, soumis à toutes les formes d'esclavage, et entraînés, souvent sous l'influence de drogues, pour tuer, mutiler et mettre le pays à feu et à sang. Tout en étant largement redoutés pour leur brutalité, ces enfants ont subi, pour la plupart sinon tous, des sévices et des mauvais traitements sur les plans psychologique et physique, de sorte que, après avoir été des victimes, ils sont à leur tour auteurs de crimes[22]. On peut considérer que les dispositions du statut marquent une avancée importante sur certains points, mais en l'occurrence, il s'agit ici d'une régression même si le droit international ne s'oppose pas à de telles poursuites puisque le droit international humanitaire envisage que des mineurs de plus de quinze ans participent aux conflits[23].

De même, la Convention relative aux droits de l'enfant de 1989 n'exclut pas leur responsabilité pénale lorsque celle-ci est prévue en droit interne[24]. Notons néanmoins que, pour résoudre ce dilemme, le statut du TSSL entoure la poursuite des mineurs délinquants d'un certain nombre de garanties procédurales et prévoit notamment que dans ces poursuites, le Procureur doit veiller à ce que les programmes éventuels de réinsertion ne soit pas compromis et, le cas échéant, à ce qu'il soit fait usage d'autres mécanismes du type « vérité et réconciliation » s'ils sont disponibles. Par ailleurs, le Tribunal doit assortir son jugement d'une ou plusieurs mesures comme le placement, l'éducation surveillée, les programmes d'éducation pénitentiaire,

[21] Article 26 du Statut de Rome; notons cependant que le statut du TPIR est muet à ce sujet.
[22] Rapport du Secrétaire général, *op. cit.*, § 32.
[23] Article 77 § 2 du Protocole additionnel I, article 4 § 3 du Protocole additionnel II.
[24] Articles 37, 40 et 41 de la Convention relative aux droits de l'enfant du 20 novembre 1989.

d'enseignement et de formation professionnelle ou encore tout programme de démobilisation et réinsertion[25].

La question de la compétence *ratione personae* pose également le problème de l'invocation de la qualité officielle par un accusé. Il ressort du statut des trois juridictions que la qualité officielle d'un accusé, comme chef d'Etat ou de gouvernement ou comme haut fonctionnaire, ne l'exonère pas de sa responsabilité pénale et n'est pas un motif de diminution de la peine[26]. En revanche, cette qualité officielle peut être une circonstance aggravante susceptible d'accroître la peine. D'ailleurs les accusés comparaissant devant le TPIR conscients de l'évolution du droit international sur ce point n'ont pas invoqué une quelconque immunité. Par contre, devant le TSSL, Charles Taylor a fait valoir sans succès qu'il avait une qualité officielle au moment des faits qui lui sont reprochés[27]. On remarquera aussi que l'article 10 du Statut du TSSL rend inopposable devant le Tribunal l'amnistie accordée pour les crimes internationaux relevant de sa compétence. A ce sujet, sa Cour d'appel a dû se prononcer sur la validité de l'amnistie incluse dans l'Accord de paix de Lomé du 7 juillet 1999. Cet accord entre le gouvernement sierra-léonais et le RUF[28] avait prévu une amnistie complète pour les crimes commis en relation avec le conflit jusqu'à sa date de signature. Au regard de l'article 10 la réponse négative de la Cour d'appel était évidente[29].

---

[25] Articles 15 § 5 et 7 § 2 du Statut du TSSL.

[26] Article 6 du Statut du TPIR; V. également l'article 27 du Statut de Rome et l'article 6 § 2 du statut du TSSL.

[27] *SCSL, The Prosecutor v. Charles Ghankay Taylor*, Appeals Chamber, Decision on immunity from jurisdiction, Case n° 2003-01-I, 31 may 2004. Mis en accusation pour 11 chefs d'accusation pour crime de guerre, crimes contre l'humanité et d'autres violations du droit international humanitaire, le Conseil de sécurité a autorisé pour des raisons de sécurité son transfert à La Haye dans les locaux de la CPI où il sera jugé par le TSSL probablement à partir du 2 avril 2007, S/RES/1688 (2006) du 16 juin 2006.

[28] Revolutionary United Front.

[29] *SCSL, Prosecutor Against Morris Kallon and Brima Bazzy Kamara*, Decision on Challenge to Jurisdiction: Lomé Accord Amnesty (Lomé Decision), Case n° SCSL-2004-156AR672(E) and Case n° SCSL-2004-16-AR72(E), 13 march 2004.

B. – Compétences *ratione temporis* et *ratione loci*

S'agissant de tribunaux *ad hoc* la compétence *ratione temporis* du TPIR et du TSSL est nécessairement limitée. Celle du TSSL aurait pu s'étendre aux crimes commis à partir du 23 mars 1991, date de début de la guerre civile en Sierra Leone mais le Secrétaire général a estimé que le choix de cette date entraînerait une lourde charge de travail pour le Procureur et le Tribunal[30]. La compétence du Tribunal a donc été limitée aux crimes postérieurs au 30 novembre 1996, date de la signature de l'Accord de paix d'Abidjan qui aurait dû mettre un terme au conflit sierra-léonais[31]. On est loin de la déclaration faite par le Conseil de sécurité dans sa résolution 1315 selon laquelle « la communauté internationale ne ménagera aucun effort » pour poursuivre les principaux auteurs de violations graves du droit humanitaire commises au cours de ce conflit. Il ne reste plus qu'à espérer que ceux-ci seront poursuivis devant les juridictions nationales.

La compétence *ratione temporis* du TPIR qui comprend les crimes commis du 1er janvier au 31 décembre 1994 a été critiquée par le Rwanda qui a dénoncé le fait qu'elle ne tienne pas compte des projets pilotes d'extermination ayant eu lieu avant 1994 et de la période de planification du génocide antérieure à 1994[32]. Le Rwanda aurait souhaité que la compétence du Tribunal s'étale du 1er octobre 1990, date du début du conflit selon lui, à la fin des combats en juillet 1994. D'ailleurs, la loi organique rwandaise du 30 août 1996 sur « l'organisation des poursuites des infractions constitutives du crime de génocide ou de crimes contre l'humanité » (loi n° 08/96) et celle du 21 janvier 2001 portant création des juridictions « *gacaca* », font toutes deux partir leur compétence à partir du 1er octobre 1990. Notons cependant, que le TPIR a admis que des faits antérieurs au 1er janvier 1994 puissent être invoqués lorsqu'il s'agit d'actes préparatoires ou lorsque ceux-

30 Rapport du Secrétaire général, *op. cit.*, § 26.
31 Cet accord de paix signé entre le gouvernement sierra léonais et le RUF a été rompu en février 1997 par ce dernier.
32 *Cf.*, S/PV 3453, 8 novembre 1994, p. 15.

ci sont invoqués dans un but de rappel historique ou à titre d'information[33].

La CPI devrait rencontrer les mêmes difficultés même si sa compétence *ratione temporis* est plus étendue, puisqu'elle ne connaît pas de limite dans le futur. Néanmoins, la Cour n'est compétente qu'à l'égard des crimes commis après l'entrée en vigueur de son statut. Si un État devient Partie au Statut après l'entrée en vigueur de celui-ci, la Cour ne peut exercer sa compétence qu'à l'égard des crimes commis après l'entrée en vigueur du Statut pour cet État, sauf si l'État en question en fait la déclaration. Notons également, que sa compétence *ratione temporis* peut être limitée si un État qui devient partie au Statut déclare que, pour une période de sept ans à partir de l'entrée en vigueur du Statut à son égard, il n'accepte pas la compétence de la Cour en ce qui concerne les crimes de guerre[34].

En ce qui concerne la compétence *ratione loci*, alors que la guerre civile au Sierra Leone a impliqué des Etats voisins, notamment le Libéria, la compétence spatiale du Tribunal a été exclusivement limitée aux crimes commis en Sierra Leone, ce qui ne tient donc pas compte des éventuels actes de planification ou encore de complicité de crimes de guerre ou de crimes contre l'humanité commis au Liberia. Cette limitation se justifie bien entendu par le fait que le Liberia, gouverné encore à l'époque par Charles Taylor, n'aurait certainement pas accepté la compétence du TSSL crée à la demande de la Sierra Leone[35], ou alors, il aurait fallu mettre en place un Tribunal pénal international du même type que le TPIR, mais l'ONU ne le souhaitait pas. En revanche, la compétence du TPIR couvre à la fois les crimes commis au Rwanda et ceux perpétrés sur le territoire des Etats voisins par des ressortissants rwandais. D'après le rapport du Secrétaire général, le

---

[33] ICTR, *The Prosecutor v. Gratien Kabiligi and Alyos Ntabakuze*, Trial Chamber III, Cases no. ICTR-96-34-1, Decision on the Defence Motions Objecting to a Lack of Jurisdiction and Seeking to Declare the Indictment *Void ab Initio* 13 April 2000, §§ 33, 34-38; *Cf.*, MÉGRET (F.), *op. cit.*, pp. 32-33.

[34] Article 124 du Statut de Rome.

[35] Sur ce point cf. notamment LAUCCI (C.), « Projet de Tribunal spécial pour la Sierra Leone: vers une troisième génération de juridictions pénales internationales ? », *Observateur des Nations Unies*, 2000, n° 9, p. 199.

Conseil « avait à l'esprit essentiellement les camps de réfugiés situés au Zaïre et dans d'autres pays voisins[36] » qui ont été en proie, après le génocide, à des violations graves du droit humanitaire.

La CPI a une compétence *ratione loci* plus large puisqu'elle peut exercer sa compétence si l'Etat sur le territoire duquel le comportement en cause a eu lieu[37] ou l'Etat dont la personne accusée du crime est un ressortissant, est Partie au Statut de Rome ou a accepté la compétence de la Cour. Cette compétence peut encore être élargie et concerner tout Etat si une situation est déférée au Procureur par le Conseil de sécurité en vertu de l'article 13 c) de son statut. Ce mode saisine peut également susciter des contestations relatives à la compétence de la Cour. On peut imaginer, par exemple, un argument tiré de la violation de la souveraineté d'un Etat non partie au Statut et subséquemment l'incompétence de la Cour pour poursuivre l'un de ses ressortissants, surtout si le crime a été commis sur le territoire d'un Etat tiers au Statut.

C. – Compétence *ratione materiae*

Les trois juridictions ont compétence pour réprimer les violations les plus graves du droit international humanitaire, dont deux catégories communes: les crimes contre l'humanité, les violations de l'article 3 commun aux Conventions de Genève et du Protocole additionnel II.

Assez curieusement, le statut du TSSL n'étend pas la compétence du Tribunal au crime de génocide qu'on retrouve aussi bien dans le statut des deux TPI que dans celui de la CPI. Au moment de la création du Tribunal, le Conseil de sécurité comme le Secrétaire général ont jugé qu'en l'absence de preuves établissant que les massacres à grande échelle qui se sont produits en Sierra Leone aient été perpétrés contre un groupe national, ethnique, racial ou religieux identifié, dans l'intention de détruire ce groupe en tant que tel, il n'était pas approprié de l'inclure dans

---

[36] Rapport du Secrétaire général sur la situation au Rwanda du 31 mai 1994, S/1994/640, § 13.

[37] Ou si le crime a été commis à bord d'un navire ou d'un aéronef, l'État du pavillon ou l'État d'immatriculation, article 12 du Statut de Rome.

la liste des crimes internationaux relevant de la compétence du Tribunal[38].

La définition des crimes contre l'humanité retenue par le statut du TSSL se rapproche plus de la définition du Statut de Rome que de celle du statut du TPIR, dans la mesure où elle prévoit que les crimes doivent être commis « dans la cadre d'une attaque généralisée *ou* systématique ». Au contraire, la formule retenue par le statut du TPIR prévoit des conditions cumulatives et donc restrictives puisque l'attaque doit être « généralisée *et* systématique ». La jurisprudence du TPIR considère toutefois, que ces deux critères ne sont nécessairement cumulatifs. S'inspirant toujours du Statut de Rome, la définition des crimes contre l'humanité contenue dans le statut du TSSL élargit la catégorie des crimes sexuels alors que la définition des deux TPI n'envisage que le cas du viol. Il nous semble qu'une telle qualification relève de l'expertise judiciaire. Par ailleurs, le fait d'inclure le crime de génocide dans le statut ne lie pas les juges.

L'article 3 du statut du TSSL relatif aux violations de l'article 3 commun aux Conventions de Genève et du Protocole additionnel II reprend mot pour mot l'article 4 du statut du TPIR. Il s'agit d'une catégorie de crimes de guerre commis en situation de conflits armés non internationaux. Cette catégorie constituait une innovation dans le statut du TPIR parce qu'il n'allait pas de soi à l'époque que ces dispositions puissent engager la responsabilité pénale internationale d'un individu[39]. Depuis, cette catégorie a été reprise et étendue par l'article 8 (§ 2 *c* et *e*) du statut de la CPI. A la différence des deux autres juridictions, la catégorie des crimes de guerre est beaucoup plus étendue et détaillée dans le statut de la Cour pénale internationale puisqu'elle comprend aussi bien les crimes commis dans le cadre de conflits armés internationaux que ceux commis dans le cadre de conflits armés non internationaux.

Le statut du TSSL prévoit la compétence du Tribunal pour d'autres violations du droit humanitaire (article 4), qui relèvent de la catégorie des crimes de guerre et que l'on retrouve dans l'article 8 du Statut de la CPI, y compris le recrutement et l'enrôlement

---

[38] Rapport du Secrétaire général, *op. cit.*, § 13.

[39] Pour de plus amples développements sur la question, cf. notamment, MEGRET (F.), *op. cit.*, pp. 189 et s.

d'enfants âgés de moins de 15 dans des forces ou groupes armés en vue de les faire participer activement aux hostilités. Ce crime n'a jamais été réprimé auparavant par une juridiction pénale internationale. Dans l'affaire *Hinga Norman*, la Défense a contesté la compétence du TSSL pour poursuivre des personnes pour crime de recrutement d'enfants de moins de 15 ans. Selon elle, l'article 4 du Statut du Tribunal viole le principe *nullum crimen sine lege*. Elle souligne que bien que le deuxième Protocole additionnel aux Conventions de Genève de 1977 et la Convention des droits de l'enfant de 1990 créent une obligation à la charge des Etats parties pour qu'ils s'abstiennent de recruter des enfants soldats, ces instruments ne criminalisent pas cette activité, et par ailleurs si le Statut de Rome l'érige en crime, il ne codifie pas une règle coutumière. En se referant à diverses sources de droit international et de droit interne, la Cour d'appel a rejeté l'argument et a conclu que le recrutement d'enfant était incriminé bien avant novembre 1996.

Enfin, d'après l'article 5 de son statut, le TSSL est compétent pour connaître deux types d'infractions relevant du droit sierra-léonais que l'on retrouve également dans le statut de la CPI au titre des crimes de guerre: il s'agit de l'enlèvement et de sévices à l'encontre de fillettes de moins de 13 ou 14 ans, de la destruction volontaire de biens et de l'incendie de bâtiments de caractère civil ou public.

III. – Des rapports contrastés avec les Etats

La question des liens des trois juridictions avec les Etats renvoie aux problèmes de hiérarchie de juridictions et à la coopération entre ces juridictions internationales et les autorités nationales.

A. – Concurrence et primauté de juridiction

Le TPIR a une compétence concurrente aux juridictions nationales mais dispose d'une primauté de juridiction sur celles-ci et peut par conséquent demander leur dessaisissement à tout stade de la procédure. La compétence du TSSL est plus limitée puisque cette concurrence et cette primauté de juridiction ne valent qu'à l'égard des juridictions sierra-léonaises. Le cas de la CPI est particulier. Le Préambule de son statut rappelle qu'il est du devoir de chaque État de soumettre à sa juridiction les responsables de crimes internationaux, la Cour n'est en principe saisie qu'en dernier recours. En vertu du principe de complémentarité, elle ne peut assurer sa juridiction que dans les cas où un Etat manque de volonté ou est dans l'incapacité de mener véritablement à bien une enquête ou des poursuites alors que des crimes relevant de la compétence de la Cour ont été perpétrés. Dans ces conditions on ne peut parler de concurrence ou de primauté de juridiction de la CPI sur les tribunaux nationaux.

B. – La coopération avec les Etats

L'exécution du mandat des trois juridictions passe par une coopération continue avec les Etats. En vertu de son Statut, les Etats ont une obligation de coopérer avec le TPIR alors même que la création du Tribunal ne repose pas sur une convention multilatérale. La résolution instituant le Tribunal ayant été prise sur la base du Chapitre VII de la Charte, il en résulte, une obligation pour les Etats de respecter la décision du Conseil de sécurité et par conséquent de coopérer avec le Tribunal[40]. Cette obligation de coopération s'étend notamment à la réunion des témoignages et à la production des preuves, à l'identification et à la recherche des personnes, à leur arrestation, détention ou transfert au Tribunal ou encore à l'accueil des personnes condamnées. Si théoriquement, des problèmes de collaboration avec les Etats ne devraient dès lors pas se poser, en pratique le TPIR a connu et connaît toujours une réticence dommageable de la part de certains Etats, y compris du Rwanda qui s'est parfois servi de sa coopération comme un moyen de pression à l'encontre du Tribunal[41]. Or, le TPIR n'a pas de force

---

[40] *Cf.*, ADJOVI, (R.), POMETE (J.-P.), « Les relations entre le Tribunal pénal international pour le Rwanda et les Etats: l'obligation de coopération dans l'exécution du mandat du Tribunal », *Annuaire français de relations internationales*, 2005, vol. 6, pp. 180-196.

[41] Sur la question de la coopération v. notamment, GUILLOT (Ph.), « Les relations entre le Rwanda et le TPIR », in: BURGORGUE-LARSEN (L.), *La répression du génocide rwandais*, Bruylant, Bruxelles, 2003, pp. 21-40; LAUCCI (C.), « Quelques aspects de l'actualité des Tribunaux pénaux

de police à sa disposition et dépend totalement de la coopération des Etats pour accomplir sa mission, qu'il s'agisse des arrestations d'accusés, de protection de témoins, ou d'incarcération des condamnés. La même remarque s'applique à la CPI et au TSSL.

Le mode de création du TSSL (accord) ne lui permet pas d'exiger quoique ce soit des Etats en dehors de la Sierra Leone, or, les problèmes de coopération vont lourdement peser sur la bonne marche des poursuites devant le Tribunal. L'exemple de Charles Taylor est patent. Bien qu'inculpé en mars 2003 de plusieurs chefs d'accusation pour crimes de guerre, crimes contre l'humanité et d'autres violations du droit international humanitaire et du droit sierra-léonais, le Nigeria lui avait offert l'asile et ce n'est qu'en mars 2006 que Charles Taylor a enfin été arrêté et remis au Tribunal par cet Etat.

La CPI n'est pas à l'abri de ces problèmes de coopération et de dépendance vis-à-vis des Etats particulièrement en ce qui concerne l'accès aux lieux où les crimes ont été commis, la protection des témoins, la préservation des preuves et l'arrestation des accusés, sans compter les problèmes d'insécurité liés à la persistance de conflits armés ou de situations post-conflictuelles ou encore la politique américaine de boycott systématique de la CPI au travers notamment, la conclusion des accords bilatéraux[42].

Conclusion

En tant que juridictions *ad hoc*, le TPIR et le TSSL ont dû, dès leur création, adopter une stratégie en matière de poursuites de manière à tenir compte du mandat et du délai qui leur ont été assignés. D'où le choix adopté assez tôt par le Procureur du TPIR de ne poursuivre que les principaux responsables du génocide rwandais de manière à limiter le nombre des affaires traduites devant le Tribunal. En 2003, le Conseil de sécurité a demandé au

internationaux pour l'ex-Yougoslavie et le Rwanda », *Observateur des nations Unies*, 1997, n° 2, pp. 133-134; ADJOVI (R.), MAZERON (R.), « Chronique de la jurisprudence du Tribunal pénal international pour le Rwanda (1994-2002) », *AYIL*, pp. 500-510.

[42] *Cf.* notamment, COULEE (F.), « Sur une état tiers bien peu discret: les États-Unis confrontés au statut de la Cour pénale internationale », *AFDI*, 2004, pp. 32-70.

TPIR comme au TPIY, d'adopter une stratégie d'achèvement de leurs mandats pour que les procès soient clos d'ici 2008 et 2010 s'il s'agit de procédures en appel. Par ailleurs, il leur a été rappelé que leurs budgets devaient être utilisés de manière rationnelle et efficace[43]. La décision du Conseil répond à la préoccupation des Etats qui considèrent que les juridictions pénales internationales coûtent trop cher.

Si les délais fixés par le Conseil sont maintenus, le TPIR aura probablement réussi à juger 65 à 70 personnes en 16 ans[44]. Cela explique pourquoi pour la majorité des Rwandais, comme le soulignait un rapport, « le TPIR est une institution coûteuse et inefficace, un mécanisme expiatoire de la communauté internationale pour faire oublier ses responsabilités dans l'exécution du génocide et sa tolérance des crimes du FPR ». « Les survivants du génocide le trouvent lointain et indifférent à leur sort, tandis que les victimes des crimes du FPR dénoncent son instrumentalisation par le régime de Kigali et voient le TPIR comme le symbole d'une justice de vainqueur ». « Quant au gouvernement rwandais, il se plaint du gaspillage d'argent et de moyens alors que 130 000 prisonniers surpeuplent les prisons du pays et que la justice rwandaise a jugé plus de 4000 accusés »[45].

Il n'est pas exagéré, dans une certaine mesure, de parler d'échec du TPIR, ne serait-ce que parce que le Tribunal a été créé dans l'espoir que ce processus permette la réconciliation nationale entre les communautés hutu et tutsi. S'il est vrai que le Tribunal a connu au démarrage de graves dysfonctionnements, liés notamment à une inefficacité des enquêtes, à des luttes de pouvoir internes, à une mauvaise cohésion de ses services, aux erreurs commises, aux

---

43 *Cf.*, notamment, les résolutions suivantes du Conseil de sécurité: S/RES/1503 (2003) du 28 août 2003 et S/RES/1534 (2004) du 26 mars 2004.

44 Cf., Lettre datée du 29 mai 2006, adressée au Président du Conseil de sécurité par le Président du TPIR et la pièce jointe: Stratégie de fin de mandat du Tribunal pénal international pour le Rwanda, S/2006/358 du 1er juin 2006.

45 Ces extraits sont tirés d'un rapport de *International Crisis Group*, « Tribunal pénal international pour le Rwanda: l'urgence de juger », 7 juin 2001, http://www.crisisgroup.org/home/index.cfm?id=1649&l=2, (consulté le 15 novembre 2006).

absences prolongées des juges ou des avocats de la défense qui paralysaient son activité, ou encore à l'insuffisance de protection des témoins[46], d'autres facteurs ont grandement participé à cet échec. L'arrestation des accusés, qui est vitale au Tribunal et passe par la coopération avec les Etats, n'a pas toujours été évidente et les relations avec le Rwanda comme nous l'avons vu, ont souvent été tendues.

A la lumière des délais imposés aux TPI, en avril 2004 après avoir examiné le rapport du Secrétaire général sur une demande de subvention en faveur du Tribunal, l'Assemblée générale a recommandé au Secrétaire général d'inviter le TSSL à adopter lui aussi un plan d'achèvement de ses travaux[47]. Sur la base d'un calendrier provisoire, le Greffe a estimé que l'achèvement des procès en appel des membres des CDF[48], du RUF et de l'AFRC[49] se termineraient au début ou au milieu de l'année 2007 mais que l'arrestation de *Charles Taylor* et éventuellement celle *Johnny Koroma* peuvent affecter ce calendrier[50]. Vu l'état d'avancement des procès, il semble peut probable que ce calendrier soit respecté.

Compte tenu de l'expérience des TPI, même si la CPI est une juridiction permanente, il ne serait pas surprenant que l'assemblée des Etats parties lui demande de délimiter clairement pour chaque situation sa stratégie et lui fixe des délais.

Le TPIR et le TSSL arrivent bientôt au terme de leurs mandats. Si les raisons qui ont conduit à leur création étaient la poursuite et le châtiment des auteurs des atrocités de manière à éradiquer l'impunité et donc à favoriser la réconciliation nationale, il nous semble que dès le départ cette finalité était compromise vu le peu d'égard fait aux victimes. On regrettera en effet que l'intérêt des victimes n'ait pas suffisamment été pris en compte alors que les droits de la défense sont de loin mieux garantis que dans n'importe quel système national. Outre les mesures habituelles de protection des témoins, il est assez choquant que la seule disposition en faveur des victimes soit l'article 23 du statut du TPIR qui permet

---

[46] *Cf.* notamment, GUILLOT (Ph.), *op. cit.*, pp. 21-40.
[47] A/RES/58/284, du 8 avril 2004.
[48] Civil Defence Forces.
[49] *Armed Forces Revolutionary Council.*
[50] S/2005/350, du 27 mai 2005.

aux Chambres d'« ordonner la restitution à leurs propriétaires légitimes de tous biens et ressources acquis par des moyens illicites, y compris par la contrainte »[51]. Or, même cette unique disposition n'a pas été exploitée. Les victimes ne peuvent ni revendiquer leurs droits en participant à la procédure en leur nom propre ni demander réparation des préjudices subis. Les statuts des deux juridictions sont centrés sur le châtiment des responsables, les victimes n'étant que simples témoins à charge, de simples moyens permettant d'établir la culpabilité des personnes poursuivies[52].

On peut en revanche saluer le Statut de Rome qui accorde une place à la victime dans la justice pénale internationale même si elle n'a pas la possibilité de se constituer « partie civile ». Non seulement la notion de « victime » est définie largement[53], mais en plus, outre les mesures de protection, les Chambres peuvent permettre aux victimes, notamment par l'intermédiaire de leurs représentants légaux, d'exposer à divers stades de la procédure leurs vues et préoccupations[54] et d'obtenir une « réparation appropriée »[55]. Enfin, un fonds spécial a été créé à leur profit[56].

---

[51] Article 23(3) du Statut du TPIR.

[52] Pour une critique plus détaillée, *cf.*, PARADELLE (M.), DUMONT (H.), BOISVERT (A.-M.), « Quelle justice pour quelle réconciliation ? Le Tribunal pénal international pour le Rwanda et le jugement du génocide », *Revue de droit de McGill*, 2005, pp. 384-392.

[53] Règles 85 a) et b) du Règlement de preuve et de procédure de la CPI; *cf.*, CPI, *Situation en République démocratique du Congo*, Chambre préliminaire I, affaire n° ICC-01/04, Décision sur les demandes de participation à la procédure de VPRS 1, VPRS 2, VPRS 3, VPRS 4, VPRS 5 et VPRS 6 (Version publique expurgée), 17 janvier 2006, §§ 77-80.

[54] Article 68 du Statut de Rome; Pour une étude de la question *cf.*, DAVID (E.), « La participation des victimes au procès devant la Cour pénale internationale », in: *Série de conférences du Bureau du Procureur*, http://www.icc-cpi.int/otp/otp_guest_lectures.html (consulté le 1er décembre 2006).

[55] Article 75 §§ 1 et 2 du Statut de Rome.

[56] Article 79 du Statut de Rome.

Stéphane DOUMBÉ-BILLÉ

Je remercie notre dernière intervenante d'avoir accepté de réduire son propos pour permettre le débat. Je peux d'ailleurs aisément comprendre la déception devant une matière aussi riche de ceux et celles qui n'ont pas eu le temps de développer leur propos. Cela vaut également, par anticipation pour les personnes présentes dans la salle qui souhaiteront contribuer activement au débat. Toutefois, comme l'a rappelé à plusieurs reprises le professeur Tavernier, cela ne nous donne que plus d'envie encore de lire le plus rapidement possible les communications écrites. Passons maintenant au débat.

DÉBATS

Nanga SIWÉ

Une question qui m'apparaît importante parce qu'il me semble qu'on est resté à côté du sujet. De quels droits de l'Homme en Afrique parle-t-on ? Après réflexion, on nous parle des droits de l'Homme européens appliqués à l'Afrique, mais on ne nous parle pas des droits de l'Homme en tant que conçus par des Africains appliqués dans les localités ou dans les endroits où ils vivent. Pour moi les droits de l'Homme dont on parle, c'est du ressort du fondamentalisme européen.

L'Europe a imposé sa conception des droits de l'Homme en Afrique et cette conception définie de manière unilatérale ne fonctionne pas en Afrique. Je vais partir d'une idée présentée tout à l'heure par le professeur Feuer. Il a dit « la personne humaine comme point de départ du développement, et la personne humaine comme point d'arrivée du développement. Ceci est une conception uniquement européenne. En Afrique, rien ne tourne autour de la personne en tant qu'individu, mais plutôt autour de l'Homme pris dans une communauté, dans un ensemble de personnes. On prend donc un faut départ. Les Africains ne se posent pas la question de savoir comment les droits de l'Homme sont appliqués en Afrique, mais comment faire pour que les Africains puissent contribuer à la définition des droits de l'Homme, puisqu'on ne leur permet pas de le faire ? On met les réflexions des intellectuels sous tutelle de façon à ce qu'ils ne contribuent pas à la définition de la règle de droit ? Pourquoi ? Je travaille sur les femmes, l'égalité hommes-femmes. Les textes qui sont appliqués aujourd'hui en Afrique sont copiés textuellement sur le droit français alors qu'aucune de ces règles ne peut s'appliquer en Afrique.

Stéphane DOUMBÉ-BILLÉ

Malheureusement nous comprenons votre propos, mais nous sommes victimes du temps…

Dandi GNAMOU-PETAUTON

Je suis étonnée d'une telle remarque, surtout lorsqu'on parle de la Charte africaine des droits de l'Homme et des peuples. On sait en effet que c'est une Charte qui a été conçue, réalisée avec les intellectuels africains, qui n'étaient ni à Paris, ni à Washington. Donc on peut prendre en compte l'acculturation naturelle de ces personnes parce qu'elles ont eu des formations particulières, mais il n'en demeure pas moins que le processus d'adoption de la Charte montre bien par le choix du mécanisme que les chefs d'Etat et de gouvernement ont voulu faire passer les traditions africaines, parler des droits des peuples et mettre en place des devoirs de l'individu envers la communauté. De plus, au niveau de la Cour africaine, le long processus d'adoption de 1994 à 1998 influencé par les ONG africaines notamment, montre bien que ce sont des Africains qui ont participé à cela avec tous les questionnements qu'il peut y avoir autour.

Nanga SIWÉ

La seule originalité dans ce texte, c'est la notion de peuples qui n'est pas copiée sur l'Europe. Le second progrès qu'il y a également, c'est que l'on parle de violations massives des droits de l'Homme et que c'est à cette seule condition qu'on a la possibilité de saisir la Commission et en ce sens l'Africain ne se conçoit pas en tant qu'individu mais considère la société.

Abdelwahab BIAD

J'ai apprécié l'intervention de Marina Yetongnon concernant le Tribunal spécial pour la Sierra Leone (TSSL). Je voudrais faire remarquer que s'il est vrai que le Conseil de sécurité des Nations Unies n'a pas créé ce Tribunal, comme ce fut le cas pour les tribunaux *ad hoc*, le TSSL a été néanmoins établi à la suite de la résolution 1315 du 14 août 2000 par laquelle le Conseil de sécurité a demandé au Secrétaire général d'engager des négociations avec le gouvernement sierra-léonais en vue de mettre en place une juridiction spéciale. Le Conseil fut donc partie prenante dans le processus qui a conduit à la création du TSSL, même si sa contribution est indirecte.

Marina YETONGNON

Je voulais le dire, mais prise par le temps, j'ai dû résumer mon intervention…

Stéphane DOUMBÉ-BILLÉ

Le rapport écrit sera d'autant plus intéressant puisqu'il nous apportera toutes ces précisions.

Paul TAVERNIER

Concernant la compétence relative aux enfants, car c'est un sujet qui me tient à cœur depuis fort longtemps, on en a déjà beaucoup discuté avant la mise en place du Tribunal spécial pour la Sierra Leone, mais je pense qu'on était devant une situation tout à fait particulière. Il est vrai que tous les conflits sont spécifiques, mais là il y avait beaucoup d'intérêts contradictoires en cause.

Stéphane DOUMBÉ-BILLÉ

Je voudrais à nouveau m'excuser auprès de tous ceux, y compris les intervenants, qui auraient voulu développer leurs conceptions et leurs réflexions. Pendant quelques années encore, étant donné que la continuité est assurée, nous aurons l'occasion de rediscuter de ces questions avec le professeur Paul Tavernier. Merci encore à toutes et à tous !

Table des matières

Publications du CREDHO

BULLETIN D'INFORMATION DU CREDHO (ISSN: 1168-500 X)
(16 numéros parus)

CAHIERS DU CREDHO (ISSN 1250-6303)
n° 1 (1994), 134 p. (ISBN 2-11-088069-4): La France et la Cour européenne des droits de l'Homme. La jurisprudence de 1992.
n° 2 (1994), 156 p. (ISBN 2 11-088731-1): La France et la Cour européenne des droits de l'Homme. La jurisprudence de 1993.
n° 3 (1997), 178 p. (ISBN 2 11-090747-9): La France et la Cour européenne des droits de l'Homme. La jurisprudence de 1994 à 1996.
n° 4 (1998), 151 p. (ISBN 2 11-091039-9): La France et la Cour européenne des droits de l'Homme. La jurisprudence de 1996 à 1997.
n° 5 (1999), 172 p. (ISBN 2-11-091552-8): La France et la Cour européenne des droits de l'Homme. La jurisprudence de 1998
n° 6 (2000), 208 p. (ISBN 2-11-091994-9): La France et la Cour européenne des droits de l'Homme. La jurisprudence de 1999
n° 7 (2001), 212 p. (ISBN 2-11-092939-1): La France et la Cour européenne des droits de l'Homme. La jurisprudence de 2000.
n° 8 (2002), 194 p. (ISBN 2-11-093571-5): La France et la Cour européenne des droits de l'Homme. La jurisprudence de 2001.

TAVERNIER Paul (éd.): NOUVEL ORDRE MONDIAL ET DROITS DE L'HOMME: LA GUERRE DU GOLFE. - Préface de Mario BETTATI –
(Paris: Editions Publisud, 1993, 211 p.)
(ISBN 2-86600-677-1; ISSN 0764-8278) - Epuisé

TAVERNIER Paul (éd.): QUELLE EUROPE POUR LES DROITS DE L'HOMME ? LA COUR DE STRASBOURG ET LA RÉALISATION D'UNE "UNION PLUS ÉTROITE" - 35 années de jurisprudence: 1959-1994. - Préface de Pierre-Henri IMBERT - (Bruxelles, Bruylant, 1996, XII-513 p.; diffusion: Paris: LGDJ) (ISBN: 2-8027-0737-X)

MÉLANGES RAYMOND GOY: DU DROIT INTERNE AU DROIT INTERNATIONAL. LE FACTEUR RELIGIEUX ET L'EXIGENCE DES DROITS DE L'HOMME. – Avant-propos de Patrick COURBE, Henry DECAËNS et Paul TAVERNIER – (Rouen: Publications de l'Université de Rouen, n° 251, 1998, 484 p.) (ISBN 2-87775-249-6)

TAVERNIER Paul, YOTOPOULOS-MARANGOPOULOS Alice (eds): LA COMMUNAUTÉ ACADÉMIQUE À L'AUBE DU IIIEME MILLÉNAIRE. - (Bruxelles: Bruylant, 2000, 272 p.) (ISBN: 2-8027-1334-5)

TAVERNIER Paul, BURGORGUE-LARSEN Laurence (sous la direction de): UN SIÈCLE DE DROIT INTERNATIONAL HUMANITAIRE. CENTENAIRE DES CONVENTIONS DE LA HAYE ET CINQUANTENAIRE DES CONVENTIONS DE GENÈVE. - (Bruxelles: Bruylant, 2001, VII-262 p., collection du CREDHO n° 1) (ISBN: 2-8027-1461-9)

TAVERNIER Paul (sous la direction de): RECUEIL JURIDIQUE DES DROITS DE L'HOMME EN AFRIQUE. – (Bruxelles: Bruylant, 2002, XXIII + 1312 p., collection du CREDHO n° 2) (ISBN: 2-8027-1602-6)

PEYRO LLOPIS Ana: LA COMPETENCE UNIVERSELLE POUR LES CRIMES CONTRE L'HUMANITE (Bruxelles, Bruylant, 2003, VIII-178 p., collection du CREDHO n° 3) (ISBN: 2-8027-1698-0)

BURGORGUE-LARSEN Laurence (sous la direction de): LA RÉPRESSION INTERNATIONALE DU GÉNOCIDE RWANDAIS (Bruxelles: Bruylant, 2003, VII-351 p., collection du CREDHO n° 4) (ISBN: 2-8027-1746-4)

TAVERNIER Paul (sous la direction de): LA FRANCE ET LA COUR EUROPENNE DES DROITS DE L'HOMME. LA JURISPRUDENCE EN 2002 (Bruxelles: Bruylant, 2003, 380 p., collection du CREDHO n° 5)
(ISBN: 2-8027-1837-1)

TAVERNIER Paul (sous la direction de, avec la collaboration de Céline RENAUT, préface de Claude JORDA): ACTUALITE DE LA JURISPRUDENCE PENALE INTERNATIONALE A L'HEURE DE LA MISE EN PLACE DE LA COUR PENALE INTERNATIONALE (Bruxelles: Bruylant, 2004, X-281 p., , collection du CREDHO n° 6)
(ISBN: 2-8027-1929-7)

TAVERNIER Paul (sous la direction de): LA FRANCE ET LA COUR EUROPENNE DES DROITS DE L'HOMME. LA JURISPRUDENCE EN 2003 (Bruxelles: Bruylant, 2005, 208 p., collection du CREDHO n° 7)
(ISBN 2-8027-2030-9)

BURGORGUE-LARSEN Laurence (sous la diection de), LA FRANCE FACE A LA CHARTE DES DROITS FONDAMENTAUX DE L'UNION EUROPEENNE (Bruxelles: Bruylant, 2005, XIII-694 p., collection du CREDHO n° 8) (ISBN 2-8027-2077-5)

TAVERNIER (Paul) (sous la direction de): LA FRANCE ET LA COUR EUROPEENNE DES DROITS DE L'HOMME. LA JURISPRUDENCE EN 2004 (Bruxelles: Bruylant, 2005, 250 p., collection du CREDHO n° 9)
(ISBN 2-8027-2132-1)

TAVERNIER Paul (sous la direction de): RECUEIL JURIDIQUE DES DROITS DE L'HOMME EN AFRIQUE, 2000-2004, DEUXIEME VOLUME (Bruxelles, Bruylant, 2005, 2 tomes, 2116 p., collection du CREDHO n° 10)
(ISBN 2-8027-2184-4)

TAVERNIER (Paul) (sous la direction de): LA FRANCE ET LA COUR EUROPEENNE DES DROITS DE L'HOMME. LA JURISPRUDENCE EN 2005 (Bruxelles: Bruylant, 2005, 243 p., collection du CREDHO n° 11)
(ISBN 2-8027-2332-4)

BURGORGUE-LARSEN (L.) , LEVADE (A.) ET PICOD (F.) (dir), TRAITE ETABLISSANT UNE CONSTITUTION POUR L'EUROPE. PARTIE II. LA CHARTE DES DROITS FONDAMENTAUX DE L'UNION EUROPEENNE – COMMENTAIRE ARTICLE PAR ARTICLE (Bruxelles: Bruylant, 2005, 837 p. (ISBN2-8027-2044-9)

L'HARMATTAN, ITALIA
Via Degli Artisti 15 ; 10124 Torino

L'HARMATTAN HONGRIE
Könyvesbolt ; Kossuth L. u. 14-16
1053 Budapest

L'HARMATTAN BURKINA FASO
Rue 15.167 Route du Pô Patte d'oie
12 BP 226
Ouagadougou 12
(00226) 50 37 54 36

ESPACE L'HARMATTAN KINSHASA
Faculté des Sciences Sociales,
Politiques et Administratives
BP243, KIN XI ; Université de Kinshasa

L'HARMATTAN GUINEE
Almamya Rue KA 028
En face du restaurant le cèdre
OKB agency BP 3470 Conakry
(00224) 60 20 85 08
harmattanguinee@yahoo.fr

L'HARMATTAN COTE D'IVOIRE
M. Etien N'dah Ahmon
Résidence Karl / cité des arts
Abidjan-Cocody 03 BP 1588 Abidjan 03
(00225) 05 77 87 31

L'HARMATTAN MAURITANIE
Espace El Kettab du livre francophone
N° 472 avenue Palais des Congrès
BP 316 Nouakchott
(00222) 63 25 980

L'HARMATTAN CAMEROUN
BP 11486
(00237) 458 67 00
(00237) 976 61 66
harmattancam@yahoo.fr

607274 - Mai 2015
Achevé d'imprimer par

1livre.com
du rêve à la réalité !

www.ingramcontent.com/pod-product-compliance
Lightning Source LLC
LaVergne TN
LVHW050803061126
851857LV00012B/655
9782296055582